Das Forschungsprojekt

Nadine M. Schöneck • Werner Voß

Das Forschungsprojekt

Planung, Durchführung
und Auswertung einer
quantitativen Studie

2., überarbeitete Auflage

Dr. Nadine M. Schöneck
Universität Bremen
Deutschland

Prof. Dr. Werner Voß
Ruhr-Universität Bochum
Deutschland

ISBN 978-3-531-19501-8   ISBN 978-3-531-19502-5 (eBook)
DOI 10.1007/978-3-531-19502-5

Die Deutsche Nationalbibliothek verzeichnet diese Publikation in der Deutschen Natio-
nalbibliografie; detaillierte bibliografische Daten sind im Internet über http://dnb.d-nb.de
abrufbar.

Springer VS
© Springer Fachmedien Wiesbaden 2005, 2013

Gedruckt auf säurefreiem und chlorfrei gebleichtem Papier

Springer VS ist eine Marke von Springer DE. Springer DE ist Teil der Fachverlagsgruppe
Springer Science+Business Media.
www.springer-vs.de

Inhaltsverzeichnis

Vorwort zur zweiten Auflage

Liebe Leserin, lieber Leser!

Sie haben sich dieses Buch gekauft, weil Sie in absehbarer Zeit ein erstes eigenes Forschungsprojekt in Angriff nehmen möchten. Möglicherweise stehen Sie am Ende Ihres sozialwissenschaftlichen Studiums, und dieses erste eigene Forschungsprojekt stellt Ihre Ihr mehrjähriges Studium krönende Examensarbeit dar. Nun fragen Sie sich, wie Sie Ihr Forschungsprojekt, das sich immerhin über ein paar Wochen oder Monate Ihrer Studienzeit erstrecken wird, angehen können.

Wie so oft im Leben sieht man sich bei ersten Malen mit einer Reihe offener Fragen konfrontiert. Beispielsweise geht es um die folgenden: Wie organisiere ich mein Vorhaben? Welche einzelnen Schritte führen zum Ziel, und in welcher Reihenfolge? Wie viel Zeit nehmen die einzelnen Arbeitsschritte in Anspruch? Welche Kosten kommen auf mich zu? Insbesondere die letzten beiden Fragen dürften (auch) für eine studentische Abschlussarbeit nicht unerheblich sein, denn zum einen legt die Prüfungsordnung Ihres Studiengangs bestimmte Zeitvorgaben fest, und zum anderen muss Ihr Projekt irgendwie finanzierbar sein.

Wenn hier von einem ersten eigenen Forschungsprojekt die Rede ist, ist damit – in Abgrenzung zu einem rein theoretischen Thema – ein *empirisches* Forschungsprojekt gemeint, wie es in der sozialwissenschaftlichen Forschungspraxis recht üblich ist. Empirisch bedeutet, dass Sie Daten erheben und diese, theoretisch fundiert, auswerten. Das kann – und dies wünschen wir Ihnen – ein sehr spannendes Unterfangen sein, besonders auch, wenn es Ihr erstes Projekt dieser Art ist.

Lang sind die Listen der Lehrbücher zu statistischen Methoden, ähnlich lang jene zu Methoden empirischer Sozialforschung; seit der ersten, im Herbst 2005 erschienenen Auflage dieses Titels sind zahlreiche neue Titel hinzugekommen. Lehrbücher gibt es also zuhauf, und wir möchten ausdrücklich darauf hinweisen, dass diese keineswegs entbehrlich sind, denn sie bilden, zusammen mit einer hochwertigen Methodenausbildung an den Hochschulen, das Rückgrat guter wissenschaftlicher Forschungsarbeit. Was aber zusätzlich hilfreich sein dürfte, ist eine Schritt-für-Schritt-Anleitung, die den Forschungseinsteiger beim

allerersten Mal an die Hand nimmt. Diese praxisnahe Hilfestellung halten wir für
legitim, denn aus welcher Erfahrungsquelle sollen Forschungsneulinge schöpfen?
Nicht allen Projekten muss ein zäher Trial-and-Error-Prozess vorangehen. Viele
Studierende entdecken eine Lücke zwischen der in Lehrveranstaltungen und
Lehrbüchern vermittelten Theorie empirischer Forschungsarbeit und der erst-
maligen Praxis einer solchen Arbeit – genau diese Lücke wollen wir mit diesem
Titel überbrücken.

Es sei einleitend noch darauf hingewiesen, dass in den Kapiteln über statistische Auswertungsmethoden das Statistikprogramm SPSS (Version 20) eingesetzt wird, um die Auswertungsergebnisse zu erzeugen. Es gibt auch andere Statistikprogramme (wie zum Beispiel STATA), die hier aber nicht angesprochen
werden.

Gerne nehmen wir die Gelegenheit wahr, uns bei jenen zu bedanken, die
bei der Arbeit an diesem Buch behilflich waren: Janna Franke, die das Gesamt-
manuskript aufmerksam Korrektur las, und Katrin Emmerich vom VS Verlag für
Sozialwissenschaften, die uns mit Rat und Tat unterstützte.

Bochum im September 2012

Nadine M. Schöneck
Werner Voß

1 Einleitung

Zu Beginn zwei Anmerkungen:

Erstens: In diesem Buch finden Sie ab dem Kapitel 7 Textsegmente, die besonders hervorgehoben sind. Es handelt sich dabei um SPSS-Prozeduren, das heißt um Anweisungen, wie Sie mit dem Statistikprogramm SPSS umgehen müssen, um die Auswertungen zu erzielen, die wir im Einzelnen vorstellen werden. Die einzelnen SPSS-Ergebnisse werden dann im jeweils nachfolgenden Text vorgestellt und interpretiert.

Zweitens: Aus Gründen der Sprachökonomie wählen wir in diesem Buch die knappe, im Regelfall männliche Bezeichnung einer Personengruppe (zum Beispiel „der Sozialwissenschaftler"). Es versteht sich, dass damit sowohl Sozialwissenschaftler als auch Sozialwissenschaftlerinnen gemeint sind.

1.1 Das Beispiel

Zur Illustration der einzelnen Arbeitsschritte eines empirischen Forschungsprojektes stützen wir uns in diesem Buch auf ein konkretes Beispiel sozialwissenschaftlicher Forschung. An einem solchen Beispiel können die einzelnen Aufgabenstellungen wesentlich praxisnäher erläutert werden, als dies mit Spieldatenbeständen, die der Komplexität der Realität oftmals nicht gerecht werden, möglich wäre.

Vor einigen Jahren führte Nadine Schöneck eine bundesweit angelegte Repräsentativbefragung zum Thema „Subjektive Zeitwahrnehmung im sozialen Kontext" durch. Diese Befragung eignet sich in hervorragender Weise dazu, die in diesem Buch angesprochenen Aufgabenstellungen zu illustrieren. Anhand dieses also tatsächlich erhobenen Datenbestands möchten wir Ihnen schrittweise vorstellen, wie Sie Ihr erstes eigenes empirisches Forschungsvorhaben planen und durchführen können, und wie Sie die erhobenen Daten sachgerecht auswerten.

Und noch ein einleitender Hinweis: Die vorangegangenen Ausführungen verdeutlichen – und das wird sich auch im Folgenden bestätigen –, dass wir uns mit diesem Leitfaden vornehmlich an zukünftige Sozialwissenschaftler wenden, die eine empirisch angelegte Abschlussarbeit vor sich haben. Es steht aber außer

Frage, dass auch Leser aus benachbarten wissenschaftlichen Disziplinen, sofern sie empirisch arbeiten wollen (oder müssen), von diesem Leitfaden profitieren können. Dasselbe gilt auch für Leser, die nicht (mehr) Studierende oder erstmals empirisch arbeitende Doktoranden sind, sondern beispielsweise im beruflichen Kontext empirisch arbeiten.

1.2 Zusatzmaterialien

Zu diesem Buch finden Sie Zusatzmaterialien unter www.springer.com (nach Angabe der ISBN-Nummer dieses Buchs oder des Titels). Diese Zusatzmaterialien beziehen sich zum einen auf den in diesem Buch als Beispiel herangezogenen Datensatz, zum anderen auf weiterführende Literaturempfehlungen sowie nützliche Hintergrundinformationen. Im Einzelnen handelt es sich um die folgenden Dateien:

- Datensatz der bundesweiten Befragung
Die SPSS-Datei „Beispieldatensatz.sav" stellt den auf einer repräsentativen Befragung beruhenden SPSS-Datenbestand bereit, mit dem in diesem Buch durchgängig gearbeitet wird, um die einzelnen Arbeitsschritte eines empirischen Forschungsprojektes zu illustrieren.

- Anschreiben
Die Datei „Anschreiben.pdf" präsentiert das Begleitschreiben, welches bei der oben genannten Befragungsaktion mit den Fragebögen verschickt wurde.

- Fragebogen
In der Datei „Fragebogen.pdf" befindet sich der Originalfragebogen der oben genannten Befragungsaktion.

- Ergebnisse
Die SPSS-Outputdatei „Auszählungen.spv" gibt die univariaten Auszählungsergebnisse der Befragungsaktion wieder.

- Formelsammlung
Die Datei „Formeln.pdf" präsentiert diejenigen statistischen Formeln, die in diesem Buch angesprochen werden.

- Skriptum SPSS
Die Datei „SPSS-Skriptum.pdf" bietet eine umfassende Einführung in die Nutzung des Programms SPSS.

- Literaturempfehlungen
Die Datei „Literaturempfehlungen.pdf" nennt eine Auswahl empfehlenswerter Veröffentlichungen zu den folgenden Themen:

Wissenschaftliches Arbeiten
Hier finden Sie sowohl allgemeine Ratgeber zu Techniken wissenschaftlichen Arbeitens im Rahmen Ihres Studiums als auch spezielle Ratgeber, die sich der Erstellung wissenschaftlicher (Abschluss-)Arbeiten widmen.

Empirische Sozialforschung
Hier geht es um Veröffentlichungen, die in die Methoden der empirisch-quantitativen Sozialforschung einführen.

Statistik
Hier finden Sie einige Lehrbücher zur statistischen Methodenlehre.

MS Excel und SPSS
Hier finden Sie grundlegende Veröffentlichungen zur Nutzung von MS Excel und – darauf ist das Hauptaugenmerk gerichtet – SPSS.

Forschungsfinanzierung
Hier haben wir einige Titel genannt, in denen Sie Hilfreiches zur Frage der Forschungsfinanzierung nachlesen können.

- Ethik-Kodex DGS/BDS
Die Deutsche Gesellschaft für Soziologie (DGS) und der Berufsverband Deutscher Soziologinnen und Soziologen (BDS) haben einen Ethik-Kodex herausgegeben, in dem Leitlinien zusammengetragen sind, die bei empirischen Forschungen beachtet werden sollten. Diesen Kodex finden Sie in der Datei „Ethik-Kodex.pdf".

- exemplarische Gliederung einer Abschlussarbeit
Schließlich stellen wir in der Datei „Gliederung.pdf" eine exemplarische Gliederung vor – ausgehend von dem in diesem Buch durchgängig verwendeten Demonstrationsbeispiel. Es handelt sich um die Gliederung der mit der Note „sehr gut" (1,0) bewerteten Diplomarbeit von Nadine Schöneck. Sie zeigt Ihnen, wie

Sie Ihre erste eigene wissenschaftliche Arbeit gliedern könnten. Selbstverständlich dient dieses Beispiel in erster Linie zu Orientierungs- und Inspirationszwecken: Sie können Ihre Gliederung auch deutlich anders anlegen!

2   Fahrplan – erster Teil

2.1   Übersicht

Bevor Sie die Arbeit an Ihrem ersten empirischen Forschungsprojekt in Angriff nehmen, möchten wir Ihnen einen Überblick über alle erforderlichen Arbeitsschritte bieten.

Abbildung 1: Der Fahrplan zum eigenen Forschungsprojekt

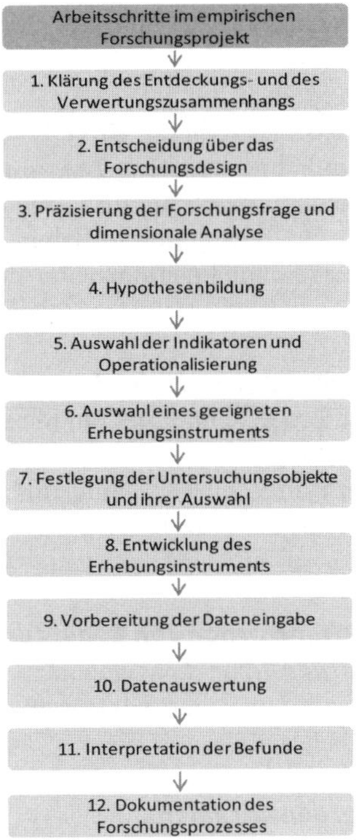

Die vorangegangene Übersicht beschreibt zusammenfassend, wie Sie bei der Planung und Durchführung eines eigenen Forschungsprojekts zweckmäßigerweise vorgehen sollten. Die einzelnen Arbeitsschritte wollen wir im Folgenden etwas näher beschreiben.

Diese zwölf Schritte sind nicht gleichgewichtig. Einige benötigen ausführlichere Erörterungen, andere weniger ausführliche. Einige sind direkt einsichtig, andere möglicherweise weniger, sodass sie leicht übersehen oder vergessen werden. Zudem sind die Schritte nicht überschneidungsfrei. So ist beispielsweise Schritt 6 zu einem gewissen Grad Bestandteil von Schritt 2. Gleichwohl stellt dieser Fahrplan ein typisches, nämlich weitgehend lineares Ablaufmuster empirisch-quantitativer Forschung dar.

2.2   Die einzelnen Schritte

Erster Schritt: Klärung des *Entdeckungs-* und des *Verwertungszusammenhangs* (→ Kapitel 3, Abschnitt 3.3)

Reflektieren Sie, auf welchem Wege Sie zu Ihrer Forschungsfrage gelangt sind (Entdeckungszusammenhang) und welchem Zweck die Ergebnisse Ihres Forschungsprojekts dienen sollen (Verwertungszusammenhang). In diesem Kontext sollten Sie sich selbst einige Ihr Forschungsvorhaben einleitende Fragen beantworten. Diese Antworten tragen zur Positionierung Ihres Forschungsvorhabens bei:

1.   Vor welcher Forschungsfrage stehe ich?
Präzisieren Sie Ihre zentrale Fragestellung, indem Sie sie in operationalisierbare, das heißt handhabbare Einzelfragen zerlegen. So ist etwa die Frage „Wie steht es um den Lebensstandard der Bundesbürger?" aufgrund ihrer abstrakten Komplexität schwerer zu handhaben als die Einzelfrage „Wie steht es um das monatliche Haushaltseinkommen?"

2.   Warum ist diese Forschungsfrage von Bedeutung?
Formulieren Sie eine *Erklärungsfrage*. Was genau möchten Sie mit Ihrer Forschungsarbeit herausfinden, zu welcher wissenschaftlichen Aufgabenstellung möchten Sie konkret etwas beitragen?

3.   Wessen Interessen werden berührt?
Überlegen Sie, welche Personenkreise Interesse haben könnten an Ihren Forschungsergebnissen. Überlegen Sie darüber hinaus, mit welchen Personenkreisen

Sie es im Rahmen Ihrer empirischen Arbeit zu tun haben werden. Vor allem im Hinblick auf die Personen, die Sie für Ihre empirische Arbeit untersuchen (bzw. befragen), sollten Sie bestimmte forschungsethische Leitlinien im Auge behalten – und auch verfolgen. An dieser Stelle verweisen wir auf den gemeinsamen Ethik-Kodex der Deutschen Gesellschaft für Soziologie (DGS) und des Berufsverbandes Deutscher Soziologinnen und Soziologen (BDS), den Sie unter www.springer.com finden.

4. *Woher stammt meine Forschungsfrage?*

Nicht unerheblich ist die Frage der Herkunft Ihrer Forschungsfrage. Es macht einen Unterschied, ob Sie selbst eine Fragestellung entwickelt haben oder ob Sie eine bereits bestehende Fragestellung zur Bearbeitung übernommen haben – etwa eine Frage, die Ihnen der Betreuer Ihrer Arbeit (falls es sich um eine Examensarbeit handelt, die Sie anfertigen wollen) vorgegeben hat. Möglicherweise arbeitet Ihr Betreuer an einem Projekt, das ihm ein externer Auftraggeber angetragen hat; in diesem Falle könnten Tendenzen erkennbar werden, die begründet sind durch spezifische Interessen des Auftraggebers und die unter Umständen die Ergebnisse Ihres Forschungsvorhabens verzerren. Vor allem in der späteren Phase der statistischen Auswertungen können mit unterschiedlichen Methoden auch unterschiedliche Ergebnisse produziert werden, sodass ein potentieller Auftraggeber möglicherweise die Wahl Ihrer Auswertungsmethoden beeinflusst – je nachdem, welche Ergebnisse er vorzieht. Das kann unerfreulich sein, entspricht aber manchmal der Forschungspraxis.

Zweiter Schritt: Entscheidung über das *Forschungsdesign* (→ Kapitel 4)

Nach Klärung des Entdeckungs- und Verwertungszusammenhangs müssen Sie entscheiden, wie Sie Ihr empirisches Forschungsprojekt methodisch anlegen. Diese Entscheidung betrifft die einzelnen Arbeitsschritte der Datenerhebung, der Datenauswertung und der Dateninterpretation und hat mithin Auswirkungen auf das gesamte Ergebnis Ihrer Arbeit. Im Vorgriff auf detailliertere Ausführungen in Kapitel 4 soll schon an dieser Stelle darauf aufmerksam gemacht werden, dass wir in dieser Veröffentlichung ein empirisch-quantitatives Forschungsdesign vor Augen haben. Ein solches Design ist in der Praxis sozialwissenschaftlicher Forschungen prominent vertreten und steht deshalb im Mittelpunkt der folgenden Ausführungen.

Dritter Schritt: *Präzisierung der Forschungsfrage* und *dimensionale Analyse* (→ Kapitel 6)

Bei komplexeren Fragestellungen ist, wie im ersten Schritt kurz angesprochen, eine Präzisierung der Forschungsfrage notwendig, bevor Sie ein angemessenes Forschungsdesign entwickeln können. Dies bedeutet, dass Sie beispielsweise die komplexe Frage nach dem Lebensstandard der Bundesbürger so weit präzisieren müssen – etwa durch Zerlegung in Teilfragen (zum Beispiel in Teilfragen nach dem monatlichen Haushaltseinkommen, nach der verfügbaren Freizeit, nach der Ausstattung mit Konsumgütern) –, dass sie handhabbar und messbar werden. Dabei müssen Sie die verschiedenen Dimensionen Ihres empirischen Untersuchungsgegenstands herausarbeiten, die Ihnen für Ihre Fragestellung besonders bedeutsam erscheinen. Im genannten Beispiel geht es also darum, die Dimensionen (*Untersuchungsdimensionen*) zu benennen, die nach Ihrer Auffassung – und natürlich nach den entsprechenden Informationen, die Sie der einschlägigen Literatur zum Thema „Lebensstandard" entnehmen können – im Zusammenhang mit Ihrer Forschungsfrage von Bedeutung sein dürften.

Vierter Schritt: *Hypothesenbildung* (→ Kapitel 6, Abschnitt 6.3)

Ein empirisch-quantitativ orientiertes Forschungsvorhaben beginnt damit, dass generelle Vermutungen (*Hypothesen*) über Eigenschaften der Realität sowie über deren Gesetzmäßigkeiten aufgestellt werden. Eine Hypothese ist eine Aussage über die Realität (beziehungsweise über einen Ausschnitt der Realität), wie etwa die folgende: „Zwischen dem Geschlecht und dem Monatseinkommen gibt es keinen Zusammenhang."

Da wir nicht wissen, ob zum Beispiel in der Bundesrepublik Deutschland diese Hypothese zutrifft oder nicht – wohl eher nicht; aber wüssten wir es genau, bräuchten wir kein empirisches Forschungsprojekt durchzuführen, um diese Frage des Zusammenhangs zu untersuchen –, führen wir eine empirische Untersuchung durch und können dann auf der Basis der empirischen Befunde eine Entscheidung über diese Hypothese treffen, das heißt, wir können sie bestätigen oder verwerfen – je nachdem, was uns die Befunde empfehlen.

Auf diese Weise können empirisch begründete Erkenntniszuwächse erzielt werden. Man kann sogar so weit gehen, dass man sagt: Nur auf dem Wege der Entscheidung über Hypothesen werden – zumindest im Rahmen empirisch-quantitativer Forschungsvorhaben – Erkenntnisgewinne erzielt.

Fünfter Schritt: Auswahl der *Indikatoren* und *Operationalisierung* (→ Kapitel 6, Abschnitte 6.5)

Zur Bearbeitung Ihrer Forschungsfrage benötigen Sie eine Vorgehensweise, die geeignet ist, um empirische Sachverhalte möglichst realitätsgetreu messen zu können. Sie benötigen Indikatoren, also beobachtbare Hinweise auf die Tatbestände der Realität, für die Sie sich interessieren, und Sie müssen einen Weg finden, der Ihnen ein Messen der Indikatoren ermöglicht – dies ist die Operationalisierung. Betrachten Sie noch einmal das oben erwähnte Beispiel der Bemessung des Lebensstandards: Welches sind empirisch fassbare Sachverhalte (*Indikatoren*), die den recht komplexen Begriff des Lebensstandards möglichst zutreffend beschreiben können?

Sie werden diese Frage unterschiedlich beantworten können, aber naheliegend sind Indikatoren wie etwa das monatliche Haushaltseinkommen, die Versorgung mit Konsumgütern, das Verhältnis von Arbeitszeit und Freizeit, oder vielleicht auch ein Indikator zur Bemessung des Gesundheitszustandes der einzelnen befragten Person.

Sechster Schritt: Auswahl eines geeigneten *Erhebungsinstruments* (→ Kapitel 4)

Planen Sie, eigene Daten zu erheben (*primärstatistische Datenerhebung*), oder wollen beziehungsweise können Sie auf sekundärstatistisches Datenmaterial zurückgreifen? Sofern Sie sich zu einem empirisch-quantitativen Forschungsdesign entschließen, dann müssen Sie an dieser Stelle eine weitere Entscheidung hinsichtlich Ihres Erhebungsinstrumentes treffen: Soll eine Befragung oder eine andere Art primärstatistischer Datenerhebung gewählt werden? Und wenn es eine Befragung sein soll, soll diese schriftlich oder mündlich durchgeführt werden?

Siebter Schritt: Festlegung der *Untersuchungsobjekte* und ihrer *Auswahl* (→ Kapitel 7)

Bestimmen Sie die Untersuchungsobjekte – in den Sozialwissenschaften handelt es sich dabei in aller Regel um Personen oder Personengruppen –, die Sie untersuchen möchten. Des Weiteren stellt sich in diesem Zusammenhang die sehr wichtige Frage, welche Personen konkret für die Befragung ausgewählt werden sollen.

Noch einmal zu dem vorgenannten Beispiel der Bemessung des Lebensstandards der Bundesbürger: Genau genommen müssten Sie alle Bundesbürger befragen, wenn Sie zu generellen Aussagen über den Lebensstandard gelangen wollen. Dies aber wäre viel zu zeit- und kostenaufwändig. In der Praxis der empirischen Sozialforschung beschränkt man sich in solchen Fällen auf Stichprobendaten, das heißt, man wählt aus der *Grundgesamtheit* aller Bundesbürger eine Teilgesamtheit aus, die man *Stichprobe* nennt.

Achter Schritt: Entwicklung des *Erhebungsinstruments* (→ Kapitel 8)

Nachdem Sie festgelegt haben, mit welchem Datenerhebungsinstrument Sie arbeiten möchten und welches Ihre Untersuchungsobjekte sind, müssen Sie das zum Einsatz kommende Erhebungsinstrument entwickeln. Im Falle einer standardisierten schriftlichen Befragung geht es also darum, den geeigneten Fragebogen zu erstellen. Üblicherweise wird dann zunächst eine Erstfassung dieses Fragebogens in einem sogenannten *Pretest* erprobt (Befragung einer kleinen Personengruppe), um beispielsweise festzustellen, ob Fragen und Antwortvorgaben von den Befragten verstanden werden. Sollten sich auf der Basis dieses der eigentlichen Untersuchung vorgeschalteten Tests Veränderungsnotwendigkeiten ergeben, werden diese in den Fragebogen eingearbeitet, um anschließend die eigentliche Untersuchung durchführen zu können.

Neunter Schritt: Vorbereitung der *Dateneingabe* (→ Kapitel 9)

Das Vorliegen umfangreicherer Datenbestände erfordert den Computereinsatz bei Dateneingabe, Datenauswertung und Dateninterpretation; der Computer ist aus der Forschungspraxis überhaupt nicht mehr wegzudenken. Die PC-gestützte Datenauswertung entlastet Sie von komplizierten Berechnungen per Hand; die Berechnungen selbst sind fehlerfrei, da der Rechner diese für Sie erledigt; alternative Auswertungsverfahren können rasch erprobt werden; und Sie müssen nicht mehr – was zwar zweifellos von Vorteil, aber nicht immer vorausgesetzt werden kann – die mathematischen Hintergründe der einzelnen Verfahren beherrschen. Die PC-unterstützte Dateneingabe erfordert allerdings einige vorbereitende Schritte, wie zum Beispiel die Codierung der Fragebogenergebnisse, das heißt die Zuordnung von Codeziffern oder Codezahlen zu den Antwortvorgaben.

Zehnter Schritt: *Datenauswertung* (→ Kapitel 10 bis 18)

Bei diesem in der empirischen Sozialforschung unter Umständen sehr umfangreichen Arbeitsschritt steht die Frage im Vordergrund Ihres Interesses, welche Methoden sich dazu eignen, den vorliegenden Datenbestand auszuwerten. Auswerten bedeutet in diesem Zusammenhang, die gegebenen Daten so weit zu verdichten, dass gewissermaßen auf einen Blick erkennbar wird, welches ihre zentralen Informationen sind. Diese Verdichtung nennt man auch *Datenreduktion*. Da die Auswertungsmethoden einen beträchtlichen Teil dieser Veröffentlichung ausmachen, ist ihre Erörterung auf mehrere Kapitel verteilt. Wir empfehlen Ihnen in diesem Zusammenhang sehr nachdrücklich, einen Blick in Methodenlehrbücher sowie in Veröffentlichungen zum Einsatz des Programms SPSS zu werfen. Unter www.springer.com finden Sie dazu einige Literaturhinweise.

Elfter Schritt: *Interpretation* der Befunde (→ Kapitel 10 bis 18)

Nach der Datenauswertung folgt die Interpretation der Befunde. Der empirisch arbeitende Sozialforscher kann sich nicht darauf beschränken – wenigstens sollte er das nicht –, die Daten und Rechenergebnisse vorzustellen, sondern es zählt auch zu seinen Aufgaben, die empirischen Auswertungsergebnisse theoretisch begründet zu interpretieren. Insbesondere geht es in diesem Schritt auch darum, die Hypothesen (→ vierter Schritt) zu überprüfen – wie man oft sagt: im Lichte der empirischen Befunde. Die sich im Rahmen unseres Demonstrationsbeispiels ergebenden Interpretationen werden in denselben Kapiteln vorgeführt, in denen die einzusetzenden Auswertungsverfahren besprochen werden

Zwölfter Schritt: *Dokumentation* des Forschungsprozesses

In Ihrer Abschlussarbeit stellen Sie nicht nur die wesentlichen Ergebnisse der Datenanalyse vor und beziehen sie zurück auf die zugrunde gelegten Theorien und die eingangs formulierten forschungsleitenden Untersuchungshypothesen, sondern Sie sollten auch den Ablauf Ihres Forschungsprozesses dokumentieren, um ihn für Ihre Leser (und ggf. Gutachter) nachvollziehbar zu machen. Hinsichtlich unseres in dieser Veröffentlichung durchgängig verwendeten Demonstrationsbeispiels wird diese Dokumentation durch die Erläuterungen in allen folgenden Kapiteln geleistet.

Damit sind die wesentlichen Arbeitsschritte eines empirischen Forschungsvorhabens genannt. Sie sind Gegenstand der folgenden Kapitel, sodass Sie einen Leitfaden in der Hand halten, der die einzelnen Schritte Ihres ersten eigenen Forschungsprojekts von den Überlegungen der Themenfindung bis zum Abschlussbericht thematisiert. Aus diesem Grund halten wir es für ratsam, wenn Sie diesen Leitfaden auch tatsächlich von Anfang bis Ende – und der Reihe nach – lesen. Gleichwohl wissen wir um zeitliche Engpässe, die in jedem Forscherleben auftreten können. Möglicherweise befinden Sie sich bereits inmitten Ihrer Examensphase, und Sie haben das Gefühl, es sei unangemessen, sich nun noch die Zeit zu nehmen, dieses Buch komplett zu lesen, denn die ersten Arbeitsschritte haben Sie ja in diesem Falle schon bewältigt. Zweifellos kann es dann sinnvoll sein, lediglich bestimmte Aspekte zur Lektüre zu wählen. Zu diesem Zweck möchten wir auf das Stichwortregister am Ende des Buches aufmerksam machen; wir haben dort alle zentralen und im Text *kursiv* gedruckten Begriffe, die zentralen Begriffe der Überschriften sowie die SPSS-Befehlswörter, die ab Kapitel 9 in KAPITÄLCHEN auftauchen, zur schnellen Navigation in alphabetischer Anordnung zusammengestellt.

3 Wie finde ich zu einem Forschungsthema?

Im Laufe Ihres Studiums werden Sie mit Sicherheit auf Phänomene gestoßen sein, von denen Sie annahmen, dass sie möglicherweise interessante Untersuchungsgegenstände darstellen würden. Diese Sensibilisierung für potentiell wissenschaftlich fruchtbare Fragestellungen ist wohl ein Hauptzweck – oder Haupteffekt – des Studiums. Selbstverständlich kann aus einer Vielzahl guter Gründe nicht jeder spannend anmutenden Forschungsfrage nachgegangen werden; zu diesen Gründen zählen beispielsweise Zeit- und sonstige Ressourcenknappheiten. Doch spätestens im Rahmen Ihrer Abschlussarbeit werden Sie – gewissermaßen prüfungsordnungsbedingt – in die Lage versetzt, sich eingehend mit einer Forschungsfrage zu beschäftigen.

Es wird dann in der Regel Ihre erste eigene empirische Forschungsarbeit sein, und nun fragen Sie sich, welchem Untersuchungsgegenstand Sie ein paar Monate Ihres (Studierenden-)Lebens widmen und wie Sie vorzugehen haben. Oftmals stellt diese Ihr sozialwissenschaftliches Studium krönende Arbeit eine erste große Chance dar, genau die Phänomene endlich einmal eingehend zu untersuchen, die Sie schon seit längerer Zeit interessieren. Wir raten Ihnen, diese Abschlussarbeit nicht als in der Prüfungsordnung Ihres Studiengangs verankerte Hürde, die Sie nehmen müssen, um endlich fertig zu sein, zu begreifen, sondern als

- wissenschaftliche Herausforderung und
- Möglichkeit, legitimiert durch die Prüfungsordnung, erstmals richtig forschen zu dürfen – und dies sogar ein paar Monate lang!

Aber wie finden Sie zu einer interessanten Forschungsfrage, die Sie empirisch untersuchen können? Es gibt eine Reihe möglicher Zugänge zu einem eigenen Forschungsthema, und grob lassen sie sich in drei Kategorien unterteilen, die in den folgenden drei Abschnitten angesprochen werden.

3.1 Kontakt zu Professoren

Sie fragen Ihre empirisch arbeitenden Professoren, ob diese gegenwärtig an einem Forschungsprojekt arbeiten, an dessen (bereits erhobenen) Datenbestand Sie sich quasi anhängen können. Manchmal werden Sie dabei auf Hochschullehrer stoßen, die dankbar dafür sind, bestimmte Fragestellungen an kompetente Studierende abgeben zu können.

Der Vorteil dieser Vorgehensweise besteht darin, dass Ihr Betreuer vermutlich überaus engagiert ist und seine Betreuung – im eigenen Interesse – äußerst ernst nimmt. Mit etwas Glück wird Ihr Betreuer auf diese Weise sogar auf Sie aufmerksam und denkt vielleicht darüber nach, ob er sie nach Abschluss Ihres Studiums als zukünftigen Mitarbeiter einstellen könnte. Dieses dankbare Szenario könnte für Sie dann von Interesse sein, wenn Sie mit dem Gedanken spielen, über eine dem Studium sich anschließende Promotion den Weg in die Wissenschaft oder zu höher dotierten Positionen außerhalb der Universität zu finden.
Der Nachteil liegt darin, dass Sie sich Ihr Forschungsthema kaum frei auswählen können, denn Sie schließen sich ja einem bestehenden Projekt an.

3.2 Kontakt zu Unternehmen oder Behörden

Stellen wir uns vor, Sie haben im Laufe Ihres Studiums bereits Kontakte zu Unternehmen oder Behörden (oder anderen Institutionen) geknüpft, beispielsweise in Form von Praktika, und auf diese Weise generieren Sie nun ein Forschungsthema: Vielleicht unterbreitet man Ihnen als fortgeschrittenen Studierenden das Angebot, Sie mögen für ein kleines Unternehmen der Nahrungsmittelbranche eine nicht zu aufwändige Untersuchung durchführen, die über die Verbrauchsgewohnheiten und Präferenzen der Konsumenten von Milchprodukten Auskunft gibt.

Der Vorteil hierbei besteht darin, dass Sie in diesem Falle eine praxisnahe Abschlussarbeit schreiben und möglicherweise bereits einen Fuß in die Tür eines Unternehmens, das einen potentiellen späteren Arbeitgeber darstellt, setzen können. Mit etwas Glück erhalten Sie auch eine (kleine) finanzielle Anerkennung für Ihre Abschlussarbeit.

Schauen Sie auch einmal auf die Ausschreibungen für Praktika und Abschlussarbeiten, die die Privatwirtschaft gerne im Internet und in einschlägigen Zeitschriften (zum Beispiel dem Hochschulanzeiger der Frankfurter Allgemeinen Zeitung) veröffentlichen. Bedenken Sie aber: Auch wenn Sie Ihre Abschlussarbeit außerhalb der Hochschule schreiben, benötigen Sie (auch) einen Betreuer an Ihrer Hochschule.

Der Nachteil könnte darin liegen, dass Sie eventuell in einen Konflikt zwischen der Interessenlage der Institution, bei der Sie beziehungsweise für die Sie Ihre Arbeit anfertigen, und den wissenschaftlichen Interessen Ihres Betreuers an der Hochschule, der vielleicht andere Aspekte fokussiert, geraten. Solche eventuellen Konflikte zu vermeiden oder zu lösen, erfordert genaue Absprachen im Vorfeld sowie Fingerspitzengefühl während der Erstellung der Arbeit.

Es soll an dieser Stelle darauf hingewiesen werden, dass auch in der sozialwissenschaftlichen Forschungspraxis die sogenannte *Auftragsforschung* eine nicht unerhebliche Rolle spielt; dabei treten Dritte – private oder öffentliche Auftraggeber – mit der Bitte an Sie heran, eine bestimmte Fragestellung wissenschaftlich zu bearbeiten.

3.3 Ihre eigene Idee

Ein dritter Zugang zur Genese einer Forschungsfrage unterscheidet sich deutlich von den zwei bisher beschriebenen, bei denen Sie Themen von außen vorgelegt bekommen; entweder durch Ihre Professoren oder zum Beispiel durch ein Unternehmen. Dieser dritte Weg ließe sich, an Picasso angelehnt, so formulieren: Sie suchen nicht, Sie finden. Sie begegnen Ihrem Thema, vielleicht sogar en passant.

Die Anlässe, die zu einer Forschungsfrage führen können – in der Wissenschaftstheorie werden sie als *Entdeckungszusammenhang* bezeichnet –, sind vielfältig. Einige Beispiele mögen dies verdeutlichen:

- Sie besuchten im Laufe Ihres Studiums eine Lehrveranstaltung zu einem Thema, für das Sie Feuer fingen, beispielsweise „Sozialstruktur und sozialer Wandel in Deutschland". Nun interessiert Sie, die PISA-Studie im Hinterkopf, ob die soziale Herkunft Ihrer Kommilitonen tatsächlich einen großen Einfluss auf deren Studienmotivation und Studienleistungen ausübt. Sie denken an eine Befragung Ihrer Kommilitonen, in der Sie sowohl nach dem Elternhaus (soziale Herkunft) als auch nach Studienmotivation und Studienleistungen fragen.
- Oder Ihr Studium hat Sie zu einem aufmerksamen Beobachter des Sie umgebenden sozialen Geschehens gemacht. Im Sportverein fragen Sie sich, warum bestimmte Mitglieder anscheinend ausgegrenzt sind und häufig im Abseits stehen. Sie erwägen eine Befragung aller Vereinsmitglieder, durch die Sie herausfinden wollen, welche Aspekte Menschen zu beliebten Menschen machen.

- Oder Sie haben ein Praktikum in einem Unternehmen absolviert und sind
  dort hellhörig geworden, als sich Personalverantwortliche über die, wie sie
  behaupten, immer schlechter auf das Berufsleben vorbereiteten Absolventen
  klagend unterhielten. Jetzt wollen Sie wissen, worauf es Arbeitgebern wirklich ankommt bei der Auswahl der Bewerber. Sie überlegen sich, Personalverantwortliche zu ihren Präferenzen bei der Kandidatenauswahl zu befragen.

Dies sind nur drei Beispiele dafür, wie Sie zu Ihrer eigenen Forschungsfrage finden können – nämlich aus der eigenen Interessenlage heraus. In diesen Fällen
treten Sie mit einer bereits von Ihnen generierten Forschungsfrage an Ihren potentiellen Betreuer heran.

Der Vorteil dieses Weges über die eigene Interessenlage besteht darin, dass
Sie aufgrund Ihrer selbst entwickelten Fragestellung der Idealform wissenschaftlichen Arbeitens sehr nahe kommen. Sie genießen in gewissen Grenzen, die Ihnen Prüfungsordnung, Zeitvorgaben und Ressourcenbegrenzungen setzen, alle
Freiheiten wissenschaftlichen Arbeitens. Sofern Sie eine Fragestellung entwickelt
haben, die Ihnen wirklich am Herzen liegt, werden Sie mit großer Wahrscheinlichkeit viel Freude an der Bearbeitung Ihres Themas haben – vielleicht mehr
Freude, als wenn Sie sich ein Thema vorlegen lassen. Auch durch die Begeiste-
rung, die aus dieser starken Identifikation mit dem zu bearbeitenden Thema
resultiert, können Sie (positiv) auf sich aufmerksam machen.

Der Nachteil liegt darin, dass Sie unter Umständen vergleichsweise alleine
sind mit Ihrem Forschungsthema, da Sie ja nun weniger eingebunden sind in die
laufenden Forschungsarbeiten Ihres Betreuers. Falls Ihr Professor der Betreuung
Ihrer Abschlussarbeit zugestimmt hat, sich aber nicht selbst mit dem von Ihnen
gewählten Thema beschäftigt (hat) – und dies ist möglich, da Wissenschaftler
sich unmöglich mit allen Themen befassen können –, kann es sein, dass Sie sich
streckenweise inhaltlich etwas isoliert fühlen.

Sie sehen, es gibt eine Vielzahl von Motiven und Anlässen, die zu einer Forschungsfrage führen können.

Abschließend noch ein Wort zu dem Forschungsvorhaben, dem unser Beispieldatenbestand entstammt: Die Frage wie Zeit von den Menschen wahrge-
nommen wird und ob sozio-demografische Faktoren die subjektive Zeitwahrnehmung beeinflussen, steht seit einiger Zeit im Fokus von Soziologen, sodass es
durchaus interessant sein könnte, subjektive Zeitwahrnehmung und deren soziale Einflussgrößen empirisch zu untersuchen.

4 Welches Forschungsdesign plane ich?

4.1 Grundlegende Fragen

Die intensive wissenschaftliche Auseinandersetzung mit einem Untersuchungsgegenstand kann in sozialwissenschaftlichen Abschlussarbeiten auf vielerlei Weise stattfinden. Mit dem Begriff des *Forschungs-* oder *Untersuchungsdesigns* ist die konkrete organisatorische Durchführung Ihrer empirischen Arbeit angesprochen. Im Einzelnen geht es um folgende fünf Fragen:

1. Wie werden die Informationen gewonnen?

Es muss zunächst darüber entschieden werden, mit welchem Verfahren und mit welchen Arbeitsschritten die Informationen bereitgestellt werden sollen, die Sie im Rahmen Ihres Forschungsvorhabens interessieren. Im hier gewählten Beispiel der subjektiven Zeitwahrnehmung im sozialen Kontext ist es einsichtig, dass die zentralen Informationen, soweit sie nicht in sekundärstatistischen Quellen auffindbar sind, auf dem Wege von Befragungen bereitgestellt werden können.

Von *Sekundärstatistik* oder sekundärstatistischen Quellen spricht man, wenn auf bereits vorliegendes statistisches Material – etwa nach dem Blick in das „Statistische Jahrbuch für die Bundesrepublik Deutschland" (herausgegeben vom Statistischen Bundesamt in Wiesbaden; siehe auch im Internet unter www. destatis.de) – zurückgegriffen wird. Eine selbst durchgeführte Befragung hingegen ist ein Weg der *primärstatistischen Datenerhebung*. Weitere Wege der *Primärstatistik* sind die *Beobachtung* oder das *Experiment* (→ Abschnitt 4.2).

In diesem Zusammenhang ist Folgendes zu beachten: Selbst wenn Sie zum Beispiel Angaben über Geschlecht, Alter, Erwerbstätigkeit und Wohnort statistischen Quellen entnehmen, sie also sekundärstatistisch bereitstellen können, so nützt das nichts, wenn Sie entsprechend Ihrer *Untersuchungshypothese(n)* Verbindungen herstellen wollen, etwa zwischen der Erwerbstätigkeit und dem Grad der Zustimmung zu einer Aussage, die sich auf subjektive Zeitwahrnehmung bezieht. Wenn solche Zusammenhänge interessieren, dann ist es zwingend erforderlich, alle relevanten Variablen direkt bei den ausgewählten Personen zu erfassen. Sie können keinen statistischen Zusammenhang überprüfen zwischen der Erwerbstätigkeit einer Person und dem Grad ihrer Zustimmung zu einer

Aussage, wenn Sie nicht auch die Erwerbstätigkeit der einzelnen befragten Personen erfasst haben.

In unserem Demonstrationsbeispiel wurde als Weg der primärstatistischen Datenerhebung die schriftliche Befragung gewählt.

2.   Qualitative oder quantitative Untersuchung?

Bei der Frage des Untersuchungsdesigns ist die Unterscheidung zwischen einer qualitativen oder einer quantitativen Vorgehensweise von zentraler Bedeutung. Im ersten Fall verwendet man qualitative Erhebungs- und Auswertungsmethoden. Darunter versteht man solche Verfahren, bei denen die interessierenden Sachverhalte zum Beispiel auf dem Wege offener Interviews erhoben werden, also in der Weise, dass die Versuchspersonen in einem Gespräch gebeten werden, zu den Aspekten Ihrer Forschungsfragen Auskunft zu geben. Insbesondere in noch wenig erforschten Themenbereichen ist diese Herangehensweise vorzuziehen, weil das Vorlegen (weitgehend) standardisierter Fragen mit festen Antwortvorgaben Ihrerseits Vorkenntnisse voraussetzt, die in solchen Fällen nicht gegeben sind.

Solche qualitativen Erhebungen führen zu Aufzeichnungen – üblicherweise werden die Gespräche mit Aufnahmegeräten aufgezeichnet und anschließend transkribiert (verschriftlicht) –, die mit dafür geeigneten Verfahren ausgewertet werden können. Auf diese Verfahren gehen wir in dieser Veröffentlichung nicht ein, weil das Beispiel, mit dem wir hier arbeiten, dem quantitativen Forschungsdesign entspricht, dem in der Praxis empirischer Forschung eine sehr große Bedeutung zukommt.

In der Forschungspraxis geht den quantitativen Untersuchungen häufig eine qualitative Studie voraus, um zunächst den interessierenden Gegenstandsbereich auszuleuchten. Liegen die Ergebnisse einer qualitativen (Vor-)Studie vor, fällt es leichter, ein quantitatives Untersuchungsdesign zu entwickeln.

Quantitative Ansätze zeichnen sich dadurch aus, dass mit weitgehend standardisierten Erhebungsinstrumenten gearbeitet wird. Dadurch wird es möglich, den Antworten der Befragten in aller Regel numerische Werte zuzuordnen, sodass eine Auswertung der Befunde mit dem klassischen statistischen Instrumentarium möglich wird.

In unserem Demonstrationsbeispiel wird mit einem quantitativen Untersuchungsdesign gearbeitet. Eine qualitative (Vor-)Studie wurde aus Gründen der Zeit- und Ressourcenknappheit nicht durchgeführt.

3.   Wie wird die Datenerhebung organisiert?

Zur Frage des Forschungsdesigns gehört auch die Überlegung, wie die Datenerhebung organisiert werden soll. Prinzipiell unterscheidet man Totalerhebungen von Stichproben. Bei der *Totalerhebung* werden alle in Frage kommenden Merkmalsträger untersucht (in unserem Fall also alle Bundesbürger, denn sie bilden die *Grundgesamtheit*); bei der *Stichprobe* beschränkt man sich auf eine *Teilerhebung* aus der gegebenen Grundgesamtheit.

Es gibt Fälle, in denen Totalerhebungen von vornherein ausscheiden. Das ist beispielsweise dann der Fall, wenn Grundgesamtheiten zu groß sind – Experimente mit der Gesamtheit aller Fruchtfliegen sind nicht durchführbar –, oder wenn die Untersuchungsobjekte bei der Untersuchung zerstört werden, etwa bei Crash-Tests in der Pkw-Produktion. Zudem gilt, dass bereits die kostengünstigere *Stichprobenziehung* in vielen Fällen zu sehr aussagekräftigen und verallgemeinerbaren Ergebnissen führt.

Sofern man eine Stichprobe zieht – was bei unserem Beispiel zweifellos sinnvoll ist –, muss ein *Stichprobenplan* entwickelt werden. Weiterführende Details dazu finden sich in Kapitel 7, Abschnitt 7.3.

Bei unserem Demonstrationsbeispiel wird mit einer Stichprobe gearbeitet – und zwar mit einer *einfachen Zufallsstichprobe,* bei der die einzelnen zu befragenden Personen durch Zufallsauswahl aus einem bundesweiten Telefonverzeichnis ausgewählt wurden.

4. Reichen die Vorkenntnisse aus, um ein Forschungsdesign zu entwerfen, oder ist eine explorative Vorstudie erforderlich?

Die hier verwendete empirische Studie zur subjektiven Zeitwahrnehmung im sozialen Kontext weist einen explorativen Charakter auf. Solche *explorativen Studien* sind dadurch gekennzeichnet beziehungsweise dann erforderlich, wenn man sich in ein Untersuchungsfeld begibt, über das noch keine oder nur wenige Informationen vorliegen. Stellen Sie sich beispielsweise vor, Sie wollten eine empirische Untersuchung zur Fremdenfeindlichkeit in Deutschland durchführen. Dann wäre es – zeitliche, finanzielle und gegebenenfalls auch personelle Ressourcen vorausgesetzt – empfehlenswert, zunächst in vertiefenden Interviews Aufschluss darüber zu erhalten, mit welchen Fragen dieses Phänomen der Fremdenfeindlichkeit überhaupt erfasst werden könnte; diese Fragen führen zu einer explorativen Feststellung der Untersuchungsdimensionen. Auf der Grundlage der Ergebnisse solcher Gespräche könnten Sie anschließend beispielsweise einen Fragebogen entwickeln, der sich dann an einen größeren Kreis von zu Befragenden richtet.

Aber auch mit einem weitgehend standardisierten Fragebogen – also den Zwischenschritt der vertiefenden Interviews überspringend – kann eine explorative Studie durchgeführt werden, und genau dies ist in der Untersuchung zur subjektiven Zeitwahrnehmung im sozialen Kontext geschehen.

Unser Demonstrationsbeispiel ist explorativ angelegt. Es bietet, so betrachtet, die Grundlage für Überarbeitungen des Fragebogens, sofern in einer späteren Untersuchung diese Forschungsfrage erneut aufgegriffen werden sollte.

5. Welche Methoden der Informationsgewinnung sind zweckmäßig?
Diese Frage hängt zunächst eng mit der vorangegangen zusammen. Begibt man sich in ein relativ unerforschtes Untersuchungsfeld, sind nicht-standardisierte, das heißt offene Interviews vorzuziehen; in anderen Fällen kommen eher (weitgehend) standardisierte Fragebögen in Betracht. Wie aber unter 4. verdeutlicht wurde, ist diese Weichenstellung nicht zwingend; man kann durchaus auch eine weitgehend standardisierte Befragung als explorative Vorstudie anlegen.

Allerdings ist diese fünfte Frage weitreichender: Interessieren Sie sich beispielsweise für das Verkehrsaufkommen auf einer städtischen Ausfallstraße, ist die Beobachtung das geeignete Erhebungsinstrument; geht es um die Reaktion von Versuchspersonen auf ein verabreichtes Medikament, sind kontrollierte Experimente durchzuführen (über die unterschiedlichen Verfahren der Datengewinnung sowie über ihre Vor- und Nachteile wird im folgenden Abschnitt gesprochen).

Unser Demonstrationsbeispiel basiert, wie schon erwähnt, auf einer weitgehend standardisierten schriftlichen Befragung.

4.2 Typen von Forschungsprojekten

Je nach Fragestellung und in Abhängigkeit von den eingesetzten Methoden lassen sich in der sozialwissenschaftlichen Forschungspraxis einzelne Projekttypen voneinander unterscheiden. Sie können aufgrund ihrer Vielzahl nicht alle in diesem Buch angesprochen werden. Vielmehr beschränken wir uns auf den in der Praxis besonders wichtigen Fall der empirisch-quantitativen und weitgehend standardisierten Studie, bei der die auszuwertenden Daten auf der Grundlage schriftlicher Befragungen gewonnen werden. Eine Einordnung dieses speziellen, wenn auch sehr bedeutsamen Falls in das Spektrum denkbarer Projekte zeigt die folgende Übersicht, die wir Ihnen anschließend Schritt für Schritt beschreiben wollen, um zu verdeutlichen, mit welchen Arbeitsschritten sich dieses Buch beschäftigt. Diese Schritte sind in den folgenden Übersichten dunkler unterlegt.

Abbildung 2: Wichtige Typen von Forschungsprojekten

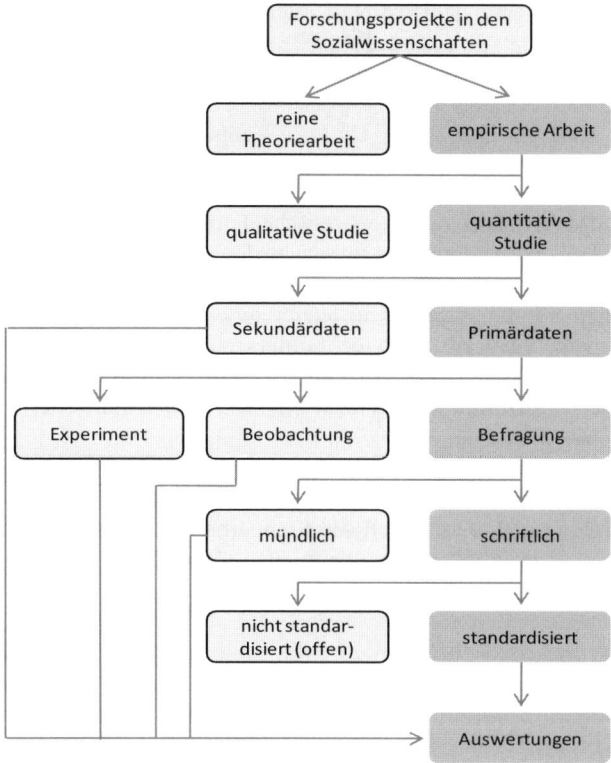

Die Pfeile in dieser Abbildung 2 zeigen nicht alle denkbaren Wege, die beschritten werden können. Beispielsweise ließen sich auch die Positionen „qualitative Studie" und „Auswertungen" durch einen Pfeil verbinden, denn selbstverständlich müssen auch qualitative Studien ausgewertet werden. Und auch mündliche Befragungen können in standardisierte und nicht-standardisierte unterteilt werden. Da wir in dieser Veröffentlichung aber auf ein ganz bestimmtes Forschungsdesign zusteuern – die schriftliche, weitgehend standardisierte Befragung –, haben wir diejenigen Wege, die für dieses Forschungsdesign von Bedeutung sind, durch Pfeile hervorgehoben.

Abbildung 3: Erste Unterteilung von Forschungsprojekten

Sie sehen, dass zunächst rein theoretische Forschungsprojekte von empirisch angelegten Forschungsvorhaben unterschieden werden. Diese Unterscheidung bedeutet, dass Sie Ihr Thema sowohl (ausschließlich) theoretisch als auch empirisch angehen können – wobei in letzterem Fall die theoretische Fundierung empirischer Ergebnisse natürlich nicht unterschlagen werden darf!

Empirische Wissenschaft wird auch *Erfahrungswissenschaft* genannt, weil die empirischen Befunde auf Erfahrungen beruhen. Empirisches Arbeiten verfolgt zwei Ziele, nämlich:

1. die interessierenden Sachverhalte der Realität zu beschreiben,
2. die Regeln zu finden, durch die Sachverhalte der Realität erklärt werden können – diese Regeln bieten dann auch die Möglichkeit, Sachverhalte vorherzusagen.

Bei dem exemplarisch vorgestellten Forschungsprojekt handelt es sich um ein empirisches Forschungsdesign, denn die zentrale Untersuchungshypothese bezog sich auf den Zusammenhang zwischen subjektiver Zeitwahrnehmung und sozialem Kontext. Beides sind Konstrukte, die sinnvollerweise nur mit Hilfe empirischer Daten erfasst werden können.

Wir beschäftigen uns also mit empirischen Arbeiten, das heißt mit solchen Aufgabenstellungen, bei denen empirische Informationen bereitgestellt und ausgewertet werden, um auf diese Weise zu Erkenntniszuwächsen gelangen zu können.

Empirische Informationen sind solche, die auf dem Wege der sinnlichen Wahrnehmung gewonnen werden. Dazu zählen Informationen, die über Befragung, Beobachtung und Experiment gewonnen werden.

Eine reine Theoriearbeit – zum Beispiel über ein Problem der Statistik; aber es könnte selbstverständlich auch eine statistikferne sozialwissenschaftliche Fragestellung sein – hingegen liegt beispielsweise dann vor, wenn Sie sich für Ihre Examensarbeit die Aufgabe vorgenommen haben, aufgrund der Methodenlitera-

tur zur Bemessung von Einkommensungleichheiten eine neue statistische Maßzahl zur Bemessung dieser Ungleichheit zu entwickeln.

Abbildung 4: Zweite Unterteilung von Forschungsprojekten

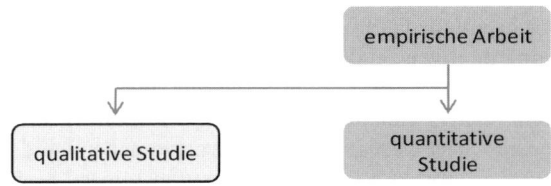

Empirische Arbeiten können in zwei Gruppen eingeteilt werden, nämlich in
qualitative und quantitative Studien. Letztere stehen hier im Mittelpunkt des
Interesses. Sofern Sie sich also für eine empirische Arbeit entschließen, können
Sie – die Zustimmung Ihres Betreuers vorausgesetzt – wählen zwischen einer
qualitativen und einer quantitativen Vorgehensweise. Beide Formen der Datenerhebung und Datenauswertung unterscheiden sich deutlich voneinander.

In diesem Buch werden wir uns – ausgehend von dem gewählten Demonstrationsbeispiel – ausschließlich mit dem empirisch-quantitativen Forschungsdesign befassen.

Nach wie vor genießt das empirisch-quantitative Forschungsdesign nicht
nur in der universitären Lehre eine gewisse Vormachtstellung, sondern auch in
der (sozialwissenschaftlichen) Forschungspraxis. Der Vollständigkeit halber
möchten wir jedoch darauf hinweisen, dass die *qualitative Sozialforschung* in
zunehmendem Maße an Bedeutung gewinnt, dass aber die universitären Curri-
cula in der Regel dieser Entwicklung nachhinken und im Rahmen der Methodenausbildung angehender Sozialwissenschaftler mehrheitlich quantitative Verfahren gelehrt werden. Darüber hinaus sind wir der Ansicht, dass quantitativ
ausgerichtete Forschungsdesigns – einmal vorausgesetzt, Sie verabscheuen Zahlen nicht von vornherein! – für Studierende zugänglicher, das heißt leichter er-
lernbar sind. Zudem warten sie unserer Meinung nach mit dem Vorzug einer
höheren Transparenz auf, indem die einzelnen Forschungsschritte klarer strukturiert sind als dies bei qualitativ angelegten Studien der Fall ist. Schließlich mag
auch unter forschungspragmatischen Gründen – zeitliche, finanzielle und personelle Aspekte – eine quantitativ ausgerichtete Arbeit, insbesondere für Studierende, eher durchführbar sein.

Die Unterscheidung zwischen qualitativen und quantitativen Verfahren
bezieht sich auf Datengewinnungsmethoden, Datenauswertungsmethoden sowie
Dateninterpretationsmethoden – mithin auf alle Arbeitsschritte einer empirischen Arbeit.

Die Datengewinnung bei qualitativen Studien geht in der Regel so vonstatten – dies ist allerdings eine grobe und verkürzende Skizzierung –, dass die Befragten im Interview gebeten werden, sich zu den jeweils interessierenden Sachverhalten zu äußern. Diese Interviews finden in Form von Gesprächen statt, die mehr oder weniger offen, das heißt mehr oder weniger strukturiert und häufig auf einen Gesprächsleitfaden gestützt, ablaufen.

Bei einer quantitativen Studie hingegen werden allen Befragten identische Fragen vorgelegt – meist in Form eines postalisch versandten Fragebogens oder mittels Telefoninterviews –, die dann zum Beispiel durch Ankreuzen von Antwortvorgaben beantwortet werden. Diese Antwortvorgaben werden mit numerischen Codes versehen, sodass – über alle Befragten hinweg – eine quantitativ-statistische Auswertung möglich wird.

Empirische Wissenschaften stehen vor der Aufgabe, die in der Realität vorliegenden Strukturen und Gesetzmäßigkeiten zu entdecken. Je mehr Wissen über diese Strukturen und Gesetzmäßigkeiten gesammelt wird, desto besser können beobachtete Ereignisse erklärt und künftige Ereignisse vorhergesagt werden. Dieser Ansatz wird von den Vertretern der *qualitativen Sozialforschung* bestritten. Sie gehen nicht von grundlegenden Strukturen und Gesetzmäßigkeiten aus, sondern vielmehr davon, dass die Menschen die gesellschaftlichen Strukturen, in denen sie miteinander leben, durch ihr Handeln selbst erzeugen und dadurch auch ständig verändern.

Abbildung 5: Dritte Unterteilung von Forschungsprojekten

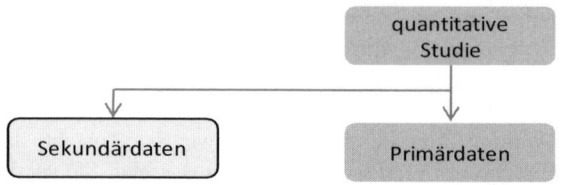

Bevor Sie sich konkret an die Datenerhebung machen, sollten Sie zunächst prüfen, ob die Informationen, die Sie für Ihre Untersuchung benötigen, nicht aus bereits vorliegenden statistischen Quellen entnommen werden können (*Sekundärdaten*). Die Nutzung solcher Sekundärdaten ist natürlich wesentlich weniger zeit- und kostenaufwändig als eine eigene Erhebung. Grundsätzlich haben Sie also zwei Möglichkeiten, an Daten zu gelangen:

Sekundärstatistik
Sie können von anderen Forschern bereits erhobene Daten nutzen. Solche Daten werden *sekundärstatistische Daten* genannt.

Die Quellen, denen Sie solche Daten entnehmen können, werden in *amtliche* und *nicht-amtliche Quellen* unterschieden. Amtliche Quellen sind beispielsweise die Veröffentlichungen der statistischen Ämter (Statistisches Bundesamt, statistische Landesämter, statistische Ämter von Kommunen) oder Veröffentlichungen von Behörden, Ministerien etc. Auf jeden Fall empfehlen wir Ihnen einen Blick auf die Homepage des Statistischen Bundesamtes (www.destatis.de), wo Sie erkennen können, zu welchen Themen und zu welchen Konditionen dieses Amt Daten bereitstellt.

Nicht-amtliche Quellen sind beispielsweise Veröffentlichungen von Meinungsforschungsinstituten, von Universitäten oder von Forschern, die bereits zu dem Sie interessierenden Thema gearbeitet haben. Um solche Quellen ausfindig zu machen, kann es sich lohnen, entsprechende Suchbegriffe in ein Internet-Suchprogramm wie beispielsweise Google (www.google.de) einzugeben. Wir haben am 04. September 2012 probeweise einmal das Stichwort „Zeitwahrnehmung" in Google eingegeben und daraufhin „ungefähr 37.000 Ergebnisse" erhalten.

Primärstatistik
Sie können aber auch eigene Daten erheben. Diese werden als *primärstatistische Daten* bezeichnet.

Im Zusammenhang mit primärstatistischen Datenerhebungen sollten Sie im Vorfeld die folgenden zwei Fragen für sich klären:

1. Benötigen Sie wirklich eine Primärerhebung?
Häufig ist es so, dass interessierende Sachverhalte schon von anderen Forschern empirisch erfasst wurden. Deshalb haben wir Ihnen oben geraten, erst einmal gründlich zu recherchieren – selbstverständlich nicht nur in Google; über die Methoden und Techniken wissenschaftlichen Arbeitens informiert die einschlägige Literatur (→ Literaturempfehlungen unter www.springer.com). Aber selbst wenn Sie sekundärstatistische Daten finden, müssen Sie berücksichtigen, dass diese möglicherweise schon veraltet sind, oder dass ihr Zustandekommen Ihnen nicht nachvollziehbar ist, sodass Sie nur schwer entscheiden können, ob die vorgefundenen Daten wirklich den Ausschnitt der Realität abbilden, für den Sie sich interessieren – wenn dies der Fall ist, werden Sie sich für eine Primärerhebung entscheiden müssen.

2. Sehen Sie sich in der Lage, eine primärstatistische Datenerhebung durchzuführen?
Eine primärstatistische Datenerhebung, zum Beispiel auf dem Wege postalischer Befragungen, kostet Zeit und Geld (→ Kapitel 5). Darüber hinaus müssen Sie Ihr

Erhebungsinstrument, in diesem Falle den Fragebogen, der versendet werden soll, selbst entwickeln, und auch das kostet Zeit (→ Kapitel 7 und 8).

In unserem Demonstrationsbeispiel wurde der Weg der primärstatistischen Datenerhebung beschritten, denn die interessierenden Untersuchungsvariablen – Indikatoren zur subjektiven Zeitwahrnehmung – können sinnvollerweise nur direkt bei den betroffenen Menschen erfragt werden.

Diese Art der quantitativen Studie, die gerade skizziert wurde, stützt sich also auf Primärdaten, das heißt auf Daten, die Sie per Befragungsaktion erhalten. Greifen Sie hingegen auf schon vorhandene statistische Daten zurück (Sekundärdaten), sind natürlich ebenfalls statistische Auswertungen möglich – dafür steht der Pfeil in der Abbildung 2 von „Sekundärdaten" zu „Auswertungen".

Abbildung 6: Vierte Unterteilung von Forschungsprojekten

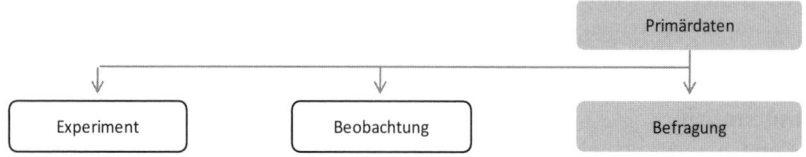

Es stellt sich nun die Frage, auf welche Weise Sie zu primärstatistischen Daten gelangen können. Üblicherweise werden drei Wege voneinander unterschieden, das Experiment, die Beobachtung und die schon mehrfach angesprochene Befragung.

Von einem *Experiment* spricht man, wenn beispielsweise einer bestimmten Anzahl von Versuchspersonen dieselbe Aufgabe gestellt wird, und man schaut sich dann an, wie diese Aufgabe von den Versuchspersonen – vermutlich unterschiedlich – bewältigt wird.

Eine *Beobachtung* liegt vor, wenn die auszuwertenden Daten – wie etwa bei dem sehr einfachen Beispiel einer Verkehrszählung – durch reine Beobachtung (Zählen) gewonnen werden können. Man spricht hier von einer *nicht-teilnehmenden Beobachtung*. Eine *teilnehmende Beobachtung* hingegen liegt dann vor, wenn in einem qualitativen Forschungsdesign der Forscher beispielsweise in die Interaktionen zwischen den Personen einer Versuchsgruppe eingreift – und sei es auch nur durch seine bloße Anwesenheit.

Grundsätzlich können also quantitativ ausgerichtete Forschungsdesigns auf der Basis von Befragungen, Beobachtungen oder Experimenten angelegt werden. Deshalb wollen wir hier in vergleichender Sicht die wesentlichen Vor- und Nachteile dieser verschiedenen primärstatistischen Datenerhebungsmethoden benennen.

Schriftliche standardisierte Befragung

Beispiel	postalische Befragung zum Lebensstandard von Bundesbürgern (mit Antwortvorgaben)
Vorteile	relativ preisgünstig; geringer Zeitaufwand; unkomplizierte Auswertung
Nachteile	unter Umständen Verzerrung des Ergebnisses durch geringen Rücklauf; Einschränkung der Befragten durch Antwortvorgaben

Zu den schriftlichen Befragungen können Sie auch die in den letzten Jahren zunehmend verwendeten Internet-gestützten Befragungsaktionen *(Online-Befragungen)* zählen. Diese sind zwar in der Regel nicht repräsentativ, da nur in Ausnahmefällen die Grundgesamtheit der Befragten so eingeschränkt werden kann, dass davon auszugehen ist, sie alle verfügen über einen Internetzugang, aber Internet-gestützte Befragungsaktionen gehen mit dem wesentlichen (technischen) Vorteil einher, dass die Befragungsergebnisse direkt, also ohne zusätzliche Dateneingabe, in ein Auswertungsprogramm übernommen werden können.

Schriftliche offene Befragung

Beispiel	postalische Befragung zum Lebenslauf von Bundesbürgern (ohne Antwortvorgaben, das heißt offene Antwortmöglichkeiten)
Vorteile	relativ preisgünstig; geringer Zeitaufwand; freie Antwortmöglichkeiten schränken die Befragten nicht ein und bieten ihnen damit die Möglichkeit, differenziert zu antworten
Nachteile	unter Umständen Verzerrung des Ergebnisses durch geringen Rücklauf (eine schriftliche offene Befragung bedeutet für die Angeschriebenen einen noch höheren Aufwand als eine schriftliche standardisierte Befragung); hoher Klassifikationsaufwand der offenen Antworten

Mündliche standardisierte Befragung

Beispiel	Interview mit Studierenden zur Beurteilung einer Lehrveranstaltung (mit Antwortvorgaben)
Vorteile	in der Regel geringe Verweigerungsquoten; unkomplizierte Auswertung
Nachteile	vergleichsweise zeit- und kostenaufwändig; Verzerrungsmöglichkeiten durch Interviewer-Effekte (Beeinflussungen des Befragten durch den Interviewer in der Gesprächssituation); Einschränkung der Befragten durch Antwortvorgaben

Zu den mündlichen Befragungen zählen auch die immer häufiger eingesetzten *Telefoninterviews*. Sofern sie standardisiert angelegt sind, werden die Befragungsergebnisse in der Regel direkt vom Telefoninterviewer in eine Eingabemaske eingegeben, sodass auch hier der zeitaufwändige und kostenverursachende Schritt der separaten Dateneingabe entfällt.

Eine Zwischenform, deren Vor- und Nachteile sich aus der Kombination der vorangegangenen Übersichten ergibt, sodass wir darauf hier nicht gesondert eingehen müssen, ist die *teilstandardisierte Befragung*, bei der sowohl standardisierte als auch offene Fragen zum Einsatz kommen. Dies trifft auch auf unser Beispiel, den Fragebogen zur subjektiven Zeitwahrnehmung zu, in dem allerdings die standardisierten Fragen dominierten.

Mündliche offene Befragung

Beispiel	Interview zu heiklen Themen, zum Beispiel Drogenkonsum (ohne Antwortvorgaben, das heißt offene Antwortmöglichkeiten)
Vorteile	in der Regel geringe Verweigerungsquoten; freie Antwortmöglichkeiten schränken die Befragten nicht ein und bieten ihnen damit die Möglichkeit, differenziert zu antworten
Nachteile	vergleichsweise zeit- und kostenaufwändig (Reisekosten!); Verzerrungsmöglichkeiten durch Interviewer-Effekte; hoher Klassifikationsaufwand der offenen Antworten

Beobachtung

Beispiel	Verkehrszählungen oder Beobachtungen des Einkaufverhaltens von Käufern im Supermarkt
Vorteile	kaum Ausfälle; keine Interviewer-Effekte (zumindest bei verdeckten, das heißt nicht-teilnehmenden Beobachtungen)
Nachteile	unter Umständen zeitaufwändig; gegebenenfalls Klassifikationsaufwand (beim zweiten Beispiel des Einkaufverhaltens)

Experiment

Beispiel	Beobachtung der Wahlentscheidung von Konsumenten bei Vorlage eines Produktes in zwei unterschiedlichen Verpackungen
Vorteile	kaum Ausfälle; in der Regel geringer Zeitaufwand
Nachteile	bei komplexen Experimenten vor der Auswertung Klassifikationsaufwand; im sozialwissenschaftlichen Bereich eher selten einsetzbar, da experimentelle Versuchsanordnungen mitunter mit ethischen Problemen verbunden sind

In den Sozialwissenschaften gelten Befragungen als der Königsweg der Datenbereitstellung. Deshalb steht diese Datenerhebungsmethode in der vorliegenden Veröffentlichung im Vordergrund, und auch das Demonstrationsbeispiel, mit dem wir hier arbeiten, nutzte die schriftliche Befragung mit einem weitgehend standardisierten Fragebogen.

Im Demonstrationsbeispiel wurde als Datenerhebungsweg die schriftliche Befragung gewählt, da die interessierenden Sachverhalte auf diese Weise in ausreichendem Maße erfassbar waren. Die sich anbietende Alternative, mit Interviews zu arbeiten, und dadurch potentielle Verzerrungseffekte durch zu geringen Rücklauf zu vermeiden, schied bei dieser bundesweiten Datenerhebung aus Zeit- und Kostengründen aus.

Abbildung 7: Fünfte Unterteilung von Forschungsprojekten

Auch der primärstatistische Weg der Datenerhebung mittels einer Befragung lässt sich nochmals untergliedern in mündliche und schriftliche Datenerhebungen.

Die grundlegenden Vor- und Nachteile der beiden Arten von Befragungen wurden auf den vorangegangenen Seiten vorgestellt. Hier noch einige Ergänzungen:

Selbst wenn Sie beispielsweise bei einer postalischen Befragungsaktion den Befragten versprechen, dass unter denjenigen, die antworten, eine Urlaubsreise nach Mallorca ausgelost wird – dies käme für Sie vermutlich aus Kostengründen nicht in Frage; für eine wissenschaftliche Untersuchung erschiene diese Methode unserer Meinung nach ohnehin unangemessen –, müssen Sie damit rechnen, dass kaum mehr als ca. 30% der Befragten wirklich antworten. Die eventuell versprochene Urlaubsreise wird daran vermutlich nicht allzu viel ändern können. Streben Sie also einen Rücklauf von ungefähr 1.000 ausgefüllten Fragebögen an, müssen Sie mindestens 3.000 verschicken. Das kostet Geld und geht zusätzlich mit dem Problem einher, dass möglicherweise bevorzugt diejenigen antworten, die sich für die angesprochene Thematik ohnehin interessieren. Es versteht sich, dass deshalb mit Verzerrungen der Ergebnisse zu rechnen ist, weil vielleicht diejenigen, die antworten, der Thematik, um die es geht, positiver gegenüberstehen als diejenigen, die nicht antworten. Damit könnte dann die *Repräsentativität* Ihrer Befunde gefährdet sein (das Stichwort der Repräsentativität wird wieder in Kapitel 14 aufgegriffen). Bei Interviews ist mit derartigen Verzerrungen jedoch in geringerem Maße zu rechnen, weil erfahrungsgemäß der Anteil derjenigen, die nicht zu einem Interview bereit sind, sehr viel kleiner ist als der Anteil der Antwortverweigerer bei einer schriftlichen Befragung.

Wählen Sie aber alternativ die Form der mündlichen Befragung (Interview), sind beträchtliche Reisekosten und ein weit höherer Zeit- und Personalaufwand zu kalkulieren. Zudem ist in diesem Falle das Problem des sogenannten *Interviewer-Effekts* in die Überlegungen einzubeziehen; darunter versteht man, dass in Interviewsituationen – wegen des damit einhergehenden kommunikativen Kontakts zwischen Interviewer und Interviewtem – Beeinflussungstendenzen auftreten, die zu Verzerrungen der Ergebnisse führen können. So könnten persönlich Befragte beispielsweise bevorzugt Antworten geben, von denen sie annehmen, der Interviewer wolle sie hören oder diese Antworten seien sozial erwünscht.

Im Demonstrationsbeispiel wurde die schriftliche Befragung per Postversand gewählt, insbesondere wegen der Knappheit der zeitlichen und finanziellen Ressourcen.

Bei der mündlichen Befragung (Interview) werden in einem Gespräch die interessierenden Sachverhalte thematisiert. Während der Befragte antwortet, werden Sie als Interviewer Stichworte zu den Antworten notieren, das Interview aufzeichnen (um es anschließend auszuwerten), oder aber Sie können vorbereitete Antwortvorgaben ankreuzen. Bei der schriftlichen Befragung überlassen Sie das Ankreuzen von Antworten dem Befragten.

Abbildung 8: Sechste Unterteilung von Forschungsprojekten

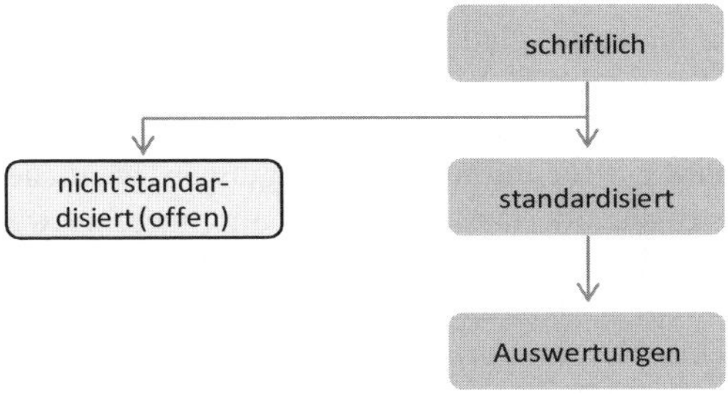

Die schriftliche Befragung, die in dieser Veröffentlichung im Mittelpunkt des Interesses steht, kann standardisiert oder nicht-standardisiert (offen) ablaufen.

Auch bei dieser Unterscheidung müssen die Vor- und Nachteile der beiden Verfahren, über die schon weiter oben gesprochen wurde, gegeneinander abgewogen werden. Und auch dazu möchten wir noch einige wenige Ergänzungen hinzufügen:

Standardisierte Befragungen – schriftlich oder mündlich – weisen den großen Vorzug auf, dass die spätere Dateneingabe und Datenauswertung nicht allzu aufwändig ist. Bei nicht-standardisierten Befragungen nämlich müssen die Antworten der Befragten zunächst klassifiziert werden, was mit einem beträchtlichen Zeitaufwand verbunden ist und zudem mit der Gefahr, dass die gewählten Klassifikationsschemata unbefriedigend oder vielleicht sogar falsch sind. Bei standardisierten Befragungen hingegen taucht das Problem auf, dass die Befragten in den anzukreuzenden Antwortvorgaben nicht immer diejenigen Antworten finden, die sie eigentlich geben wollen, sodass auch daraus Verzerrungseffekte resultieren können.

Bei der schriftlichen Befragung im Demonstrationsbeispiel wurde eine Mischform genutzt. Der eingesetzte Fragebogen ist weitgehend standardisiert, aber es gibt auch einige Fragen, die offen zu beantworten waren, beziehungsweise es gibt an manchen Stellen die Antwortkategorie „Sonstiges", bei der die Befragten gegebenenfalls eigene (zutreffende) Antworten formulieren und eintragen konnten.

Damit haben wir das empirische Forschungsprojekt beschrieben, das uns vor Augen steht, wenn wir Ihnen Schritt für Schritt zeigen, wie ein solches Projekt durchgeführt wird. Wir wählen also ein empirisch-quantitatives Forschungsdesign, das eine primärstatistische Datenerhebung über den Weg der schriftlichen Befragung mittels eines standardisierten Erhebungsinstruments vorsieht.

Der Vollständigkeit halber sei darauf aufmerksam gemacht, dass die Ausführungen der folgenden Kapitel auch dann für Sie nützlich sind, wenn sie keine primärstatistische Datenerhebung vornehmen, sondern sich auf sekundärstatistische Daten stützen – also auf Daten, die Sie nicht selbst erhoben, sondern einer statistischen Quelle entnommen haben. Dieser Weg wurde in Abbildung 2 durch den Pfeil zwischen „Sekundärdaten" und „Auswertungen" verdeutlicht.

Entsprechendes gilt für mündliche Befragungen, wenn sie standardisiert – oder zumindest weitgehend standardisiert – durchgeführt werden. Und auch Beobachtungsdaten oder Daten, die auf der Grundlage von Experimenten gewonnen werden, können so ausgewertet werden, wie es in späteren Kapiteln dieses Buches beschrieben wird. Auf diese Weise erklären sich die weiteren Pfeile, die in Abbildung 2 zur Position „Auswertungen" zielen.

5 Wie manage ich mein Forschungsprojekt?

Ihr erstes empirisches Forschungsvorhaben, bei dem Sie eigenständig Daten erheben und auswerten, bedarf eines Projektmanagements – und zwar sowohl in finanzieller als auch in zeitlicher Hinsicht.

5.1 Wie finanziere ich mein Forschungsprojekt?

Es dürfte absehbar sein, dass zur Bearbeitung Ihres empirischen Forschungsprojekts Kosten anfallen werden – und dass diese Kosten mit hoher Wahrscheinlichkeit deutlich über jenen liegen, die für eine rein theoretische Abschlussarbeit, die in erster Linie ein ausgiebiges Literaturstudium in Bibliotheken oder am heimischen Schreibtisch bedeutet, anfallen.

Aus diesem Grund möchten wir diesen Aspekt der *Finanzierung* Ihrer empirischen Untersuchung auch an genau die Stelle positionieren, an der er als Hürde auftritt, nämlich ziemlich zu Beginn Ihrer Arbeit.

Wird ein Forschungsthema von außen vorgegeben, so stehen oftmals auch die finanziellen Mittel bereit, um die Bearbeitung zu bewältigen. Dies könnte etwa dann der Fall sein, wenn Sie sich an Ihren Betreuer wenden und dieser Ihnen anbietet, Ihre Examensarbeit im Rahmen eines von ihm bearbeiteten – und finanziell abgesicherten – Forschungsprojekts zu schreiben.

Bei selbst gewählten Themenstellungen empirisch orientierter Examensarbeiten ist dies aber in der Regel anders: Hier stehen normalerweise keine Mittel bereit, sodass Sie sich genau überlegen müssen, welche Forschungskosten auf Sie zukommen werden und ob der finanzielle Aufwand, der mit Datenerhebung und Datenauswertung unweigerlich einhergeht, von Ihnen getragen werden kann. Sie sollten zunächst eine Kalkulation erstellen, in der Sie die einzelnen kostenverursachenden Posten festhalten.

Kosten der Literaturbeschaffung

Dazu zählt Fachliteratur, die Sie selbst anschaffen möchten, weil sie für Sie von zentraler Bedeutung ist und Sie im Rahmen Ihrer Abschlussarbeit möglicherweise permanent auf diese Bücher zurückgreifen wollen; dies könnten fachspezifische Titel sein oder auch Methodenliteratur (dieses Buch beispielsweise). Sie sollten aber auch die Kosten für Vervielfältigungen (Kopien) von Literatur, die Sie aus Bibliotheken entleihen, sowie für eventuell notwendige Fernleihen einkalkulieren.

Kosten der Datenerhebung

Zu diesem finanziell gewichtigen Punkt zählen der Druck von Anschreiben und Fragebögen, die Versandkosten sowie das Rückporto, das Sie als Empfänger ausgefüllter Fragebögen höflicherweise durch Beilegung eines bereits frankierten und an Sie selbst adressierten Rückumschlags übernehmen sollten. (Bedenken Sie, dass durch diese Beilegung das Gesamtgewicht Ihres Briefes jenes eines Standardbriefs übersteigen dürfte!)

Sofern Sie – worauf in diesem Buch nicht näher eingegangen wird – persönliche Interviews führen, sollten Sie zudem an anfallende Reise- und gegebenenfalls auch Unterbringungskosten zur Durchführung Ihrer Interviews denken.

Kosten der Dateneingabe und der Datenauswertung

Sofern wir nicht Ihre Arbeitszeit in die Kalkulation einbeziehen – was wir nicht tun, da es sich um Ihre Examensarbeit handelt, die in jedem Falle Arbeitszeit erfordert, diese aber Bestandteil Ihres Studiums ist –, dürfte dieser Punkt überschaubar bleiben: Hier sollten Sie an die eventuell noch notwendige Anschaffung einer Software, beispielsweise das Statistikprogramm SPSS, denken. An den meisten Hochschulrechenzentren dürften (nach Vorlage einer gültigen Immatrikulationsbescheinigung) sogenannte Studentenlizenzen zu einem stark ermäßigten Preis erhältlich sein.

Kosten der Erstellung des Forschungsberichts

In diesem Punkt unterscheidet sich Ihre empirische Forschungsarbeit nicht von rein theoretischen Abschlussarbeiten, von denen Sie ebenfalls eine in der Prüfungsordnung Ihres jeweiligen Studiengangs vorgeschriebene Anzahl an Exemplaren beim zuständigen Prüfungsamt abliefern müssen. Diese Druckkosten sollten sich in Grenzen halten.

Sie sehen, dass insbesondere die Kosten für die Datenerhebung Ihres empirischen Forschungsprojekts ins Gewicht fallen werden. Dabei – das liegt auf der Hand – hängen die konkreten Kosten vor allem vom Umfang Ihrer Datenerhebung ab. Bedenken Sie, dass größere Datenbestände zu aussagekräftigeren Ergebnissen führen können, dass mit diesem Ziel aber auch die Kosten steigen – sowohl für Vervielfältigung und Versand Ihres Erhebungsinstruments als auch für das Rückporto, das Sie, wie oben bereits geschrieben, in jedem Falle übernehmen sollten, um Ihre Rücklaufquote nicht zu senken, indem Sie Ihren Befragten die Kosten für die Rücksendung des ausgefüllten Fragebogens aufbürden. Es ist gut möglich, dass Sie nach Erstellung einer Kostenkalkulation Ihres Forschungsprojekts eine Summe im vierstelligen Bereich vor Augen haben. Vielleicht ist es Ihnen möglich, diese Rechnungen selbst und problemlos zu begleichen. Vielleicht aber auch nicht.

Ein Patentrezept, wie Sie als Examenskandidat an Geldgeber kommen können, können wir Ihnen leider nicht bieten, denn eine Vielzahl in Frage kommender Geldgeber richtet sich an Postgraduierte, also an Nachwuchsforscher, die an Dissertationen oder Habilitationen arbeiten – oder eben im Rahmen eines institutionalisierten Forschungsprojekts tätig sind. Gleichwohl möchten wir an dieser Stelle versuchen, Ihnen ein paar Denkanstöße zu geben:

- Wäre es für Sie mit gutem Gewissen möglich, Ihre Familie oder Verwandtschaft anzusprechen – mit dem Hinweis, dass es sich bei Ihrem ersten empirischen Forschungsprojekt um eine ambitionierte Examensarbeit handelt?

- Sind Sie vielleicht bereits während Ihres Studiums Stipendiat eines der großen Begabtenförderungswerke gewesen? Diese Begabtenförderungswerke unterstützen möglicherweise Ihre Abschlussarbeit – sofern Sie die Sonderausgaben gut begründen können – extra.

- Denken Sie auch an die mit zahlreichen Hochschulen und/oder Fakultäten beziehungsweise Instituten verbundenen Absolventenvereine oder Freundeskreise/Fördervereine, die Ihre Arbeit finanziell unterstützen könnten. Eine Voraussetzung dürfte auch hierbei sein, dass Sie Ihr Anliegen gut begründen können.

- Vielleicht kommt auch ein an Ihrer Hochschule angesiedeltes Institut in Frage, das ein Interesse an Ihren Forschungsergebnissen haben könnte, indem es vielleicht Ihre Resultate als eine Art explorativer Vorstudie für ein größeres Forschungsprojekt verwenden könnte.

- Es könnte auch von Vorteil sein, wenn Sie mit dem Betreuer Ihrer Arbeit bei Zeiten über das Thema der Finanzierung sprechen. Vielleicht fällt auch ihm ein gangbarer Weg ein.

Unter www.springer.com finden Sie einige empfehlenswerte Buchtitel zu diesem Komplex der Forschungsfinanzierung.

5.2   Wie plane ich mein Forschungsprojekt zeitlich?

Ihnen wird bereits durch die Prüfungsordnung Ihres Studiengangs eine zeitliche Vorgabe hinsichtlich der zulässigen Bearbeitungsdauer Ihrer Abschlussarbeit gemacht; dabei wird häufig zwischen theoretischen und empirischen Arbeiten unterschieden, wobei Letzteren aufgrund des zeitaufwändigen Arbeitsschrittes der (eigenen) Datenerhebung mehr Zeit zugestanden wird. Wir raten Ihnen davon ab, diesen Rahmen deutlich zu sprengen, indem Sie beispielsweise ein Jahr lang an Ihrem Thema arbeiten, um es dann erst – offiziell – anzumelden, denn zum einen verlängert sich auf diese Weise Ihre Gesamtstudiendauer unter Umständen nicht unerheblich, und zum anderen sollten Sie – bei aller eventuellen Liebe zum wissenschaftlichen Arbeiten – im Auge behalten, dass es sich um eine Abschlussarbeit handelt und nicht um ein Lebenswerk!

Nichtsdestotrotz möchten wir Ihnen empfehlen, sich bereits im Vorfeld Ihrer Arbeit den Ablauf des Forschungsprojekts zeitlich vorzustrukturieren – wir raten zu einer schriftlichen Fassung. Dabei sollten Sie auch den voraussichtlichen Zeitaufwand der einzelnen Arbeitsschritte festhalten, die im Folgenden etwas detaillierter untergliedert sind, als dies in Kapitel 2 der Fall war (die in Kapitel 2 genannten Arbeitsschritte sind in der folgenden Übersicht grau unterlegt).

Eine derartige zeitliche Planung Ihres Forschungsprojekts könnte so aussehen, wie es Tabelle 1 zeigt.

Tabelle 1: Zeitliche Planung eines empirischen Forschungsvorhabens

Schritt	Inhalt	von Woche… bis Woche…
1	Entwicklung einer Forschungsfrage (Themenfindung)	1 bis 4
2	Kostenkalkulation	5
3	Literaturbeschaffung, Literaturstudium	5 bis 17
4	Klärung des Entdeckungs- und Verwertungszusammenhanges	5 bis 6
5	Entscheidung über das Forschungsdesign	7 bis 8
6	Präzisierung der Forschungsfrage und dimensionale Analyse	7 bis 8
7	Hypothesenbildung	8

8	Auswahl der Indikatoren und Operationalisierung	8 bis 9
9	Auswahl eines geeigneten Erhebungsinstruments	9
10	Festlegung der Untersuchungsobjekte und ihre Auswahl	8 bis 9
11	Entwicklung des Erhebungsinstruments	10
12	Datenerhebung (Versenden der Fragebögen und Abwarten des Rücklaufs)	11 bis 14
13	Vorbereitung der Dateneingabe	14
14	Datenauswertungen	15 bis 16
15	Interpretation der Befunde	17 bis 20
16	Anfertigen der Arbeit	5 bis 20

Es ergibt sich eine Gesamtbearbeitungsdauer von 20 Wochen, was in etwa fünf Monaten Arbeit an Ihrem Forschungsprojekt entspricht. Möglicherweise wird Ihnen – offiziell – mehr Zeit, vielleicht ein halbes Jahr, für die Anfertigung Ihrer Examensarbeit zugestanden. Mit solch einem potentiellen Zeitpolster sollten Sie behutsam umgehen, denn die Forschungspraxis zeigt, dass die Kalkulation von Zeitpuffern überaus wichtig ist – stellen Sie sich vor, der Rücklauf vollzieht sich schleppender als erhofft, oder Ihr Computer streikt im letzten Moment...

Aus den vorgenannten finanziellen und zeitökonomischen Gründen ergibt sich, dass es sehr ratsam ist, ein konkretes empirisches Forschungsvorhaben nicht allzu aufwändig, sondern durchdacht, aber bescheiden anzulegen. Bedenken Sie zudem: Kein Forschungsprojekt kann soziale Realität in ihrer Ganzheit untersuchen. Es ist deshalb unumgänglich, begründete Begrenzungen vorzunehmen.

6 Wie bereite ich mein Forschungsprojekt inhaltlich vor?

Nachdem wir Ihnen bisher die zentralen, aber der eigentlichen Forschungsarbeit vorgelagerten Schritte des finanziellen und zeitlichen Projektmanagements vorgestellt haben, und nachdem in den vorangegangenen Kapiteln über Forschungsprojekte im Allgemeinen gesprochen wurde, möchten wir Ihnen nun die einzelnen Schritte der inhaltlichen Vorbereitung Ihres ersten eigenen Forschungsprojekts erläutern. Mit inhaltlicher Vorbereitung sind diejenigen Überlegungen gemeint, die Sie zur gedanklichen Durchdringung Ihrer Themenstellung anstellen müssen, bevor Sie Datenerhebung und Datenauswertung in Angriff nehmen.

Wir haben bereits darauf aufmerksam gemacht, dass empirische Forschungsprojekte aus forschungspragmatischen Gründen eingegrenzt werden müssen; Ihre eventuelle Feststellung, dass alles, was Sie interessiert, mit allem zusammenhängt, ist dabei wenig zielführend. Vielmehr stehen Sie vor der Aufgabe, aus der potentiell unendlich großen Anzahl miteinander zusammenhängender interessanter Sachverhalte und Entwicklungen eine kleine Anzahl auszuwählen – und dies in einer Weise, die es Ihnen ermöglicht, diejenigen zu benennen, die Sie für besonders wichtig erachten und die geeignet sind, Erkenntnisse zu fördern, die zur Beantwortung Ihrer Forschungsfrage führen können.

Dies wiederum führt zu einer Reihe von Arbeitsschritten, die wir Ihnen im Folgenden vorstellen möchten.

6.1 Präzisierung der Fragestellung

Wenn Sie über ein eigenes Forschungsprojekt nachdenken, haben Sie, so hoffen wir, eine allgemeine Fragestellung im Kopf – möglicherweise haben Sie sie bereits verschriftlicht, wozu wir Ihnen generell raten, da Verschriftlichungen dazu beitragen können, sich klar zu werden über die Dinge, die Sie ansonsten lediglich diffus-unstrukturiert mit sich tragen. Darüber hinaus stellen selbst vorläufig erstellte Verschriftlichungen oftmals das Ausgangsmaterial für spätere Fassungen dar. Mit anderen Worten: Überlegungen, die Sie bereits im Kasten haben – sprich: im PC –, gehen Ihnen nicht mehr verloren!

Dazu ein alter Tipp am Rande, der aber nicht oft genug gegeben werden kann: Sichern Sie Ihre Dateien in regelmäßigen Abständen!

Um Ihre übergeordnete Fragestellung präzisieren zu können, ist es erforderlich, dass Sie die Ihrer Fragestellung zugrunde liegenden Konstrukte enger fassen, indem Sie sie quasi herunterbrechen auf ihre Bestandteile.

Im vorliegenden Beispiel musste die allgemeine Fragestellung – „Wie beeinflusst der soziale Kontext die subjektive Zeitwahrnehmung?" – zu einer Präzisierung der beiden Konstrukte „sozialer Kontext" und „subjektiven Zeitwahrnehmung" führen.

- Für das Konstrukt des „sozialen Kontextes" bieten sich die sogenannten *sozio-demografischen Variablen*, wie sie in der empirischen Forschungspraxis gerne als *erklärende Faktoren* gewählt werden, an. Dabei könnte etwa die Variable „Erwerbstätigkeit" mit den Ausprägungen „erwerbstätig" und „nichterwerbstätig" herangezogen werden – ausgehend von der Hypothese, dass Erwerbstätige eine andere subjektive Zeitwahrnehmung aufweisen als Nicht-Erwerbstätige.

- Für das Konstrukt der „subjektiven Zeitwahrnehmung" bietet es sich an, zwischen Zeitwahrnehmung im arbeitsweltlichen Bereich und Zeitwahrnehmung im lebensweltlichen Bereich zu differenzieren. Als wesentliche Variable zur Kennzeichnung der subjektiven Zeitwahrnehmung ließe sich beispielsweise der Grad der Zustimmung zu der Aussage „Wenn ich zu Fuß unterwegs bin, gehe ich ziemlich rasch" verwenden.

Auf diese Weise könnte die allgemeine Forschungsfrage dann wie folgt präzisiert werden: Gibt es einen statistisch signifikanten Zusammenhang (zum Begriff der statistischen Signifikanz → Kapitel 14 und 15) zwischen Erwerbstätigkeit und dem Grad der Zustimmung zur formulierten Aussage?

Dazu einige begriffliche Anmerkungen: Eine *Variable* (auch *Merkmal* genannt) ist eine Größe, die von *Merkmalsträger* zu Merkmalsträger, zum Beispiel von Person zu Person, unterschiedliche Ausprägungen annehmen kann; diese *Variablenausprägungen* nennt man auch *Merkmalswerte* oder *Werte*.

Merkmalsträger sind in der sozialwissenschaftlichen Forschungspraxis in der Regel Personen. Es können aber auch Familien, Staaten, Autos, Laborratten oder Rebstöcke Merkmalsträger sein.

Eine Variable wie die oben genannte „Erwerbstätigkeit", die – sofern nicht weiter differenziert wird zwischen „vollzeit erwerbstätig" und „teilzeit erwerbstätig" – nur zwei Ausprägungen annehmen kann, nennt man eine *dichotome Vari-*

able. Variablen mit mehr als zwei Ausprägungen – etwa die Zustimmung zu der oben formulierten Aussage, bei welcher der Grad der Zustimmung mit vierfacher Abstufung erfragt wurde – heißen *polytome Variablen.*

Variablen können auch in diskrete und stetige Variablen unterteilt werden. *Diskrete Variablen* können lediglich eine endliche Anzahl streng voneinander getrennter Werte als Ausprägungen annehmen (zum Beispiel Geschlecht, Familienstand, Kinderzahl); *stetige Variablen* hingegen können innerhalb eines sinnvollen Definitionsbereichs jeden beliebigen Wert, mithin unendlich viele Werte annehmen (zum Beispiel Alter, Körpergröße, Einkommen).

Es versteht sich, dass es auch empirische Forschungsfragen geben kann, die keiner Präzisierung bedürfen, etwa die folgende: „Hängen Köpergröße und Körpergewicht erwachsener Männer in Deutschland miteinander zusammen – und wenn ja, in welcher Weise?" Nur dürfte einsichtig sein, dass sich solch eine allzu eng gefasste Forschungsfrage nicht für eine Examensarbeit eignet.

6.2 Theoretischer Hintergrund

Empirische Forschungsfragen und ihre in der Regel erforderlichen Präzisierungen werden auf der Grundlage theoretischer Überlegungen entwickelt. Daher ist es unerlässlich, dass Sie sich im Vorfeld Ihrer empirischen Forschungsarbeit, das heißt deutlich vor Beginn der Datenerhebung, mit dem Stand der Theorie Ihres Themas befassen – und zwar eingehend, denn eine theoriefreie Empiriearbeit ist inhaltsleer und läuft Gefahr, auf erhebliche Kritik zu stoßen. Dies trifft in besonderem Maße auf Abschlussarbeiten zu, da in ihnen (auch) gezeigt werden soll, dass der Examenskandidat vertraut ist mit den Grundlagen empirischer Sozialforschung. Und dazu zählt eben auch die Verknüpfung von Theorie und Empirie.

Parallel – oder besser: vorgelagert – zu den Überlegungen, die wir Ihnen in den Kapiteln 2 bis 4 nahe legten, sollten Sie sich also der Recherche vorliegender themenspezifischer Literatur widmen. Dazu zählen sowohl die sogenannten Klassiker, also Texte von großer (theoretischer) Bedeutung als auch möglichst aktuelle Literatur, die Aufschluss über den gegenwärtigen Forschungsstand gibt, etwa themenbezogene Veröffentlichungen der letzten fünf Jahre.

Ebenso ratsam ist es, nach Veröffentlichungen über empirische Studien, die ein ähnliches Thema wie Sie behandelten, Ausschau zu halten. Vor allem im Hinblick auf das methodische Vorgehen (Forschungsdesign, Datenerhebung und Datenauswertung etc.), das in derartigen Veröffentlichungen üblicherweise ebenfalls thematisiert wird, könnten sich aus dieser Lektüre Anregungen für Ihr Forschungsprojekt ergeben.

Aber: Lassen Sie sich vor dem Hintergrund äußerst komplexer Forschungsdesigns und -methoden erfahrener Forscher nicht entmutigen! Im Gegensatz zu Ihrer Abschlussarbeit handelt es sich in den meisten Fällen um Forschungsprojekte, die hinsichtlich personeller, finanzieller und zeitlicher Ressourcen weitaus besser ausgestattet sind, als es studentische Forschungsarbeiten sein können.

Wie solch eine Literaturrecherche sowie die Erarbeitung dieses (umfangreichen) Textmaterials am besten zu bewältigen ist, ist Teil Ihrer Ausbildung an der Hochschule und wird vielerorts im Rahmen von Tutorien als eine Methode wissenschaftlichen Arbeitens vermittelt; in diesem Leitfaden, der sich auf das erste eigene Forschungsprojekt konzentriert, können wir darauf nicht näher eingehen, verweisen aber auf die Literaturempfehlungen unter www.springer.com.

Die Erfassung des theoretischen Hintergrunds Ihres Forschungsvorhabens dient – auf einen Blick – dazu,

- das eigene Forschungsfeld abzustecken – und damit auch zu vermeiden, dass Sie ein Forschungsprojekt in Angriff nehmen, das bereits bearbeitet wurde,
- sich bezüglich des methodischen Vorgehens – Forschungsdesign, Methodeneinsatz – inspirieren zu lassen,
- relevante Untersuchungsdimensionen zu entwickeln,
- Untersuchungshypothesen zu formulieren,
- die späteren Ergebnisse Ihrer empirischen Arbeit auf theoretische Überlegungen zurück zu beziehen, gegebenenfalls auch mit anderen empirischen Studien zu vergleichen und auf diese Weise die notwendige Verknüpfung von Theorie mit Empirie zu leisten.

Das Ziel der Befassung mit vorliegenden Theorien ist demnach sowohl die Vorbereitung Ihrer empirischen Studie als auch die Rückführung Ihrer empirischen Ergebnisse auf theoretische Vorüberlegungen und Annahmen.

Zu den theoretischen Überlegungen im Rahmen unseres Demonstrationsbeispiels sei Folgendes angemerkt:

Es leuchtet ein, dass erwerbstätige Menschen über knappere Zeitressourcen verfügen als Nicht-Erwerbstätige – wenn man einmal davon absieht, dass es auch so manchen Nicht-Erwerbstätigen geben könnte, der in so viele Freizeitaktivitäten eingebunden ist, dass er weniger Zeit hat als ein voll im Arbeitsleben Stehender.

Nun könnten theoretische Überlegungen – wie sie vielleicht von Arbeitswissenschaftlern oder von Medizinern entwickelt werden – den Gedanken nahe legen, dass verstärkte Zeitknappheit zu spezifischen Krankheitsbildern führen kann; handlungstheoretische Überlegungen wiederum könnten zu der Überlegung führen, dass Menschen unter Zeitknappheit anders agieren als andere – möglicherweise neigen sie dazu, schneller zu gehen, wenn sie zu Fuß unterwegs sind –, sodass wir, von unterschiedlichen theoretischen Ansätzen ausgehend, zu präzisierten Forschungsfragen gelangen können.

Dazu eine nicht unwichtige Anmerkung: Es wird immer wieder darüber gestritten, ob sich theoretische Überlegungen erst aus empirischen Daten ergeben oder ob es umgekehrt so ist, dass empirische Befunde erst auf der Basis vorhergehender theoretischer Überlegungen angemessen interpretiert werden können.

Ohne uns hier auf diesen Streit näher einlassen zu wollen, scheint es doch sehr plausibel, dass uns keine empirische Beobachtung einen Erkenntniszuwachs bringen könnte, wenn sie nicht auf der Basis eines schon vorhandenen theoretischen Klassifikationsrasters (eines Schubladensystems) eingeordnet werden könnte. Woher sollten wir wissen oder erkennen, dass ein Baum ein Baum ist, hätten wir nicht ein theoretisches Vorverständnis – und sei es auch nur implizit oder sogar unbewusst – darüber, was einen Baum von einem Tier oder was einen Baum von einem Busch unterscheidet?

Zu guter Letzt: Selbst bei einer so klar umrissenen Forschungsfrage wie derjenigen, die sich auf den zu untersuchenden Zusammenhang zwischen Körpergröße und Körpergewicht erwachsener Männer in Deutschland bezieht, spielt eine theoretische Vorstellung von Wachstumsprozessen im menschlichen Körper eine Rolle. Sie allerdings erscheint uns so selbstverständlich, dass wir uns dessen kaum bewusst werden.

6.3 Untersuchungshypothesen

Die weiter oben thematisierte Präzisierung einer generellen Forschungsfrage – in dem Sinne verstanden, dass es um eine Zerlegung der allgemeinen Fragestellung in kleinere, überschaubare Teilfragen geht – führt direkt zu den sogenannten *Untersuchungshypothesen*. Ein einfaches Beispiel für solch eine Hypothese wäre die folgende Behauptung: „Es gibt einen Zusammenhang zwischen Körpergröße und Körpergewicht erwachsener Männer in Deutschland."

Zum Begriff der *Hypothese* eine wichtige Anmerkung: Hypothesen gewinnt man auf der Grundlage theoretischer Überlegungen zum Beispiel über die denkbaren Beziehungen zwischen unterschiedlichen Variablen. Die empirischen Befunde erlauben, darüber zu entscheiden, ob Hypothesen bestätigt werden oder ob sie zu verwerfen sind. Auf diese Weise sind Erkenntnisgewinne möglich –

nicht also aus den empirischen Daten selbst, sondern aus ihrer Konfrontation mit theoriegestützten Untersuchungshypothesen.

Eine solche Hypothese macht es erforderlich, diejenigen Ausschnitte der Realität zu identifizieren, über die sie etwas aussagt – in diesem Beispiel: Körpergrößen und Körpergewichte erwachsener Männer in Deutschland –, und in denen sie sich demnach bewähren muss. Um diese Bewährung zu ermöglichen, müssen empirische Daten erhoben werden, denn die Entscheidung darüber, ob sich eine Hypothese bewährt, das heißt, ob sie als bestätigt gelten kann oder ob sie abzulehnen ist, wird im Lichte empirischer Befunde getroffen. Im ersten Fall sprechen wir von der *Verifizierung* (Hypothesenbestätigung), im zweiten von der *Falsifizierung* (Hypothesenverwerfung, Hypothesenablehnung).

Die empirische Überprüfung einer Hypothese setzt voraus, dass die objektiven Gegebenheiten durch die empirischen Befunde angemessen abgebildet werden. So wäre es beispielsweise nicht sinnvoll, zur Überprüfung der oben genannten Hypothese die Schuhgrößen oder Fußlängen erwachsener Männer in Deutschland zu erheben, denn es gibt geeignetere Variablen zur Erfassung der Körpergröße.

Dieses Ideal der Angemessenheit empirisch erhobener Daten beziehungsweise der eingesetzten Messverfahren ist aus Gründen, über die weiter unten noch gesprochen wird, in der Praxis allerdings nicht immer zu erreichen; Verzerrungen der Messergebnisse können nie ganz ausgeschlossen werden, doch wenn der empirische Sozialforscher sein Handwerkszeug gut beherrscht, wird er diese Verzerrungstendenzen in Grenzen halten können.

Hypothesen entstehen, wie im vorangegangen Abschnitt 6.2 skizziert wurde, auf der Grundlage theoretischer Vorüberlegungen. Allerdings besteht dabei die Gefahr, dass Sie – sofern unterschiedliche und voneinander abweichende theoretische Ansätze in Frage kommen – möglicherweise die falschen auswählen, oder dass Sie vor dem Hintergrund einer Vielzahl unterschiedlicher Theorien einen wesentlichen theoretischen Ansatz übersehen. Um dann Korrekturen zu ermöglichen, die in einem solchen Fall angebracht wären, aber sicherlich einem späteren Forschungsvorhaben vorbehalten bleiben müssen, ist es erforderlich, dass Sie den Verlauf Ihres Forschungsvorhabens im Detail dokumentieren, indem Sie – üblicherweise in den ersten Teilen Ihrer Arbeit – auch auf die zugrunde liegenden theoretischen Ansätze aufmerksam machen (→ Abschnitt 6.2). Auf diese Weise kann der fachkundige Leser Ihrer Arbeit zumindest im Nachhinein auf eventuelle Fehlentscheidungen oder Versäumnisse aufmerksam machen und Ergänzungsstudien anregen.

Mit der theoretischen Vorstrukturierung Ihrer Forschungsfrage – und insbesondere dann, wenn Sie sich für einen bestimmten theoretischen Ansatz entscheiden, der vielleicht nicht der einzige in Frage kommende ist – geht in der

Regel eine Einengung der Anlage der Untersuchung einher. Es stellt sich daher die Frage, ob angesichts der so vorgenommenen Reduktion die gewählte Theorie für die Praxis tauglich ist. Sie müssen sich also selbst die Frage beantworten, ob die Reduktionen, die Sie vornehmen, um vor der Komplexität der Realität nicht zu scheitern, nicht so sehr abstrahieren, dass sie an der Realität vorbeigehen. Dieser Gefahr beugen Sie vor, indem Sie bei der Hypothesenbildung Rechenschaft ablegen – und zwar bezüglich der folgenden beiden Fragen:

1. Welche theoretischen Kenntnisse über die Beziehungen zwischen den in Frage stehenden Sachverhalten liegen mir vor?
Bei unserem Demonstrationsbeispiel können wir von folgender Überlegung ausgehen: Unsere allgemeinen Erfahrungen (Vorkenntnisse) dürften es uns sicherlich erlauben, davon auszugehen, dass es einen Zusammenhang gibt zwischen Erwerbstätigkeit und frei disponibler Zeitressourcen des einzelnen Individuums.

2. Welche Vermutungen können zusätzlich formuliert werden?
Auch ohne detailliertere und tiefergehende Vorkenntnisse könnten wir auf die Idee kommen, dass die uns interessierende subjektive Zeitwahrnehmung möglicherweise auch davon beeinflusst wird, wie alt die jeweils befragte Person ist oder in welchen familiären Verhältnissen sie lebt, oder ob sie in der Stadt oder auf dem Land lebt.

Wir können also eine ganze Reihe zusätzlicher Untersuchungshypothesen formulieren – und dies auch vor allem deshalb, weil wir subjektive Zeitwahrnehmung nicht auf die Bewertung der Aussage „Wenn ich zu Fuß unterwegs bin, gehe ich ziemlich rasch." beschränken, sondern auch weitere Aspekte einbeziehen. Ein solcher weiterer Aspekt kommt beispielsweise in der Bewertung der folgenden Aussage aus dem Fragebogen unseres Anwendungsbeispiels zum Ausdruck: „Mein Leben hat sich in den letzten Jahren wesentlich beschleunigt."

6.4 Dimensionale Analyse

Mittlerweile wissen Sie schon genau, mit welcher Forschungsfrage Sie sich befassen möchten, und Sie haben auch bereits Ihr Forschungsprojekt theoretisch vorbereitet. Doch bevor Sie sich Gedanken machen über die Datenerhebung (→ Kapitel 7 und 8), müssen Sie noch einige weitere vorbereitende Überlegungen investieren, die sich auf Arbeitsschritte beziehen, die schon in Kapitel 2 angesprochen wurden. Dazu gehört zunächst die *dimensionale Analyse*.

Unter *Dimensionen* sind diejenigen Merkmale beziehungsweise Gruppen von Merkmalen zu verstehen, nach denen empirische Sachverhalte unterschieden werden können. Je nach Fragestellung können dies aggregierte Sachverhalte, wie zum Beispiel subjektive Zeitwahrnehmung oder sozialer Kontext, aber auch sehr differenzierte Aspekte sein – bis hin zu individuellen Merkmalen wie zum Beispiel dem Alter oder dem Geschlecht eines Befragten.

Wir empfehlen Ihnen in diesem Zusammenhang eine Art Brainstorming, indem Sie möglichst viele für Ihre Themenstellung bedeutsam erscheinenden Gesichtspunkte zusammentragen. Im Einzelnen sollten Sie dabei die folgenden fünf Fragen beantworten; wie diese Fragen beantwortet werden können, soll nach Möglichkeit direkt anhand des verwendeten Demonstrationsbeispiels gezeigt werden:

1. Welche Bereiche der Realität – welche Dimensionen – sind durch die Forschungsfrage explizit angesprochen?

Wenden wir uns im Rahmen der gegebenen Themenstellung – subjektive Zeitwahrnehmung im sozialen Kontext – beispielsweise dem Konstrukt „sozialer Kontext" zu, so erkennen wir sicherlich schnell, dass eine solche Untersuchungsdimension die soziale Lage der zu befragenden Personen sein könnte. Die Untersuchungsdimension „soziale Lage" wiederum könnte zum Beispiel unterteilt werden in Geschlecht, Bildung, familiäre und finanzielle Verhältnisse, arbeitsweltliche Einordnung, etc. Es geht also um strukturelle Gegebenheiten, sogenannte *sozio-demografische Merkmale* oder *Merkmale sozialer Lage*, die die Realität der zu befragenden Personen beschreiben.

Generell gilt, dass empirische Wissenschaften davon ausgehen müssen, dass Realität existiert, dass es also eine reale Welt gibt. Allerdings kann bezweifelt werden, ob uns prinzipiell die Möglichkeit geboten ist, die Realität zu erkennen. Vielleicht ist das, was wir zu erkennen glauben, nur ein quasi vorgespieltes Konstrukt in unserem Gehirn. Mit dieser philosophisch-wissenschaftstheoretischen Frage wollen wir uns aber im Weiteren nicht befassen; sie würde an dieser Stelle zu weit führen.

2. Können die Dimensionen zusammengefasst oder müssen sie differenziert betrachtet werden?

Betrachten Sie die Untersuchungsdimensionen „Demografie der Befragten" (Geschlecht, Alter, Familienstand etc.) und „ökonomische Situation der Befragten" (Einkommen, dafür aufzuwendende Arbeitszeit, beruflicher Status etc.). Aus diesen beiden Dimensionen kann die zusammengefasste Untersuchungsdimension „soziale Lage" erzeugt werden.

3. Für welche Aspekte können bereits existierende Informationen genutzt werden?

Mit dieser Frage wird noch einmal das Thema „Sekundärstatistik" aufgegriffen (→ Kapitel 4, Abschnitt 4.1). Zweifellos können Rahmeninformationen zur arbeitsweltlichen Einordnung (Erwerbstätigkeit, Arten der Erwerbstätigkeit oder auch Arbeitslosigkeit) aus amtlichen Quellen, etwa dem Statistischen Jahrbuch für die Bundesrepublik Deutschland, entnommen werden.

Es wurde aber schon darauf aufmerksam gemacht, dass die Globalangaben der amtlichen Quellen nicht verwendet werden können, wenn zum Beispiel Aussagen über die eventuellen statistischen Zusammenhänge zwischen subjektiver Zeitwahrnehmung und Arbeitslosigkeit gewonnen werden sollen. In diesem Fall ist es unumgänglich, bei denjenigen, die über subjektive Zeitwahrnehmung befragt werden, auch Informationen darüber zu gewinnen, ob sie arbeitslos sind oder nicht.

4. Für welche Aspekte müssen neue Informationen bereitgestellt werden?

Auch diese Frage richtet sich auf das Verhältnis zwischen Primär- und Sekundärstatistik. Sind sekundärstatistische Daten veraltet oder liegen sie gar nicht vor, müssen Sie eigene Datenerhebungen ins Auge fassen.

Interessiert man sich für die Fragestellung der subjektiven Zeitwahrnehmung, wird man in den amtlichen Quellen kaum fündig werden können. Hier muss der Weg der primärstatistischen Datenerhebung beschritten werden, das heißt, die interessierenden Informationen können beispielsweise auf dem Weg einer Fragebogenaktion erfasst werden.

5. Wie kann die Problemstellung in vorhandene Kenntnisse eingeordnet werden?

Diese sehr wichtige Frage bezieht sich darauf, dass Sie Informationen, die Ihnen Erkenntnisse im Rahmen der gegebenen Themenstellung Ihres Forschungsprojektes liefern, sinnvollerweise berücksichtigen müssen. Es liegen beispielsweise zahlreiche Studien zur sozialen Lage der Bundesbürger vor. Sicherlich tun Sie gut daran, solche Studien im Rahmen Ihrer Aufgabenstellung zur Kenntnis zu nehmen.

6.5 Indikatorenbildung

Nachdem Sie die Untersuchungsdimensionen Ihrer Forschungsfrage benannt haben, müssen Sie als nächstes Indikatoren finden, die diese Untersuchungsdimensionen angemessen beschreiben. Konkret bedeutet dies, dass *Messgrößen* benannt werden müssen – man nennt sie auch *Variablen* –, die etwa die soziale Lage der zu befragenden Personen erfassen können. Im Einzelnen müssen in diesem Arbeitsschritt die folgenden vier Fragen angesprochen werden:

1.   Welches sind geeignete Indikatoren?
Bei dem Beispiel der sozialen Lage könnte etwa das monatliche Nettoeinkommen ein solcher Indikator sein. Sicherlich müssen Sie aber nicht allzu lange nachdenken, um weitere kennzeichnende Indikatoren zu finden.

In unserem Anwendungsbeispiel wurden zwecks Erfassung der sozialen Lage eines Befragten unter anderen die folgenden Variablen benannt und per Fragebogen erhoben: Bildungsabschluss, beruflicher Status, Arbeitszeit, Einkommen.

Anspruchsvoller ist die Benennung geeigneter Indikatoren, wenn es um komplexe Konstrukte wie etwa dem des sozialen Kontexts geht, denn hier sind noch weitere Aspekte angesprochen als lediglich diejenigen, die mit der sozialen Lage eines Befragten zusammenhängen.

In unserem Anwendungsbeispiel wurden unter anderen die folgenden Variablen benannt und per Fragebogen erhoben: Wohnort, Arbeitsort, Entscheidungsbefugnisse am Arbeitsplatz, Urlaubstage pro Jahr, Arbeit unter Zeiterfassungssystemen.

Noch komplizierter wird es, wenn es um ein Konstrukt wie die subjektive Zeitwahrnehmung geht. Hier wurde so vorgegangen, dass den Befragten eine Vielzahl unterschiedlicher Aussagen vorgelegt wurde, die sich auf wesentliche Aspekte der arbeitsweltlichen und lebensweltlichen Zeitwahrnehmung beziehen. Die Befragten wurden dann gebeten, den Grad ihrer Zustimmung zu den jeweiligen Aussagen zum Ausdruck zu bringen. Dabei wurde eine Skala mit vier Ausprägungen verwendet: 1 = „ja, ganz sicher"; 2 = „eher ja"; 3 = „eher nein"; 4 = „nein, ganz sicher nicht". Hinzu trat eine fünfte Kategorie: 5 = „kann ich nicht beurteilen".

2.   Haben die gewählten Indikatoren einen direkten empirischen Bezug?
Die Variable Alter, als Beispiel gewählt, hat einen direkten empirischen Bezug, während die Variable Einkommen diesen direkten empirischen Bezug nicht aufweist, denn im Falle des Einkommens muss zusätzlich darüber entschieden werden, ob es sich um Brutto- oder Nettoeinkommen handelt, um Individual- oder Haushaltseinkommen, um monatliches oder jährliches Einkommen usw.

3. Ist das mit dem Indikator angesprochene Phänomen empirisch direkt beobachtbar?

Es kann durchaus sein, dass ein Indikator, den Sie im Sinne Ihrer Forschungsfragestellung für sinnvoll und zweckmäßig halten, nicht direkt beobachtbar ist. Denken Sie beispielsweise daran, dass Sie sich im Rahmen einer empirischen Untersuchung für den individuellen Alkoholkonsum interessieren könnten. Den ausgewählten Personen die Frage zu stellen, in welcher Menge sie im Wochendurchschnitt unterschiedliche alkoholische Getränke konsumieren, wird wohl in der Tendenz zu verzerrten Werten führen – wenn die Betroffenen nicht ohnehin die Antwort verweigern. Direkt beobachtbar hingegen ist zum Beispiel das Geschlecht der Befragten – zumindest im Rahmen eines Interviews; bei schriftlichen Befragungen können Sie jedoch nicht ausschließen, dass bewusst oder irrtümlich falsch angekreuzt wird.

4. Ist der Indikator überhaupt direkt fassbar?

Das vorangegangene Beispiel des Alkoholkonsums verdeutlicht, dass gegebenenfalls – vor allem bei etwas heiklen Sachverhalten – mit anderen Methoden der Informationsbeschaffung gearbeitet werden muss. Unter Umständen müssen Sie einfallsreich sein: Vielleicht hilft in diesem Falle die Untersuchung von Abfallbehältern oder – beinahe schon detektivisch – die Befragung von Nachbarn der interessierenden Personengruppen weiter.

6.6 Messen und Skalenniveaus

Wenn Sie die für Ihr Forschungsthema notwendigen Indikatoren festgelegt haben, müssen die konkreten Ausprägungen dieser Indikatoren erhoben werden. Diesen Vorgang bezeichnet man als *Messen*. In diesem Zusammenhang tauchen einige prinzipielle Probleme auf, auf die mit den folgenden fünf Fragen Bezug genommen wird:

1. Kann auf bewährte Messinstrumente zurückgegriffen werden?

Messinstrumente sind nicht nur Uhren oder Zollstöcke, sondern in den Sozialwissenschaften ist zum Beispiel ein Fragebogen nichts anderes als ein Messinstrument. Als bewährte Messinstrumente gelten solche, die in der Praxis mit guten Erfolgen das zu messen in der Lage sind, was gemessen werden soll.

Betrachten Sie das folgende, sehr einfache Beispiel: Sie sind daran interessiert, die Körpergröße von Frauen und Männern zu erfassen. Ein bewährtes Messinstrument – das hat sich in der Praxis vielfach bestätigt – ist der Zollstock. Wenn Sie mit ihm die Körpergröße zufällig ausgewählter Personen unterschiedlichen Geschlechts messen, werden sie nach einer nicht zu kleinen Anzahl durchgeführter Messungen – als Untergrenze für verlässliche Aussagen gilt als Faustregel ein Stichprobenumfang von n = 30 – feststellen, dass Frauen im Schnitt etwas kleiner sind als Männer.

Sie könnten aber auch anders messen: Sie könnten eine nicht zu kleine Anzahl von Personen (Frauen und Männer) auswählen und diese bitten, sich vor einer Wand aufzustellen. Dann sortieren Sie diese Personen durch Inaugenscheinnahme – dazu brauchen Sie keinen Zollstock – der Größe nach; die kleinste Person nach links, die größte nach rechts. Alsbald werden Sie feststellen, dass sich in der linken Hälfte der nun sortierten Reihe relativ mehr Frauen, in der rechten aber relativ mehr Männer befinden.

Entscheidend ist jetzt, was Sie eigentlich messen wollten: Ging es um exakte Körpergrößen oder um die Unterschiede der Körpergrößen zwischen Frauen und Männern? Ging es um Ersteres, ist der Zollstock als Messinstrument unentbehrlich, denn nur er misst exakt, was gemessen werden soll. Ging es hingegen um die Unterschiede der Körpergrößen zwischen Frauen und Männern, wären sowohl das erste wie auch das zweite Messverfahren tauglich.

2.   Muss ein spezielles Messinstrument entwickelt werden?

Sofern Sie vor einem noch vergleichsweise unerforschten Themenfeld stehen – und damit gewissermaßen Neuland betreten –, ist es schwierig, präzise Fragen für einen (schriftlichen) Fragebogen zu formulieren. Und noch weniger leicht fallen dürfte es Ihnen, mögliche Antwortvorgaben zum Ankreuzen zu finden. In diesem Falle ist es zweckmäßig, zunächst auf dem Wege qualitativer Interviews – also offener Gespräche – diejenigen Informationen zu sammeln, die Sie zur Entwicklung Ihres (späteren) quantitativen Erhebungsinstruments benötigen. Nach Auswertung der Ergebnisse einer solchen *explorativen Vorstudie*, beispielsweise durch Klassifikation der Befunde, können Sie anschließend einen weitgehend standardisierten Fragebogen entwickeln. Mit anderen Worten: Es kann sinnvoll sein, vor der Entwicklung des eigentlichen Erhebungs- oder Messinstruments einen Pretest durchzuführen, dessen Ergebnisse möglicherweise zu Änderungen des Erhebungsinstrumentes führen werden.

3.   Auf welchem Skalenniveau wird gemessen?

Mit dieser Frage wird ein sehr wichtiger Punkt angesprochen, der Auswirkungen insbesondere auf diejenigen Arbeitsschritte Ihres empirischen Forschungsprojekts hat, in denen Sie sich mit der statistischen Auswertung der erhobenen Daten befassen. Deshalb wollen wir uns mit dieser Frage etwas ausführlicher beschäftigen.

In Abhängigkeit vom Informationsgehalt der zu messenden empirischen Phänomene weisen nämlich die durch den Messprozess entstandenen Informationen, die in der Regel als numerische Werte dargestellt werden (zur Codierung vor der Datenauswertung → Kapitel 9), unterschiedlichen Informationsgehalt auf. Erfassen Sie beispielsweise den Familienstand von Befragten und *codieren* die möglichen Antworten mit den Ziffern 0, 1, 2,..., dann ergibt sich die folgende Gegenüberstellung von empirischen Befunden und diesen Befunden zugeordneten Codes:

Tabelle 2: Beispiel zur Codierung

empirischer Befund	Code
ledig	0
verheiratet	1
verwitwet	2
geschieden	3

Die Codeziffern bilden eine *Skala*, die – analog zu den empirischen Informationen – nicht mehr als eine Unterscheidungsinformation (ledig ≠ verheiratet, das heißt 0 ≠ 1) beziehungsweise eine Identitätsinformation (ledig = ledig, das heißt 0 = 0) beinhaltet. Die Zahlen 0, 1, 2, 3 und 4 geben auch keine Rangordnung vor, weil auch die empirischen Begriffe nicht in eine Rangordnung gebracht werden können: Zwar ist 3 größer als 2, aber geschieden ist nicht größer als verwitwet. Ebenso wenig können die Abstände zwischen den Zahlenwerten empirisch interpretiert werden – dies bedeutet zum Beispiel auch, dass sie nicht addiert werden können. Eine solche Skala, die lediglich Auskunft gibt über Identitäten beziehungsweise Unterschiede, nennt man *Nominalskala*.

Beinhaltet die empirische Information einer Variablen über die Identitätsbeziehungsweise Unterscheidungsinformation hinaus auch die Möglichkeit der Rangordnung – Beispiel: schulische Leistungen codiert mit den Schulzensuren 1 bis 6 –, gelangt man zu einer *Ordinalskala*.

Lassen sich auch die Abstände zwischen je zwei Werten empirisch interpretieren, indem man – etwa im Falle des Einkommens – sagen kann, dass der Abstand zwischen € 2.000 und € 3.000 doppelt so groß ist wie der zwischen € 1.000 und € 1.500, so handelt es sich um eine *metrische Skala*.

Dazu eine wichtige Anmerkung: Die Unterscheidung der verschiedenen Skalenqualitäten beziehungsweise Skalenniveaus ist deshalb so bedeutsam, weil die üblichen statistischen Auswertungs- und Analyseverfahren mit mathematischen Transformationen (etwa Summenbildungen, Quadrierungen) der Ausgangsdaten einhergehen.

Denken Sie beispielsweise an die Berechnung eines arithmetischen Mittels, das bekanntlich die Summe aller Ausgangswerte geteilt durch ihre Anzahl ist.

Die erforderliche Summenbildung ist aber nur bei *metrischen Daten* (Skalen) möglich – und in der Tat ist es ja ziemlich unsinnig, etwa den durchschnittlichen Familienstand von 100 befragten Personen ausrechnen zu wollen.

Tabelle 3: Skalenniveaus der Variablen im Demonstrationsbeispiel

Frage	Variable	Skala
01	Wohnort	nominal
02	Erwerbsstatus	nominal
03	Arbeitsort	nominal
04	Aussagen zur arbeitsweltlichen Zeitwahrnehmung	ordinal
05	Arbeitsstunden/Woche	metrisch
06	Urlaubstage/Jahr	metrisch
07	Zeitpunkt des Eintritts in den Ruhestand („im Jahr...")	metrisch
08	Arbeitgeber („Privatwirtschaft"/„öffentlicher Dienst")	nominal
09	Berufsbezeichnung	nominal
10	Entscheidungskompetenz („ja"/„nein")	nominal
11	Gefahr des Arbeitsplatzverlustes („ja"/„nein")	nominal
12	Zeiterfassungssysteme am Arbeitsplatz („ja"/„nein")	nominal
13	Aussagen zur lebensweltlichen Zeitwahrnehmung	ordinal
14	Risiken des Zeitverlustes (offene Frage)	nominal
15	Möglichkeiten des Zeitgewinns (offene Frage)	nominal
16	Schlafdauer in Stunden	metrisch
17	Tragen einer Armbanduhr („ja"/„nein")	nominal
18	Lektüre zu Selbst- und Zeitmanagement („ja"/„nein")	nominal
19	Geschlecht	nominal
20	Geburtsjahr	metrisch
21	Familienstand	nominal
22	Anzahl der Kinder	metrisch
23	Konfessionszugehörigkeit	nominal
24	Nationalität	nominal
25	letzter erreichter Bildungsabschluss	ordinal
26	Wünschen Sie für Ihre Kinder einen höheren Bildungsabschluss als Sie ihn selbst haben („ja"/„nein")?	nominal
27	Einkommen (in Einkommensklassen)	ordinal
28	Wohnform („Miete"/„Eigentum")	nominal
29	Nutzung freier Stunden (offene Frage)	nominal

Statistische Untersuchungsvariablen, die nur zwei Ausprägungen aufweisen (siehe oben zum Beispiel die Variablen 10 bis 12, oder 17 bis 19) werden *dichotome Variablen* genannt. Es lässt sich mathematisch zeigen, dass solche Variablen – selbst wenn sie lediglich nominalskaliert sind – wie metrische Variablen behandelt werden können und damit das umfangreiche statistische Instrumentarium, das eigentlich metrischen Daten vorbehalten ist, zum Einsatz kommen kann. Eine Begründung dafür findet sich in Kapitel 17, Abschnitt 17.4.

4. Sind die Indikatoren und ihre Ausprägungen gültig?

Von *Gültigkeit (Validität)* spricht man dann, wenn mit den Indikatoren beziehungsweise Variablen das erfasst werden kann, was erfasst werden soll. Mit der Variablen Geschlecht – und ihren Ausprägungen männlich = 0 und weiblich = 1 (oder umgekehrt) – wird genau das erfasst, was erfasst werden soll. Wie aber ist es mit der Variablen Alter und den Ausprägungen 19, 20, 21,…? Erfahrungsgemäß ist es so, dass bei der Frage nach dem Alter gern ein bisschen geschwindelt wird, indem der Befragte mehr oder weniger großzügig auf eine Endfünf oder Endnull abrundet. Es ist daher empfehlenswert, nach dem Geburtsjahr zu fragen – das klingt amtlicher, und da fällt das Schwindeln ein wenig schwerer. Zudem muss ein nach seinem Geburtsjahr Befragter, der sein Alter abrunden und sich damit etwas jünger machen will, zunächst eine relativ komplizierte Kopfrechnung anstellen, und davor schrecken viele zurück...

5. Sind die zu verwendenden Instrumente zuverlässig?

Von *Zuverlässigkeit (Reliabilität)* spricht man dann, wenn bei einer eventuell wiederholten Messung – auch wenn sie durch einen anderen Forscher durchgeführt wird – die gleichen Ergebnisse wie bei der ersten Messung erzeugt werden können, das heißt, Wiederholbarkeit der Ergebnisse wird also erwartet. Sollte diese nicht gewährleistet werden können, kann nicht von einem zuverlässigen Messinstrument gesprochen werden.

7 Wen soll ich befragen?

Auf der Basis der Erörterungen der vorangegangenen Kapitel gehen wir jetzt also davon aus, dass Sie sich für eine (weitgehend) standardisierte Befragung zum Zwecke der Datenerhebung für Ihr empirisches Forschungsprojekt entschieden haben. Nun stellt sich die Frage, wen Sie befragen sollen, das heißt wer also zum Kreise Ihrer zu Befragenden zählen wird.

Grundsätzlich können Sie alle im Rahmen Ihres Forschungsthemas interessierenden Personen befragen, Sie können aber auch – und oftmals lässt es sich aus forschungsökonomischen Gründen auch gar nicht anders bewerkstelligen – lediglich einen Teil der in Frage kommenden Personen befragen. Im ersten Fall spricht man von einer *Totalerhebung*, im zweiten Fall von einer *Stichprobe*.

7.1 Grundgesamtheit

In den Sozialwissenschaften handelt es sich bei den Objekten, die Sie zum Gegenstand Ihrer empirischen Untersuchung machen, in den meisten Fällen um Personen. Wie in Kapitel 4, Abschnitt 4.1 bereits angemerkt, nennt man die Untersuchungsobjekte auch Merkmalsträger.

Die Gesamtheit aller Merkmalsträger, die Sie bei einer bestimmten Aufgabenstellung betrachten können, nennt man *Grundgesamtheit*. Eine solche Grundgesamtheit könnte beispielsweise die Gesamtheit aller Deutschen sein oder die Gesamtheit aller erwachsenen Deutschen, die Gesamtheit aller deutschen Haushalte etc. In jedem Falle ist es erforderlich, die gewählte Grundgesamtheit in sachlicher, räumlicher und zeitlicher Hinsicht genau zu definieren und diese Definition dem Leser Ihrer Arbeit auch vorzustellen. Wer gilt als Deutscher? Sollen auch die in Deutschland lebenden Ausländer dazugezählt werden? Geht es nur um diejenigen Personen, die derzeit in den Grenzen der Bundesrepublik wohnhaft sind, oder zählen auch Deutsche zur Grundgesamtheit, die sich zeitweilig oder auf Dauer im Ausland aufhalten? Bilden diejenigen Deutschen die Grundgesamtheit, die sich am Ende des Jahres 2012, also zu einem bestimmten Stichtag, in Deutschland aufgehalten haben?

Diese und ähnliche Fragen müssen Sie für sich beantwortet, wenn Sie eine Totalerhebung durch Erfassung der Grundgesamtheit durchführen möchten.

Allerdings ist die Beantwortung dieser Fragen nicht immer einfach – ganz abgesehen davon, dass Totalerhebungen in der Regel außerordentlich zeit- und kostenintensiv sein dürften und für Ihre Abschlussarbeit schon alleine aus diesem Grund wahrscheinlich nicht in Frage kommen werden.

Wenn Sie hingegen die Schüler einer Klasse in einer bestimmten Schule in einem bestimmten Schuljahr als Grundgesamtheit definieren, dürfte es wohl eher keine Probleme geben, denn diese Grundgesamtheit lässt sich mit einem überschaubaren zeitlichen und finanziellen Aufwand untersuchen.

7.2 Stichprobe

Offensichtlich gibt es einige gewichtige Gründe, die Totalerhebungen – insbesondere im Rahmen von Abschlussarbeiten – schwierig oder sogar unmöglich machen können. In diesen Fällen ist es angebracht, Totalerhebungen durch *Teilerhebungen* zu ersetzen. Eine solche Teilerhebung bezeichnet man auch als *Stichprobe*.

Es gibt unterschiedliche Arten, wie man Stichproben erheben – man sagt auch: Stichproben ziehen – kann. Die wichtigsten sind in der folgenden Skizze dargestellt:

Abbildung 9: Möglichkeiten der Stichprobenziehung

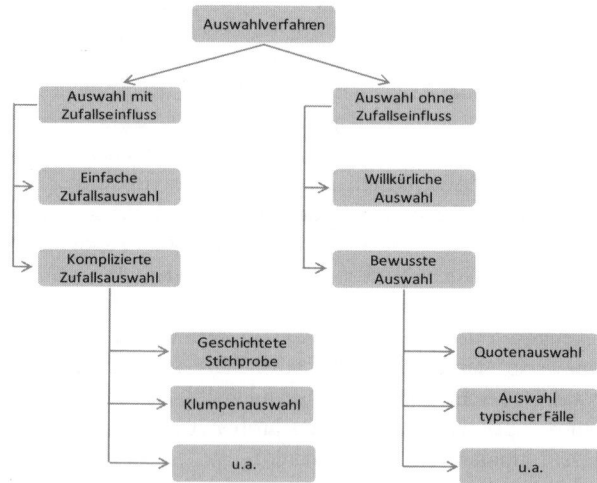

In dieser Übersicht wird deutlich, dass grundsätzlich *Auswahlen mit Zufallsein-fluss* von *Auswahlen ohne Zufallseinfluss* unterschieden werden; im ersten Fall hängt es (unter anderem) vom Zufall ab, welche Merkmalsträger in die Stichprobe aufgenommen werden, im zweiten Fall nicht.

Bei den Auswahlen mit Zufallseinfluss spielt die an erster Stelle genannte *einfache Zufallsauswahl* in der empirisch-quantitativen Sozialforschung eine besonders wichtige Rolle; man spricht dabei auch von einer *reinen Zufallsstichprobe*. Sie zeichnet sich dadurch aus, dass jedes Element der Grundgesamtheit die gleiche Chance hat, in die Stichprobe aufgenommen zu werden.

Diese Art der Stichprobenziehung führt – wenn die jeweilige Stichprobe nicht zu klein ist; als Faustregel gilt n $\geq$ 30 – zu repräsentativen Ergebnissen, also zu solchen, die auf die Grundgesamtheit mit den Methoden der Wahrscheinlichkeitsstatistik übertragen werden können.

Allerdings muss berücksichtigt werden, dass, wenn sehr detaillierte Ergebnisse auf die Grundgesamtheit übertragen werden sollen, der Stichprobenumfang unter Umständen wesentlich größer sein muss. Wenn Sie also beispielsweise aufgrund Ihrer Stichprobenbefunde eine repräsentative Aussage über weibliche Personen aus dem süddeutschen Raum, die über 60 Jahre alt und zugleich katholisch sind, machen wollen, genügt es sicherlich nicht, nur insgesamt knapp mehr als 30 Personen in die Stichprobe aufzunehmen, da Sie dann mit sehr großer Wahrscheinlichkeit zu wenige dieser speziellen Fälle in Ihrer Stichprobe haben werden.

An dieser Stelle möchten wir auch die wichtigsten der anderen genannten Arten der Stichprobenziehung kurz erläutern:

Geschichtete Stichprobe

Geschichtete Stichproben ermöglichen es, die Genauigkeit der Ergebnisse zu erhöhen (gemeint ist der Grad der Zuverlässigkeit, mit dem die Stichprobenergebnisse auf die Grundgesamtheit übertragen werden können) – vorausgesetzt, die Grundgesamtheit ist bezüglich der interessierenden Erhebungsmerkmale vergleichsweise inhomogen zusammengesetzt und ein oder mehrere Schichtungsmerkmale lassen sich finden, die dazu taugen, die Grundgesamtheit in relativ homogene Schichten aufzuteilen. Interessiert man sich beispielsweise für das Konsumverhalten der Bundesbürger, so kann man zu präziseren Informationen gelangen, wenn man die Grundgesamtheit vor der Stichprobenziehung etwa nach Maßgabe unterschiedlicher Einkommensklassen schichtet und innerhalb der Schichten dann einzelne Zufallsstichproben zieht. Eine wichtige Voraussetzung für diese Vorgehensweise sind Kenntnisse darüber, welches Schichtungsmerkmal – in Bezug auf die interessierenden Variablen – zu homogeneren Teilpopulationen führt.

Klumpenauswahl

Man kann sich vorstellen, dass eine gegebene Grundgesamtheit in Teilgesamtheiten zerfällt, die man *Klumpen* oder *Cluster* nennt. Es ist beispielsweise einsichtig, dass die Sozialstruktur einer Großstadt in einzelnen Stadtteilen durchaus unterschiedlich sein kann. Solche Klumpen könnten beispielsweise Haushalte, Straßen oder Stadtteile sein. Will man nun eine bevölkerungsrepräsentative Stichprobe erheben, könnte man planen, zunächst nach dem Zufallsprinzip einige Stadtteile auszuwählen, in diesen Stadtteilen dann – wiederum nach dem Zufallsprinzip – einige Straßen usw.

Sind die Klumpen administrativ vorgegeben – zum Beispiel Wahlbezirke oder dergleichen –, spricht man von *Flächenstichproben* (*area sampling*).

Willkürliche Auswahl

Bei einer willkürlichen Auswahl werden die Merkmalsträger in einer später in der Regel nicht mehr nachvollziehbaren Weise ausgewählt, wie es zum Beispiel bei der Befragung von Passanten in der Fußgängerzone einer Stadt der Fall ist.

Quotenauswahl

Bei einer Quotenauswahl wird versucht, die Stichprobe so anzulegen, dass Quoten (Anteilswerte), die man aus der Grundgesamtheit kennt, in der Stichprobe durch gezieltes Auswählen realisiert werden. Weiß man beispielsweise, dass der Anteil der Frauen in der deutschen Bevölkerung bei 51,7% liegt, dann könnte man – wenn 1.000 Leute befragt werden sollen – die Stichprobe so anlegen, dass in ihr 517 Frauen und demnach 483 Männer vertreten sind. Entsprechend kann man mit anderen Quoten oder mit Kombinationen von Quotenmerkmalen umgehen; ein Beispiel für eine Kombination von Quotenmerkmalen wäre die der Stichprobenziehung vorausgehende Festlegung der Zahl der zu befragenden Frauen, die zwischen 30 und 40 Jahre alt sind, in Bayern leben und katholisch sowie verheiratet sind.

Auswahl typischer Fälle

Bei der Auswahl typischer Fälle werden Merkmalsträger ausgewählt, von denen man weiß oder annimmt, dass sie typisch sind für diejenige Population, für die man sich im Rahmen eines empirischen Forschungsvorhabens interessiert. Befasst man sich beispielsweise mit den Einstellungen von Fußballfans, wird man sinnvollerweise Besucher von Fußballspielen befragen – und nicht etwa die Besucher eines Nachtclubs.

Alle Auswahlarten verfolgen letztlich das Ziel, zu einem repräsentativen Abbild der Grundgesamtheit, aus der die jeweilige Stichprobe entnommen wird,

zu gelangen, sodass Stichprobenbefunde auf die faktisch unbekannte Grundgesamtheit übertragen werden können.

7.3 Stichprobenplan

Um eine Stichprobe in der Praxis erheben zu können, benötigen Sie – unabhängig davon, welches Verfahren der Stichprobenziehung Sie wählen – einen Stichprobenplan. In diesem Stichprobenplan legen Sie fest, auf welche Art auf die
Elemente der Grundgesamtheit zugegriffen werden soll.

Interessieren Sie sich beispielsweise für die Realisierung einer einfachen
(reinen) Zufallsstichprobe vom Umfang n = 100, die repräsentativ für die Gesamtheit der Studierenden einer bestimmten Universität ist – es mag dort 36.000
Studierende geben –, benötigen Sie Zugriff auf die Datei der Immatrikulierten
dieser Universität. Sie können dann unter Nutzung des Zufallszahlengenerators
eines Rechners 100 Zufallszahlen zwischen 1 und 36.000 produzieren, um anschließend gemäß dieser Zufallszahlen den 123sten, den 5177sten, den ...sten
Studierenden auszuwählen.

Kommerzielle Meinungsforschungsinstitute gehen in der Regel so vor, dass
per Computer Telefonnummern generiert und angewählt werden. Diese Vorgehensweise ermöglicht es, dass auch solche Nummern angewählt werden können,
die nicht in öffentlichen Telefonverzeichnissen verzeichnet sind. Sie setzt allerdings mit Blick auf das Ziel der Repräsentativität voraus, dass nahezu jeder
Haushalt über einen (Festnetz-)Telefonanschluss verfügt; sollte dies nicht der
Fall sein, wäre mit einer Verzerrung der Ergebnisse zu rechnen.

Im Demonstrationsbeispiel, der empirischen Untersuchung zur subjektiven
Zeitwahrnehmung im sozialen Kontext, wurde zur Realisierung einer bundesweiten Repräsentativstichprobe eine aktuelle handelsübliche Telefon-CD-ROM
benutzt.

Zuvor wurde ein Quotierungsschema festgelegt. Die Quotierung erfolgte
nach Bundesland, Gemeindegrößenklasse, Geschlecht und Nationalität; bei der
letzten Variablen wurde lediglich zwischen „deutsch" und „nicht-deutsch" unterschieden. Nach Vorgabe der Quoten wurde dann aus der Telefon-CD-ROM –
rund 80% der Teilnehmer sind darin mit Postanschrift vermerkt – eine Zufallsauswahl vorgenommen. Alternative und potentiell weniger verzerrende Wege
der Stichprobenziehung – zum Beispiel der Kauf von Adressen –, kamen aus
Kostengründen nicht in Frage.

Die Stichprobe hatte den Umfang n = 801 *(Brutto-Stichprobe)*. Von diesen
801 angeschriebenen Personen antworteten innerhalb von zwei Monaten 160
Personen *(Netto-Stichprobe)*; dies entspricht einer Rücklaufquote von 20%.

Diese Rücklaufquote von 20% muss als relativ niedrig betrachtet werden, lässt sich aber begründen: Erstens behandelte der Fragebogen ein vergleichsweise abstraktes Thema, das vermutlich nur für eine Minderheit sowohl der Grundgesamtheit als auch – konsequenterweise – der Stichprobe von persönlichem Interesse ist. Zweitens fiel die Fragebogenaktion in die Sommerferienzeit.

Insbesondere bei der Erhebung von Stichproben, die nicht dem Modell der reinen Zufallsstichprobe entsprechen (siehe oben), ist die Entwicklung eines Stichprobenplans aufwändiger.

So muss beispielsweise bei einer Quotenstichprobe festgelegt werden, wie viele Menschen aus welchem Bundesland, wie viele Frauen und Männer, wie viele Verheiratete und Unverheiratete usw. ausgewählt werden sollen.

7.4 Repräsentativität

Was bedeutet der Begriff der *Repräsentativität*, der nun schon mehrfach aufgetaucht ist? Zunächst kann festgehalten werden, dass von Repräsentativität dann gesprochen wird, wenn in einer Stichprobe diejenigen Strukturen, die die Grundgesamtheit kennzeichnen, aus der die Stichprobe entnommen wird, sich in dieser widerspiegeln, also realitätsgetreu abgebildet werden.

Dazu eine Anmerkung: Sind Ihnen die Strukturen der Grundgesamtheit bekannt, so können Sie mit geeigneten Methoden den Grad der Repräsentativität im Nachhinein kontrollieren (→ Kapitel 14).

In einem etwas erweiterten Wortsinn wird von Repräsentativität dann gesprochen, wenn mit Hilfe der *Wahrscheinlichkeitsrechnung* gezeigt werden kann – Beispiele dazu finden sich in späteren Kapiteln –, dass mit zunehmendem Stichprobenumfang der Grad der Repräsentativität im zuerst genannten Sinn verbessert werden kann. Wir wissen beispielsweise, dass der Anteil weiblicher Personen in der Bundesrepublik bei 51,7% liegt. Ziehen wir nun eine reine Zufallsstichprobe vom Umfang n = 100 und erhalten dort einen Frauenanteil von 50%, so kann mathematisch mit Hilfe der Wahrscheinlichkeitsrechnung gezeigt werden, dass der Frauenanteil in der Zufallsstichprobe näher an den wahren Wert 51,7% heranrücken wird, wenn der Umfang der Zufallsstichprobe vergrößert wird.

In diesem Zusammenhang ist nun die folgende Feststellung von besonderer Wichtigkeit: Nur Zufallsstichproben bieten die Gewähr dafür, dass Aussagen, die aufgrund der Stichprobenbefunde über die Grundgesamtheit gemacht werden, auch wahrscheinlichkeitsstatistisch – wie es gerade skizziert wurde – abgesichert werden können.

Beispielsweise können Sie zu einem Ergebnis der folgenden Art gelangen: Wenn in einer Zufallsstichprobe vom Umfang n = 1.000 zum Beispiel die durchschnittliche Schlafdauer der Befragten bei sieben Stunden liegt, dann kann mit einem *Vertrauen* von 90% behauptet werden – wenn auch die *Streuung* der Angaben bekannt ist; nehmen wir einmal an, sie liegt bei einer Stunde (zur Berechnung von Streuungen → Kapitel 12) –, dass die durchschnittliche Schlafdauer in der (an sich unbekannten) Grundgesamtheit zwischen 6,948 und 7,052 Stunden erwartet werden kann.

Die wahrscheinlichkeitsstatistische Absicherung der Befunde kommt dadurch zustande, dass bei reinen Zufallsstichproben der sogenannte Stichprobenfehler berechnet werden kann. Dieser *Stichprobenfehler* ist die Standardabweichung von Zufallsstichprobenparametern in ihrer Eigenschaft als Zufallsvariable (zur Standardabweichung generell → Kapitel 12). Wenn Sie beispielsweise das arithmetische Mittel einer Variablen aus einer Zufallsstichprobe berechnen, erhalten Sie einen zufälligen Wert, also die Ausprägung einer Zufallsvariablen. Diese folgt bei nicht zu kleinen Zufallsstichproben näherungsweise der *Gauß'schen Normalverteilung* (→ Kapitel 13, Abschnitt 13.1), deren Standardabweichung sich ergibt aus der Standardabweichung der Grundgesamtheit geteilt durch die Wurzel aus dem Stichprobenumfang. Dies bedeutet, dass der Stichprobenfehler umso kleiner wird, je größer die Zufallsstichprobe ist. Eine Vervierfachung des Stichprobenumfangs halbiert den Stichprobenfehler.

Es gilt generell, dass bereits vergleichsweise bescheidene Stichprobenumfänge dazu ausreichen, um zu repräsentativen Stichproben gelangen zu können – vorausgesetzt, diese Stichproben sind auf der Basis von Zufallsauswahlen zustande gekommen.

Schon ab Zufallsstichprobenumfängen vom Umfang n = 30 aufwärts können repräsentative Befunde mit hoher Wahrscheinlichkeit erwartet werden – auch wenn dies nicht für beliebige Teilpopulationen gilt. Über diese Einschränkung wurde schon weiter oben gesprochen, als die Rede war von in Bayern lebenden Frauen im Alter zwischen 30 und 40 Jahren, die katholisch sowie verheiratet sind.

Dass diese Repräsentativität schon bei vergleichsweise kleinen Zufallsstichproben als gesichert gelten kann, soll in diesem Buch nicht mathematisch bewiesen werden. Der interessierte Leser findet die entsprechenden Überlegungen in der Methodenliteratur zur Wahrscheinlichkeitsstatistik.

An dieser Stelle ist ein wichtiger Hinweis angebracht, der sich auf die späteren Auswertungen der erhobenen Daten mit dem Statistikprogramm SPSS bezieht:

SPSS:

Das Programm SPSS betrachtet Ihren Datenbestand als einen solchen, der auf der Basis einer einfachen Zufallsstichprobe erhoben wurde – selbst wenn dies faktisch nicht der Fall sein sollte. Dies bedeutet, dass bei wahrscheinlichkeitsstatistischen Berechnungen, die SPSS zum Teil unaufgefordert durchführt, immer das Modell der einfachen Zufallsstichprobe zugrunde gelegt wird.

8 Wie soll ich fragen?

Sie sind jetzt bei der Planung Ihres ersten empirischen Forschungsprojekts, bei dem die Informationsbeschaffung mit Hilfe eines weitgehend standardisierten Fragebogens erfolgen soll, an dem Punkt angelangt, wo es um die konkrete Gestaltung Ihres Fragebogens geht. Dem Aufbau eines Fragebogens – und dies gilt in entsprechender Weise auch für andere primärstatistische Datenerhebungsinstrumente, also beispielsweise auch für Leitfäden, die bei teil-standardisierten Interviews zum Einsatz kommen – muss besondere Aufmerksamkeit gewidmet werden, weil alle Gestaltungsmerkmale, also

- Layout des Fragebogens,
- Umfang des Fragebogens,
- notwendige sozio-demografische Variablen,
- Art der Formulierung der Fragen,
- Anordnung der Fragen,
- Art der Antwortvorgaben,

aber auch beispielsweise die Art und Weise des Versendens der Fragebögen Auswirkungen auf die Ergebnisse haben (können). Deshalb empfiehlt es sich, einige Empfehlungen zu beherzigen, die im Folgenden kurz skizziert werden.

8.1 Layout des Fragebogens

Zweifellos würden Sie das Ziel eines möglichst hohen Rücklaufs von Fragebögen verfehlen, wenn der Empfänger sich in dem ihm zugesandten Fragebogen überhaupt nicht zurechtfindet. Achten Sie deshalb insbesondere auf die folgenden Aspekte:

- Ziehen Sie in Erwägung, Ihrem Fragebogen ein Deckblatt voranzustellen, das über den Titel beziehungsweise das Thema Ihrer Befragung – gegebenenfalls auch mit Untertitel (wie zum Beispiel „Eine bundesweite Repräsentativbefragung") – sowie über Ihre Kontaktdaten, das heißt Ihre Anschrift

Auskunft gibt. Solch ein Deckblatt könnte Ihrer Fragebogenaktion eine vorteilhafte Seriosität verleihen.

- Wählen Sie keine zu kleine Schrift. Der Text dieses Buches beispielsweise ist in Minion Pro, Schriftgrad 10 gedruckt. Für einen Fragebogen dürfte dies eine schon etwas zu kleine Schrift sein; empfehlenswert sind unserer Meinung nach die Schriftgrade 11 oder 12.

- Vermeiden Sie die Verwendung zu vieler unterschiedlicher Schriftarten oder Schriftgrößen, denn ständige Wechsel irritieren den Leser.

- Bleiben Sie aber nicht nur bei einer einzigen Schrift beziehungsweise Formatierung: Es empfiehlt sich durchaus, die Fragen anders zu formatieren (zum Beispiel Fettschrift) als die dazugehörigen Antwortvorgaben (zum Beispiel Normalschrift). Auch für zusätzliche Hinweise (zum Beispiel: „Mehrere Antwortmöglichkeiten erlaubt" oder „Falls nein, bitte weiter mit Frage 17" könnte eine andere Schriftart beziehungsweise Formatierung gewählt werden.

- Lassen Sie ausreichend breite Ränder (mindestens 3 cm), und packen Sie nicht zu viel Text auf eine Seite. Wenn Sie die Seiten Ihres Fragebogens überfüllen, wird das den Empfänger mit hoher Wahrscheinlichkeit stören – und ihn schlimmstenfalls von der Beantwortung Ihrer Fragen abhalten.

- Vermeiden Sie es, eine Frage mit ihren Antwortvorgaben durch einen Seitenwechsel (Seitenumbruch) zu trennen. Wenn dies aber einmal wirklich unumgänglich sein sollte, fügen Sie einen Verweis an – etwa „Fortsetzung auf der folgenden Seite".

- Wenn Ihr Fragebogen mehrere Seiten umfasst, fügen Sie bitte eine Seitennummerierung ein.

- Fügen Sie dort, wo der Befragte ankreuzen soll, Kästchen oder Kreise ein, die Sie nicht zu klein machen sollten, damit der – möglicherweise ältere und visuell beeinträchtigte – Leser nicht zur Lupe greifen muss.

- Bedanken Sie sich am Ende des Fragebogens – etwa mit den Worten: „Vielen Dank für Ihre Mitarbeit!"

8.2 Umfang des Fragebogens

Hier können wir uns kurz fassen: Alle Erfahrungen zeigen, dass mit zunehmender Länge eines Fragebogens die Antwortbereitschaft tendenziell abnimmt. Wir empfehlen Ihnen deshalb eindringlich, bei allen vorbereitenden Überlegungen darauf zu achten, dass Sie letztlich nur das fragen, was wirklich im Rahmen Ihrer Aufgabenstellung unentbehrlich ist. Das Argument, dieses und jenes wäre möglicherweise auch ganz interessant, sollte Sie nicht dazu verführen, Fragen über Fragen zu formulieren. Fragebögen, die sechs oder mehr Seiten umfassen, werden eher unbeantwortet zur Seite gelegt beziehungsweise im Papierkorb entsorgt als kürzere Fragebögen.

8.3 Sozio-demografische Variablen

Beinahe unabhängig davon, für welches empirische Forschungsthema Sie sich interessieren, immer wird es sinnvoll sein, zentrale sozio-demografische Merkmale der Befragten zu erheben, also zum Beispiel Variablen wie Geschlecht, Alter (Geburtsjahr), Familienstand, höchster bislang erreichter Bildungsabschluss, monatliches Nettoeinkommen und vergleichbare. Solche Variablen werden fast immer benötigt, um später untersuchen zu können, ob sich bestimmte Gruppen von Befragten hinsichtlich der eigentlich interessierenden Untersuchungsvariablen in typischer Weise voneinander unterscheiden – oder nicht.

8.4 Formulierung der Fragen

Die Fragen des Fragebogens sollten so formuliert werden, dass der Befragte sie auch verstehen kann. Eine Frage wie zum Beispiel „Tragen Sie eine Armbanduhr?" ist zweifellos leichter zu verstehen – und deshalb leichter zu beantworten – als die Frage „Nutzen Sie Instrumente zur Kontrolle der Zeit und des Zeitablaufs?"

Oder schauen Sie sich die folgende Frage an: „Sind Sie nicht auch der Meinung, dass der zu häufige Blick auf die Armbanduhr kein Indikator für zeitbezogenen Stress ist?" Wie soll der Befragte antworten, der der Meinung ist, dass der zu häufige Blick auf die Armbanduhr ein Zeichen für (Zeit-)Stress ist?

Ganz abgesehen davon, dass die obige Frage eine Reihe von Stichworten enthält, die nicht jeder so ohne weiteres versteht: Was ist ein „Indikator"? Was bedeutet „zeitbezogen"? Was überhaupt ist „Stress"? Darüber hinaus kann die mit den Worten „nicht" und „kein" zum Ausdruck kommende doppelte Verneinung nur zu Verwirrungen führen. Und ganz kompliziert wird es dann, wenn Sie anstelle alltagssprachlicher Begriffe Fremdworte benutzen, also zum Beispiel den Begriff der „Armbanduhr" durch den des „Chronometers" ersetzen.

8.5 Anordnung der Fragen

Der Anordnung der Fragen muss besondere Aufmerksamkeit gelten. Stellen Sie sich beispielsweise vor, eine Reihe Ihrer Fragen kann nur von Erwerbstätigen sinnvoll beantwortet werden; alle Befragten hingegen – die Erwerbstätigen wie die Nicht-Erwerbstätigen – können die übrigen Fragen beantworten. In einem solchen Fall empfiehlt es sich, eine sogenannte *Filterfrage* einzufügen, die in diesem Fall lauten könnte: „Sind Sie erwerbstätig?" Dieser Frage können zwei Antwortvorgaben folgen, nämlich „ja" und „nein", wobei hinter „nein" folgender Hinweis steht: „Bitte weiter mit Frage 12". Die Struktur des Fragebogens würde dann so aussehen, wie es die Abbildung 10 zeigt.

Zur Anordnung der Fragen zählt auch die Überlegung, dass es sinnvoll sein kann, den Fragebogen nicht sofort mit denjenigen Fragen zu beginnen, die am schwierigsten zu beantworten sind oder die erfahrungsgemäß nur ungern beantwortet werden. Dazu zählt etwa die Frage nach dem Einkommen, die Befragten tendenziell unangenehm ist – nach dem Motto: „Über Geld spricht man nicht."

Es ist ratsam, Sie beginnen – quasi zum „Anwärmen" – mit einfach zu beantwortenden Fragen und gelangen erst allmählich zu den schwierigeren oder heikleren Fragen.

Abbildung 10: Fragen und Filterfrage

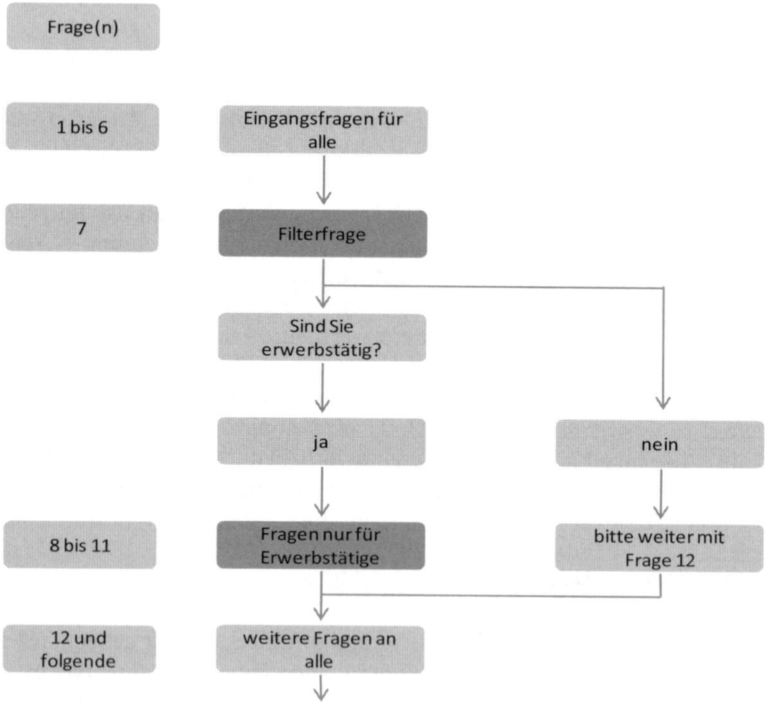

Manchmal kann es auch sinnvoll sein, *Kontrollfragen* einzubauen – diese aber zweckmäßigerweise nicht in direkter Nachbarschaft zu derjenigen Frage, die kontrolliert werden soll. Wenn Sie beispielsweise danach fragen, wie lange durchschnittlich in der Nacht geschlafen wird, dann können Sie an anderer Stelle danach fragen, wie viele Stunden man im Tagesdurchschnitt wach ist. Beide Angaben müssten sich, wie Sie in einem späteren Auswertungsschritt kontrollieren können, zu 24 Stunden ergänzen. Ist dies nicht der Fall, kann an der Konzentrationsfähigkeit des jeweiligen Befragten, an seinen Fähigkeiten des Kopfrechnens oder an seiner Aufrichtigkeit bei der Beantwortung der Fragen gezweifelt werden.

Ähnlich ist es mit der Frage nach dem Alter (wie wir es schon in einem vorherigen Kapitel angedeutet haben): Wenn Sie nach dem Geburtsjahr fragen, ergeben sich in der Regel etwas andere Altersverteilungen, als wenn Sie direkt nach dem Alter fragen. Es hat sich in der Empirie nämlich gezeigt, dass bei der Frage nach dem Geburtsjahr tendenziell korrekt geantwortet wird, während bei der Frage nach dem Alter gern etwas abgerundet wird – und dies nicht nur bei Damen. Die Endziffern 0 und 5 tauchen bei der Frage nach dem Alter deutlich häufiger auf, als es statistisch zu erwarten wäre…

8.6 Antwortvorgaben

Bei standardisierten Befragungen werden den Fragen *Antwortvorgaben* zugeordnet, sodass die Arbeit des Befragten sich auf das Ankreuzen der entsprechenden Kästchen oder kleine Kreise beschränkt. Dies macht das Antworten für den Befragten einfacher und schneller. Zudem erleichtert es auch ganz wesentlich die Dateneingabe in den Computer (→ Kapitel 9) sowie die spätere Auswertung (→ Kapitel 10 ff.). Allerdings weisen standardisierte Antwortvorgaben auch beträchtliche Nachteile auf:

- Nicht immer findet der Befragte in den Antwortvorgaben diejenige Antwort, die er gerne geben möchte.
- Nicht immer können alle denkbaren Antworten durch Vorgaben abgedeckt werden, denn wir bewegen uns ja in einem noch unerforschten Untersuchungsfeld – anderenfalls bräuchten wir keine empirischen Forschungen zu betreiben –, und es ist bei der Entwicklung des Fragebogens kaum absehbar, welche Antworten auf eine bestimmte Frage möglich sein könnten.
- Aus beiden vorangegangenen Punkten ergibt sich, dass es oftmals empfehlenswert ist, den geschlossenen Antwortkategorien noch eine offene hinzuzufügen, etwa „Sonstiges, und zwar:…..“

Eine *offene Antwortkategorie* ist sicherlich entbehrlich bei der Frage nach dem Geschlecht, bei der man sich auf die zwei Antwortkategorien „männlich" und „weiblich" beschränken kann – und zwar trotz allen Respekts vor dem weiblichen Geschlecht in dieser Reihenfolge, weil es sonst häufiger zu Fehl-Ankreuzungen kommt, denn die Leser sind daran gewöhnt, dass in diesem Zusammenhang zuerst „männlich" genannt wird. Anders sieht es hingegen bei der Frage nach dem zuletzt erreichten Schulabschluss aus: Gibt man die Kategorien „Hauptschule", „Realschule" und „Gymnasium" vor, hat man eine ganze Reihe von Schultypen übersehen (zum Beispiel „Polytechnische Oberschule"), sodass viele der Befragten keine Möglichkeit haben, ihren speziellen Schulabschluss zu benennen – hier wäre also eine offene Antwortkategorie angebracht. Ganz zu schweigen davon, dass auch die Kategorien „kein Abschluss" und – für alle Fälle – „weiß ich nicht" sowie „Antwort verweigert" Bestandteil der Antwortvorgaben sein sollten – und das eigentlich bei fast allen Fragen.

Bei der Formulierung der Antwortvorgaben ist also insbesondere darauf zu achten, dass das Spektrum möglicher Antworten komplett abgedeckt wird und dass die Antwortmöglichkeiten sich gegenseitig eindeutig ausschließen. Gerade auch dieser letzte Punkt ist besonders wichtig, wie folgendes Beispiel illustriert:

Frage:	„Wie hoch ist Ihr monatliches Nettoeinkommen? In welche der im Folgenden genannten Einkommensklassen würden Sie sich einordnen?"

    ☐   bis € 1.000
    ☐   € 1.000 bis € 2.000
usw.

In welche Klasse soll sich nun ein Befragter einordnen, der über genau € 1.000 verfügt? In die erste oder in die zweite Klasse?
Um diese Situation der Unentscheidbarkeit zu vermeiden, könnte man die Klassen wie folgt benennen:

    ☐   bis € 999
    ☐   € 1.000 bis € 1.999
usw.

Jetzt gehört der Befragte mit genau € 1.000 eindeutig in die zweite und nicht in die erste Klasse. Was aber ist nun mit einem Befragten, der € 999,50 als monatliches Nettoeinkommen hat? Dieser kann weder bei der ersten noch bei der zweiten Klasse ankreuzen. Deshalb ist es noch besser, die Klassen zum Beispiel wie folgt zu benennen:

☐ bis € 1.000 inklusive
☐ über € 1.000 bis € 2.000 inklusive
usw.

Nun gehört der Befragte mit € 1.000 eindeutig in die erste Klasse, aber auch derjenige mit € 999,50 kann untergebracht werden – und zwar ebenfalls in der ersten Einkommensklasse.

Des Weiteren ist es, wie oben schon angedeutet, wichtig – und zwar nicht nur bei Wissensfragen –, auch die Antwortkategorie „weiß ich nicht" vorzusehen beziehungsweise bei Beurteilungs- oder Einschätzungsfragen die Kategorie „das kann ich nicht beurteilen". Dies verdeutlichen die folgenden Beispiele:

Frage: „Wie hoch, schätzen Sie, ist der Prozentsatz der Raucher in Deutschland?"

☐ bis unter 50%
☐ 50% oder mehr
☐ weiß ich nicht

Frage: „Wie beurteilen Sie die Politik der Bundesregierung in den folgenden Bereichen?"

	gut	schlecht	kann ich nicht beurteilen
Innenpolitik	☐	☐	☐
Außenpolitik	☐	☐	☐
Sozialpolitik	☐	☐	☐
Bildungspolitik	☐	☐	☐
usw.			

Bei dem zuletzt genannten Beispiel wäre auch vorstellbar, dass man zusätzlich jeweils die Antwortkategorie „unentschieden" vorgibt, obwohl dies mit dem Nachteil verbunden sein könnte, dass diese „Mittelkategorie" auch von Befragten gewählt wird, die sich nicht die gedankliche Mühe machen wollen, zwischen Zustimmung oder Ablehnung zu entscheiden – und nicht nur von jenen, die wirklich unentschieden sind.

Ein Fehler, der bei der Formulierung von Antwortvorgaben leicht vermieden, gleichwohl immer mal wieder in der Fragebogenpraxis beobachtet werden kann, besteht darin, dass die Antwortvorgaben in unzulässiger Weise gemischt werden. Betrachten Sie dazu das folgende Beispiel:

Frage:	„An wie vielen Tagen einer durchschnittlichen Woche treiben Sie Sport?"
	☐ 0 bis 3 Tage
	☐ 4 bis 7 Tage
	☐ immer wenn ich Zeit habe

Die ersten beiden Antwortvorgaben beziehen sich auf konkrete Anzahlen von Tagen, die dritte hingegen nicht. Wer also beispielsweise an drei Tagen im Wochendurchschnitt Sport treibt – und dies deshalb, weil es seinen zeitlichen Möglichkeiten entspricht –, kann sich bei aufmerksamem Lesen der Antwortvorgaben nicht entscheiden, ob er die erste oder die dritte Antwortkategorie ankreuzen soll.

Ein abschließendes Wort noch zu den sogenannten *Mehrfachantworten*. Solche liegen vor, wenn auf eine bestimmte Frage mehrere Antworten möglich beziehungsweise zugelassen sind. Ist dies der Fall, sollte der Leser des Fragebogens gesondert darauf aufmerksam gemacht werden. Dazu das folgende Beispiel:

		Ja	Nein
Frage:	„Welche Wochenzeitschriften lesen Sie regelmäßig?" (Mehrfachantworten erlaubt)		
	Die Zeit	☐	☐
	Der Spiegel	☐	☐
	Focus	☐	☐
	Stern	☐	☐
	usw.		

Manchmal sieht man solche Mehrfachantwortvorgaben verbunden mit der Aufforderung, eine Rangordnung der gewählten (gelesenen) Zeitschriften vorzunehmen. Das sieht dann beispielsweise so aus:

> Frage: „Welche Wochenzeitschriften lesen Sie regelmäßig?
>   Nennen Sie die drei wichtigsten, und versehen Sie die
>   wichtigste mit der Ziffer 1, die zweitwichtigste mit 2 und
>   die drittwichtigste mit 3."

Alle unsere bisherigen Erfahrungen mit Fragebogenaktionen zeigen in überzeu-
gender Weise, dass eine so große Zahl der Befragten mit einer derartigen Frage-
beziehungsweise Aufgabenstellung überfordert sind, dass mehr oder weniger un-
brauchbare Ergebnisse erzielt werden. Deshalb raten wir Ihnen, von derartigen
Formulierungen abzusehen.

In welcher Weise in unserem Demonstrationsbeispiel Fragen und Antwortvorgaben formuliert wurden, ist dem Fragebogen (→ www.springer.com) zu
entnehmen.

8.7 Versand

Es versteht sich, dass einem Fragebogen, den Sie verschicken wollen, ein Begleitschreiben hinzuzufügen ist, welches die folgenden Fragen beantwortet:

- Wer ist der Absender dieses Fragebogens?
- Welches ist das Ziel Ihrer Untersuchung?
- Wie ist die jeweils angesprochene Person in die Auswahl gelangt?

Zudem ist es sehr empfehlenswert, noch folgende Punkte zu beachten:

- Sichern Sie den Befragten Anonymität zu.
- Bieten Sie ihnen an, sie auf Wunsch über die Ergebnisse der Befragung –
  nach Abschluss Ihrer Auswertungsarbeiten – zu informieren; vereinzelt
  wird dieses Angebot dankbar und interessiert angenommen.
- Sichern Sie die Übernahme der Kosten für das Rückporto zu.
- Geben Sie in Ihrem eigenen Interesse einen in nicht allzu ferner Zukunft
  liegenden Termin für die Rücksendung vor; empfehlenswert sind zwei oder
  drei Wochen ab Erhalt des Fragebogens.

Schauen Sie auch auf das Begleitschreiben unseres Demonstrationsbeispiels unter www.springer.com.

Beim Versenden der Fragebögen müssen Sie berücksichtigen, dass postali-
sche Sendungen, die optisch den früheren Drucksachen ähneln, nicht selten
ungeöffnet im Papierkorb landen. Deshalb empfehlen wir Ihnen, die Briefum-

schläge so zu gestalten, dass sie die Aufmerksamkeit des Empfängers erregen. Das muss nicht so weit gehen, dass die Adressen handschriftlich geschrieben werden, aber die Verwendung von Sonderbriefmarken ist sicherlich von gewissem Vorteil. Vielleicht ist es auch angebracht, den jeweiligen Empfänger im Begleitschreiben persönlich, das heißt namentlich anzusprechen, was unter Nutzung der Serienbrieffunktion gängiger Textverarbeitungsprogramme möglich ist.

Zudem könnten Sie in Erwägung ziehen (aber auch das ist eine Frage Ihrer finanziellen Mittel), nach einer gewissen Zeit – etwa nach zwei oder drei Wochen – die Empfänger Ihres Fragebogens erneut anzuschreiben, um Sie höflich um Rücksendung des ausgefüllten Fragebogens zu bitten. Entschließen Sie sich zu solch einer – kostspieligen – Erinnerungsaktion, müssen Sie dabei alle Adressaten Ihres Fragebogens anschreiben, denn Sie können ja an dem bis dahin erzielten Rücklauf aufgrund der (zuvor zugesicherten) Anonymität nicht erkennen, wer schon geantwortet hat und wer nicht. Natürlich muss deshalb in diesem Erinnerungsschreiben ein Satz stehen, der zum Ausdruck bringt, dass diejenigen, die dankenswerterweise bereits geantwortet haben, dieses Erinnerungsschreiben als gegenstandslos betrachten mögen. Solche Erinnerungsschreiben – das hat die Erfahrung gezeigt – können den Rücklauf deutlich erhöhen.

9 Vom Fragebogen zum Computer

Sie sind jetzt im Rahmen Ihres ersten empirischen Forschungsvorhabens so weit, dass Sie die Datenauswertung vorbereiten können. Es dürfte der Hinweis fast entbehrlich sein, dass empirisch-quantitativ arbeitende Sozialwissenschaftler heutzutage den PC und geeignete Software einsetzen, um Datenbestände angemessen auswerten zu können. So sollten auch Sie es nun halten. Die verschiedenen Auswertungsmethoden, die Sie einsetzen können – die wichtigsten dieser Methoden beziehungsweise jene, die sich in der Forschungspraxis bewährt haben – werden in den folgenden Kapiteln vorgestellt. Dabei verzichten wir weitgehend auf die statistisch-mathematischen Hintergründe zugunsten der Darstellung der konkreten Arbeitsschritte, die beim Computer- und Softwareeinsatz erforderlich sind. Trotzdem wird dieser Teil des Buches ein bisschen trockener ausfallen als der vorangegangene, aber das lässt sich leider nicht vermeiden.

Zweifellos ist der PC-Einsatz mit einigen wesentlichen Vorzügen verbunden:

- Die Datenauswertung erfolgt rechenfehlerfrei.
- Die Analysen laufen so schnell ab, dass ohne großen zeitlichen Aufwand alternative Verfahren und Methoden erprobt werden können.
- Auch anspruchsvollere Verfahren, die bei Rechnungen per Hand viel zu zeitaufwändig wären, können per PC leicht bewältigt werden.
- Auch größere Datenbestände können rasch ausgewertet werden.
- Die Präsentation der Ergebnisse erfolgt in professioneller Weise.

In diesem Zusammenhang taucht die Frage auf, welche Software Sie benutzen sollten. Als gängige und bewährte Softwareprogramme bieten sich an:

- Das Tabellenkalkulationsprogramm MS Excel – ein Produkt der Microsoft Office-Familie –, das über eine Reihe leistungsfähiger Statistikfunktionen verfügt,
- das Programm SPSS; der Name SPSS stand ursprünglich als Abkürzung für „statistical package for the social sciences".

SPSS bietet dem Statistiker weitaus mehr als MS Excel; insbesondere die rasche Auswertung selbst mit anspruchsvolleren statistischen Analyseinstrumenten ist mit SPSS fast ein Kinderspiel.

Dazu zwei Anmerkungen: Es gibt noch eine Reihe anderer, jedoch weniger verbreiteter Statistikprogramme, die hier aber nicht betrachtet werden sollen. Die Daten unseres Demonstrationsbeispiels wurden mit SPSS ausgewertet.

Bevor Sie die erhobenen Daten in den PC eingeben, sind einige vorbereitende Schritte notwendig, über die in diesem Kapitel gesprochen werden soll. Zur Illustration dieser Schritte stützen wir uns auf ein sehr kleines und überschaubares Beispiel, das einen Ausschnitt aus dem in diesem Buch verwendeten Demonstrationsbeispiel darstellt.

Stellen Sie sich vor, Sie hätten für eine bescheidene empirische Untersuchung den folgenden Fragebogen entwickelt:

Bitte beantworten Sie die folgenden Fragen durch Ankreuzen oder durch Ausfüllen:

1. Geschlecht   ☐ männlich   ☐ weiblich
2. Welches ist Ihr Geburtsjahr?   19 ☐☐
3. Wo wohnen Sie?   In: ....
4. Wie bewerten Sie die folgende Aussage:
    „Ich habe mein Leben schon immer als recht schnell ablaufend empfunden."
        ☐ ja, ganz sicher
        ☐ eher ja
        ☐ eher nein
        ☐ nein, ganz sicher nicht
        ☐ das kann ich nicht beurteilen

Nachdem Ihnen die ausgefüllten Kurzfragebögen zugegangen sind, geht es darum, die einzelnen Angaben dem PC zugänglich zu machen. Bevor Sie aber die Daten eingeben, müssen sie in geeigneter Weise codiert werden, das heißt, sie werden – soweit dies möglich ist – in numerische Informationen umgesetzt, weil sich statistische Auswertungen in aller Regel auf Zahlen beziehen und unter Nutzung von Zahlen auch wesentliche Erkenntnisse produzieren können. Bei dieser Codierung sind einige Regeln einzuhalten.

9.1 Codierungsregeln

Unter dem Begriff *Codierung* versteht man die Zuordnung von Ziffern oder Zahlen zu den einzelnen Ausprägungen von Untersuchungsvariablen. Sollte eine dieser Variablen schon numerische Werte aufweisen – wie es etwa bei der Variablen „Geburtsjahr" der Fall ist – sind solche nachträglichen Zuordnungen natürlich entbehrlich.

Wenn Sie in einem Fragebogen beispielsweise nach dem Geschlecht fragen, wobei diese Variable die Ausprägungen „männlich" und „weiblich" aufweist, ist es sinnvoll, diese Ausprägungen zu codieren, um dann diese Codeziffern – und nicht etwa die Begriffe „männlich" und „weiblich" – in Ihre Statistiksoftware eingeben. Also vergeben Sie zum Beispiel die Ziffer 1 für die Ausprägung „männlich" und die Ziffer 2 für die Ausprägung „weiblich".

Zusätzlich müssen Sie Vorsorge für den Fall treffen, dass eine befragte Person die Antwort verweigert oder vergessen hat, an der entsprechenden Stelle ein Kreuzchen zu machen – oder, was auch denkbar wäre, sowohl bei „männlich" als auch bei „weiblich" angekreuzt hat, vielleicht um Sie zu ärgern. In solchen Fällen kann die entsprechende Angabe nicht weiter (statistisch) verwertet werden – und Sie müssen SPSS mitteilen, dass diese unbrauchbaren Angaben nicht verwendet werden sollen. Natürlich könnte diese Person ganz aus der Auswertung ausgeschlossen werden; sofern sie aber bei den übrigen Fragen verwertbare Antworten gegeben haben sollte, wäre dies mit einem unnötigen und nicht unerheblichen Informationsverlust verbunden.

Im Falle der Variablen „Geschlecht" könnten Sie zum Beispiel die Ziffer 9 als *fehlenden Wert* definieren – wie das konkret geschieht, wird weiter unten besprochen.

Als fehlenden Wert (*missing value*) wählt man üblicherweise eine Zahl, die genauso viele Ziffern hat, wie die ‚echten' Codezahlen (im obigen Beispiel also einstellig), die aber möglichst weit von den ‚echten' Codezahlen entfernt liegt. Bei der Variablen „Geschlecht" ist also die Ziffer 9 angemessen.

Weiterhin ist es angebracht, die zurückkommenden ausgefüllten Fragebögen durchzunummerieren, um sie jederzeit identifizieren zu können, etwa um Dateneingaben im Nachhinein überprüfen zu können. Diese laufende Nummer sollten Sie deshalb ebenfalls – in der Regel als erste Variable – bei der Anlage Ihres SPSS-Datenblatts (→ Abschnitt 9.5) einfügen.

Es wird auch Informationen (Angaben) in den Fragebögen geben, die nicht zahlenmäßig codiert werden können – so beispielsweise die Antworten auf *offene Fragen*, die sich nicht sinnvoll klassifizieren und, auf dieser Klassifikation aufbauend, wiederum codieren lassen. Als Beispiel dient die Frage nach dem Wohnort. Denkbare Antworten sind Bochum, Darmstadt, München, Husum

usw. Solche Informationen werden als Texte (sogenannte *String-Variablen*) eingegeben.

Denkbar wäre aber auch – und damit wären wir bei der soeben angesprochenen Klassifikation –, dass Sie nach Durchsicht aller entsprechenden Angaben
zum Wohnort zunächst ein Klassifikationsraster entwerfen (zum Beispiel nach
Bundesländern oder nach Gemeindegrößenklassen geordnet, wenn Ihnen entsprechende Informationen, wie sie etwa im Statistischen Jahrbuch zu finden sind,
vorliegen), die einzelnen Angaben in dieses Raster einordnen und dann die einzelnen Kategorien Ihres Rasters wiederum mit Codezahlen belegen, um diese
dann einzugeben.

Ein besonderer Hinweis gilt den Fragen, die mehrere Antwortmöglichkeiten
erlauben. In Kapitel 8, Abschnitt 8.6 hatten wir das folgende Beispiel erwähnt:

	Frage:	Welche Wochenzeitschriften lesen Sie regelmäßig?

Frage: Welche Wochenzeitschriften lesen Sie regelmäßig?
(Mehrfachantworten erlaubt)

                           Ja   Nein

Die Zeit   ☐   ☐
Der Spiegel   ☐   ☐
Focus   ☐   ☐
Stern   ☐   ☐
usw.

In einem solchen Fall ist es erforderlich, für jede einzelne Zeitschrift eine eigene
Variable zu definieren (jeweils eine Spalte im SPSS-Datenblatt; → Abschnitt 9.5)
– jeweils zum Beispiel mit den Ausprägungen „angekreuzt" (entspricht „ja") = 1
und „nicht angekreuzt" (entspricht „nein") = 0.

Alle Überlegungen, die Sie in der Vorbereitung der Codierung und während der Codierung selbst anstellen, lassen sich im sogenannten Codebuch zusammenfassen.

9.2 Codebuch

Das *Codebuch* zur Darstellung der Codierungsregeln sollten Sie immer anlegen,
bevor Sie sich an die Dateneingabe machen, denn es erleichtert diese wesentlich,
und es erlaubt Ihnen im Nachhinein, bei Bedarf festzustellen, wie die Ziffern und
Zahlen, die dann in Ihrem SPSS-Datenblatt stehen, zu interpretieren sind. Viel-

leicht nämlich haben Sie nach einer Weile vergessen, was bei der Variablen „Geschlecht" die Ziffer 1 bedeutet – das Codebuch gibt darüber Auskunft. Diese Auskunft gibt Ihnen auch die VARIABLENANSICHT (→ Abschnitt 9.4) – vorausgesetzt, Sie haben dort Werte- und Variablenlabels sowie weitere Angaben zu Ihren einzelnen Variablen eingetragen.

Zur Vorbereitung dieser Eintragungen empfiehlt sich aber auf jeden Fall die Anlage des Codebuchs per Hand oder unter Nutzung des Programms MS Excel.

Tabelle 4: Beispiel eines Codebuchs

Name	Variable = Variablenlabel	Ausprägungen	Code	Skala und Typ	
Nummer	laufende Nummer	wie angegeben	wie angegeben	metrisch (numerisch)	diskret
Geschlecht	entbehrlich	männlich weiblich fehlender Wert	1 2 9	nominal (numerisch)	diskret
Geburtsjahr	entbehrlich	wie angegeben fehlender Wert	wie angegeben 1900	metrisch (numerisch)	diskret
Aussage14	Zustimmung zur Aussage. „Ich habe mein Leben schon immer als recht schnell ablaufend empfunden"	ja, ganz sicher eher ja eher nein nein, ganz sicher nicht kann ich nicht beurteilen fehlender Wert	1 2 3 4 5 9	ordinal (numerisch)	diskret
usw.					

Ein solches Codebuch sollte – wie die vorangegangene Tabelle 4 zeigt – die folgenden Informationen enthalten:

- Name der jeweiligen Variablen – üblicherweise eine Abkürzung des kompletten Variablenlabels (Spalte 2)
- alle möglichen Ausprägungen der jeweiligen Variablen sowie die ihnen zugeordneten Codezahlen (Spalten 3 und 4)
- Skalenqualität (Skalenniveau) und Typ der Variablen (Spalte 5)

9.3 Datenmatrix

Wenn Sie die Angaben der ausgefüllten Fragebögen nun so codieren, wie es Ihr Codebuch vorgibt, dann können Sie per Hand oder unter Nutzung des Programms MS Excel ein Datenblatt – auch *Datenmatrix* genannt – erzeugen, das zum Beispiel folgendermaßen aussieht:

Tabelle 5: Beispiel einer Datenmatrix

Fall-Nr.	Geschlecht	Geburtsjahr	Wohnort	Aussage 14
1	1	1964	Siegen	4
2	2	1949	Olpe	3
3	2	1959	Gütersloh	3
4	2	1921	Memmingen	1
usw.				

Sie können aber auch auf die Anlage dieses Datenblattes verzichten und Ihre Ausgangsdaten – vor allem bei einfacheren und überschaubaren Datenbeständen können Sie so vorgehen – sofort nach dem Start von SPSS in die DATENANSICHT der SPSS-Tabelle eingeben.

9.4 Start von SPSS und Dateneingabe

Wenn Sie das Programm SPSS starten, gelangen Sie zu dem Startfenster der Abbildung 11.

In diesem Startfenster werden Ihnen mehrere Möglichkeiten des Arbeitens mit SPSS geboten. Insbesondere haben Sie die Möglichkeit, direkt Dateien zu öffnen, mit denen Sie zuletzt gearbeitet haben, und Sie können Dateien aus anderen Anwendungen öffnen.

Wir interessieren uns zunächst für die Option DATEN EINGEBEN, weshalb wir den runden Schalter bei dieser Option anklicken und danach die Schaltfläche OK. Damit gelangen wir zum Startbildschirm von SPSS (→ Abbildung 12).

In diesem Startbildschirm erscheint das erste von zwei Blättern, die sogenannte DATENANSICHT. Über das Blatt VARIABLENANSICHT wird weiter unten gesprochen. Sollte bei Ihnen diese VARIABLENANSICHT erscheinen, klicken Sie bitte auf DATENANSICHT.

In der zweiten Bildschirmzeile der Abbildung 12 (es handelt sich um den sogenannten SPSS Daten-Editor) erkennen Sie das SPSS-*Hauptmenü* mit den Positionen DATEI, BEARBEITEN, ANSICHT, DATEN... usw. (Menüpositionen, Schaltflächenbeschriftungen und Begriffe, die in den SPSS-Dialogfenstern auftauchen, schreiben wir im folgenden in KAPITÄLCHEN, damit Sie diese sofort als solche erkennen können). Zugleich erhalten Sie eine leere Tabelle, die der Aufnahme Ihrer Ausgangsdaten dient. Diese Tabelle trägt zunächst den Namen UNBENANNT1.

Abbildung 11: SPSS-Startfenster

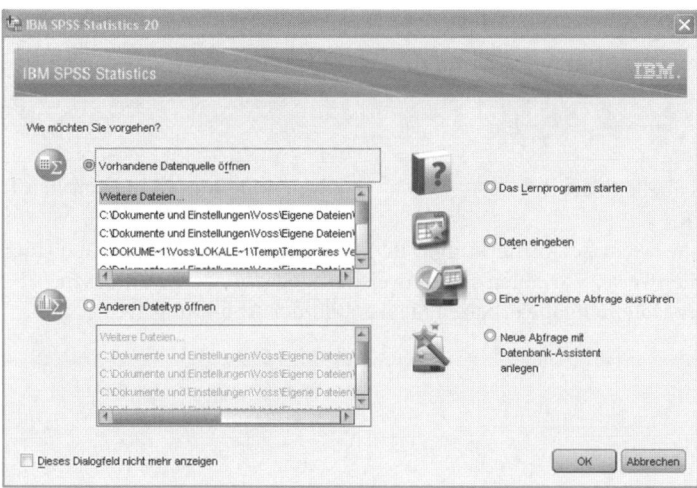

Abbildung 12: DATENANSICHT des Startbildschirms (Ausschnitt)

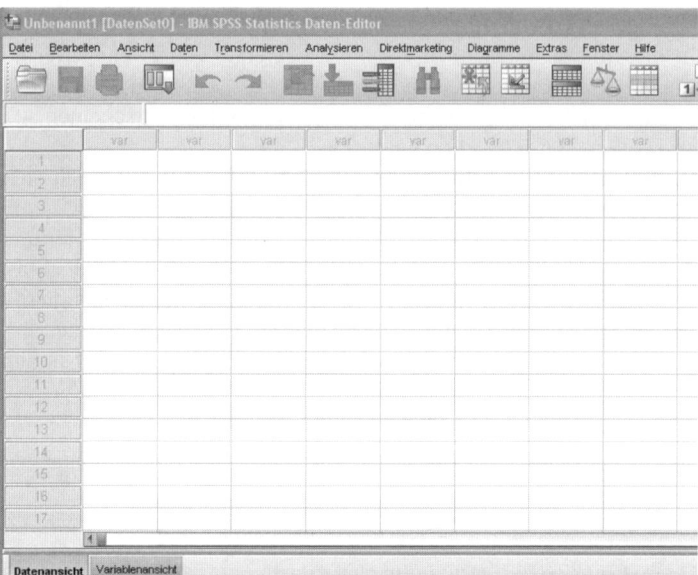

In das Tabellenblatt der DATENANSICHT können Sie nun die Daten der Tabelle 5 eingeben.

Dazu eine wichtige Anmerkung: Für SPSS gilt die Regel, dass Fälle (hier Personen) zeilenweise, Variablen spaltenweise eingegeben werden müssen.

Nach der Dateneingabe erhalten Sie das Bild der Abbildung 13:

Abbildung 13: Nach der Dateneingabe

	VAR00001	VAR00002	VAR00003	VAR00004	VAR00005
1	1,00	1,00	1964,00	Siegen	4,00
2	2,00	2,00	1949,00	Olpe	3,00
3	3,00	2,00	1969,00	Gütersloh	3,00
4	4,00	2,00	1921,00	Memmingen	1,00
5					

Sie erkennen Folgendes:

- SPSS bezeichnet Ihre Variablen mit VAR00001, VAR00002 usw.
- Numerische Informationen werden rechtsbündig, Textinformationen (*Strings*) linksbündig in die Tabellenzellen gesetzt
- Numerische Informationen werden standardmäßig mit zwei Dezimalstellen angegeben.

Alle diese Voreinstellungen können Sie in der VARIABLENANSICHT ändern, wenn Sie das möchten.

9.5 Einstellungen in der VARIABLENANSICHT

In der VARIABLENANSICHT können sehr nützliche Einstellungen vorgenommen werden. Klicken Sie dazu am unteren Bildschirmrand auf das Register VARIAB-LENANSICHT; Sie gelangen dann zum Bildschirm der Abbildung 14:

Abbildung 14: VARIABLENANSICHT (Ausschnitt)

	Name	Typ	Spaltenformat	Dezimalstellen	Variablenlabel	Wertelabels	Fehlende W...
1	VAR00001	Numerisch	8	2		Keine	Keine
2	VAR00002	Numerisch	8	2		Keine	Keine
3	VAR00003	Numerisch	8	2		Keine	Keine
4	VAR00004	String	20	0		Keine	Keine
5	VAR00005	Numerisch	8	2		Keine	Keine
6							

Hier können und sollten Sie die folgenden Informationen eingeben:

Spalte 1: Name
Ersetzen Sie die nichtssagenden Namen VAR00001, VAR00002 usw. durch
‚sprechende' Namen. Wie dabei vorzugehen ist, wird im Folgenden beschrieben.

SPSS:
1. Klicken Sie auf die entsprechende Zelle, und setzen Sie einen Ihnen passen-
    der erscheinenden Namen ein.
2. Für VAR00001 schreiben Sie zum Beispiel „Nummer", für VAR00002 „Ge-
    schlecht", für VAR00003 „Geburtsjahr", für VAR00004 „Wohnort" und für
    VAR00005 „Aussage14".

Spalte 2: Typ
SPSS ordnet Zahlenangaben den Typ NUMERISCH zu, Textangaben (wie bei den
Wohnorten) den Typ STRING (string = Zeichenkette).
    Neben NUMERISCH und STRING können andere Typen wie folgt vereinbart
werden:

SPSS:
1. Klicken Sie in eine dieser Zellen.
2. Klicken Sie dann auf den Schalter mit den drei Punkten.

Sie erkennen hier, welche anderen Typen zur Verfügung stehen. Diese sind aber
bei sozialwissenschaftlichen Datenbeständen nur selten von Interesse.

Spalte 3: Spaltenformat
Wir können es bei der Voreinstellung (8 Zeichen) in der Regel belassen. Nur bei
String-Variablen, wie etwa bei der Variablen „Wohnort", ist es erforderlich, die
Zeichenanzahl zu erhöhen, um auch längere Ortsnamen (oder gegebenenfalls
andere Texte) unterbringen zu können.

Spalte 4: Dezimalstellen
Bei numerischen Variablen wird per Voreinstellung mit 2 Dezimalstellen gearbeitet. Wollen Sie dies ändern – und auch bei unserem kleinen Demonstrationsbeispiel wäre es zu empfehlen, weil die numerischen Angaben ohne Dezimalstellen auskommen –, verfahren Sie wie folgt:

SPSS:
1. Klicken Sie in eine dieser Zellen.
2. Klicken Sie dann auf den Dreiecksschalter (nach unten weisendes Dreieck).
3. Verändern Sie die Anzahl der Dezimalstellen durch Anklicken.

Bei allen numerischen Variablen des obigen Beispiels können Sie die Anzahl der Dezimalstellen auf 0 reduzieren.

Spalte 5: Variablenlabel

Ein VARIABLENLABEL ist gewissermaßen ein Etikett für die jeweilige Variable, welches – falls vereinbart – bei allen (Rechen-)Ergebnissen, die Sie mit SPSS erzeugen, angegeben wird.

SPSS:
Wenn Sie also beispielsweise in den Ergebnissen bei der fünften Variablen nicht nur den Text „Aussage14" lesen wollen, sondern „Grad der Zustimmung zur Aussage: Ich habe mein Leben schon immer als recht schnell ablaufend empfunden", so können Sie diesen Text als Variablenlabel in die entsprechende Zelle eintragen.

Spalte 6: Wertelabels

Noch wichtiger als Variablenlabels sind die WERTELABELS. Erzeugen Sie zum Beispiel eine Häufigkeitsverteilung über die Variable „Geschlecht", gibt SPSS ohne vorherige Vergabe von Wertelabels aus, wie oft der Wert 1 und wie oft der Wert 2 aufgetaucht ist. Schöner wäre es aber, wenn der Wert 1 durch „männlich", der Wert 2 durch „weiblich" ersetzt würde. Zur Vergabe der Wertelabels verfahren Sie wie folgt:

SPSS:
1. Klicken Sie in die entsprechende Zelle.
2. Klicken Sie auf den Schalter mit den drei Punkten.
3. Geben Sie im sich öffnenden Dialogfenster beim Stichwort WERT: den Wert „1" ein.
4. Bei WERTELABEL: geben Sie „männlich" ein.
5. Klicken Sie dann auf HINZUFÜGEN.
6. Entsprechend verfahren Sie für 2 und „weiblich" – HINZUFÜGEN nicht vergessen.
7. Klicken Sie dann auf OK.

Genauso könnte man bei der letzten Variablen verfahren (Aussage14), bei der fünf Wertelabels vereinbart werden müssten. Das ist zugegebenermaßen etwas zeitaufwändig, erhöht aber ganz wesentlich die spätere Lesbarkeit der Ergebnisse. Mit anderen Worten: Diese (Eingabe-)Mühe lohnt sich!

Dazu eine Anmerkung zur Arbeitserleichterung: Wenn für mehrere Variablen die gleichen Wertelabels vergeben werden sollen, kann man sich die Arbeit erleichtern: In dem Beispieldatenbestand, mit dem später gearbeitet wird, haben wir 48 auf identische Weise zu bewertende Aussagen. Hat man für die erste dieser Aussagen die Wertelabels vergeben, kann man die entsprechende Zelle kopieren (Anklicken der Zelle, Strg + C-Taste) und sie an anderer Stelle einfügen (Anklicken, Strg + V-Taste).

Spalte 7: Fehlende Werte

Von fehlenden Werten spricht man, wenn eine befragte Person bei einer Frage die Antwort verweigert hat oder vergessen hat, zu antworten (→ Tabelle 4: Codebuch). Wenn Sie beispielsweise für die Frage nach dem Geschlecht die Ziffer 9 als fehlenden Wert vereinbart haben, muss dies auch dem Programm SPSS mitgeteilt werden, damit diese fehlenden, statistisch nicht verwertbaren Werte aus den späteren Berechnungen herausgehalten beziehungsweise als solche ausgewiesen werden. Zur Vergabe fehlender Werte verfahren Sie wie folgt:

SPSS:
1. Klicken Sie die entsprechende Zelle an und dann auf den Schalter mit den drei Punkten.
2. Im sich öffnenden Dialogfenster können Sie einzelne fehlende Werte oder sogar ganze Bereiche definieren.
3. Hier klicken Sie an bei EINZELNE FEHLENDE WERTE.
4. Geben Sie in das erste Listenfeld die Ziffer 9 ein.
5. Klicken Sie dann auf OK.

Spalte 8: Spalten (in Abbildung 14 nicht dargestellt)

Hier kann noch einmal die Breite der Spalten für die einzelnen Variablen verändert werden. Wir belassen es bei den vorgegebenen Einstellungen.

Spalte 9: Ausrichtung (in Abbildung 14 nicht dargestellt)

Hier kann die Ausrichtung der Informationen in den Variablenspalten festgelegt werden. Standardmäßig richtet SPSS numerische Informationen rechtsbündig, Textinformationen linksbündig aus. Wir belassen es dabei.

Spalte 10: Messniveau (in Abbildung 14 nicht dargestellt)
Hier wird zwischen nominal- und ordinalskalierten sowie metrischen Variablen unterschieden (→ Kapitel 6, Abschnitt 6.6). Einige SPSS-Auswertungsverfahren orientieren sich an der in dieser letzten Spalte angegebenen jeweiligen Skalenqualität, viele aber auch nicht. Für den Einsatz von Standardverfahren sind entsprechende Vorgaben nicht erforderlich. Hier muss der Forscher schon beim Einsatz der Verfahren, spätestens aber bei der Interpretation der Ergebnisse, selbst entscheiden, ob das eingesetzte Verfahren für die jeweilige Skalenqualität methodisch zulässig ist oder nicht. Gleichwohl empfiehlt es sich, hier das korrekte Messniveau einzustellen, weil zum Beispiel bei der Diagrammerstellung SPSS auf diese Einstellungen reagiert und die passenden Diagrammvarianten vorschlägt.
Wenn Sie die vorgeschlagenen Veränderungen übernommen haben, sieht Ihre VARIABLENANSICHT so aus:

Abbildung 15: VARIABLENANSICHT (nach der Variablendefinition)

	Name	Typ	Spaltenf.	Dezimal.	Variablenlabel	Wertelabels	Fehlende W.	Spalten	Ausrichtung	Messniveau
1	Nummer	Numerisch	8	0		Keine	Keine	8	▦ Rechts	⬦ Skala
2	Geschlecht	Numerisch	8	0		{1, männlich...	9	8	▦ Rechts	⬦ Nominal
3	Geburtsjahr	Numerisch	8	0		Keine	Keine	8	▦ Rechts	⬦ Skala
4	Wohnort	String	20	0		Keine	Keine	8	▤ Links	⬦ Nominal
5	Aussage14	Numerisch	8	0		{1, ja, ganz ...	9	8	▦ Rechts	⬦ Ordinal

Kehren Sie jetzt durch Anklicken von DATENANSICHT zum Ausgangsbildschirm zurück, sieht dieser so aus wie es Abbildung 16 zeigt:

Abbildung 16: DATENANSICHT (nach der Dateneingabe)

	Nummer	Geschlecht	Geburtsjahr	Wohnort	Aussage14
1	1	1	1964	Siegen	4
2	2	2	1949	Olpe	3
3	3	2	1969	Gütersloh	3
4	4	2	1921	Memmingen	1

Dazu noch eine Anmerkung: Nach dem Start von SPSS können Sie zunächst auch die Variablenansicht anhand Ihres Codebuchs ausfüllen und erst danach mit der Eingabe der Daten selbst fortfahren.

9.6 Datenkontrolle und -korrektur

Datenkontrollen und eventuell notwendige Korrekturen nehmen Sie am besten dann in Angriff, wenn erste Auszählungen erfolgt sind (→ Kapitel 11, Abschnitt 11.2). Stellen Sie beispielsweise bei der Auswertung der Variablen „Geschlecht" fest, dass offenbar einmal die Ziffer 3 eingegeben wurde – wo doch nur die Ziffern 1 („männlich"), 2 („weiblich") und 9 („fehlender Wert") erlaubt waren, muss es sich um eine Fehleingabe handeln. Zur Korrektur gehen Sie wie folgt vor:

SPSS:
1. Klicken Sie in der DATENANSICHT auf die erste Zelle in der Spalte „Geschlecht".
2. Wählen Sie BEARBEITEN / SUCHEN...
3. Tragen Sie im sich öffnenden Dialogfenster bei SUCHEN die Ziffer 3 ein.
4. Klicken Sie auf WEITERSUCHEN.

Jetzt wird die unzulässige Ziffer 3 gefunden und kann direkt überschrieben werden.

Es versteht sich von selbst, dass mit Datenkorrekturen lediglich Korrekturen an irrtümlich fehlerhaft eingegebenen Daten gemeint sind – und keine nachträglich am PC vorgenommenen Änderungen zuvor richtig eingegebener Daten (um beispielsweise den vielleicht zu geringen Anteil befragter Männer unzulässigerweise zu erhöhen).

Auswertungen, die mit dem fehlerhaften Datenbestand bereits durchgeführt worden sind, müssen wiederholt werden. Die Ergebnisse von SPSS passen sich nämlich nicht automatisch an, wenn die Ausgangsdaten geändert werden.

SPSS erzeugt für Auswertungsergebnisse eine separate Datei. Diese trägt die Typenkennung .SPV, während die Datei mit Ihren Ausgangsdaten die Typenkennung .SAV trägt. Wenn Sie weitere Ergebnisse erzeugen, werden diese an die bestehende SPV-Datei angehängt – es sei denn, Sie haben zwischenzeitlich Ihre SPV-Datei gespeichert und die Arbeit mit SPSS beendet; dann wird nach einem Neustart und weiteren Auswertungen eine neue SPV-Datei erzeugt. Möchten Sie auch nach einem Neustart Auswertungsergebnisse in derselben SPV-Datei ablegen, in der vorherige Berechnungen gespeichert worden sind, dann müssen Sie diese vor Beginn der weiteren Berechnungen öffnen (DATEI / ÖFFNEN / AUSGABE...).

Bei dem hier zugrunde liegenden Forschungsvorhaben waren relativ umfangreiche Codierungsarbeiten und Variablenvereinbarungen erforderlich. Wie im Einzelnen verfahren wurde, können Sie erkennen, wenn Sie die Datei „Beispieldatensatz.sav" öffnen und in die VARIABLENANSICHT schauen. Dabei interessieren insbesondere die fünf im Folgenden erwähnten Spalten.

Spalte 1: Name
Die wegen der Nutzung einer älteren SPSS-Version maximal acht Zeichen langen Variablennamen sind direkt in der ersten Spalte ablesbar.

Spalte 2: Typ
Auch der Variablentyp ist direkt ablesbar.

Spalte 5: Variablenlabel
Um die vergebenen Variablenlabels komplett lesen zu können, müssen Sie die Spalte 5 verbreitern.

SPSS:
1. Führen Sie dazu den Mauszeiger auf die Nahtstelle zwischen VARIABLENLABEL und WERTELABELS.
2. Ziehen Sie mit gedrückter linker Maustaste so weit nach rechts, bis Sie die kompletten Variablenlabels lesen können.

Spalte 6: Wertelabels
Wenn Sie die Wertelabels einer bestimmten Variablen lesen wollen, klicken Sie in die entsprechende Zelle und dann auf den Schalter mit den drei Punkten.

Spalte 7: Fehlende Werte
Die Werte, die als fehlende Werte vereinbart wurden, sind direkt in der Spalte 7 ablesbar.

10 Fahrplan – zweiter Teil

10.1 Übersicht

Abbildung 17: Fahrplan für die Datenauswertung (Teil 1)

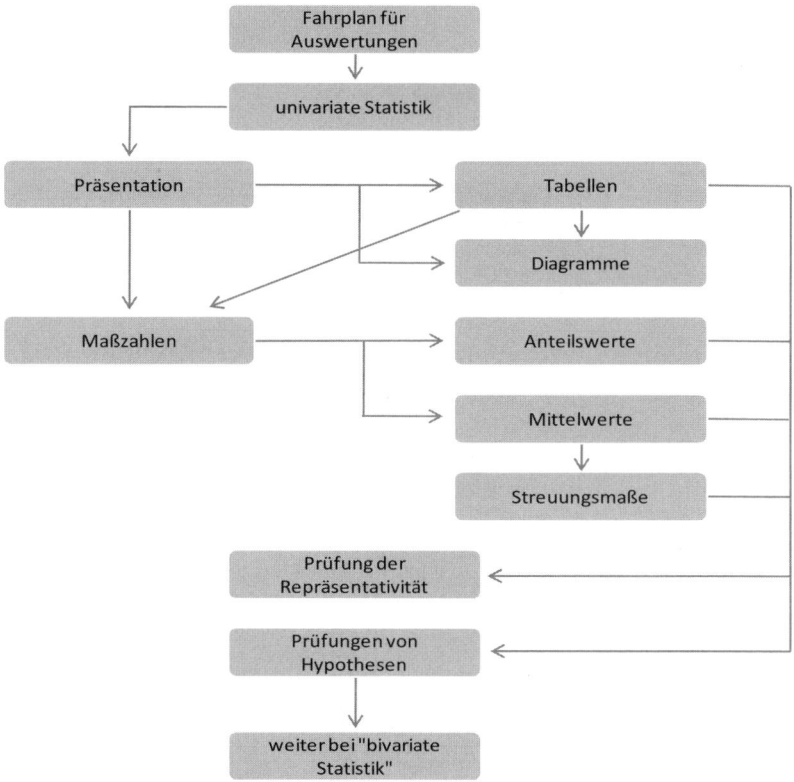

Weiter auf der folgenden Seite.

noch Abbildung 17: Fahrplan für die Datenauswertung (Teil 2)

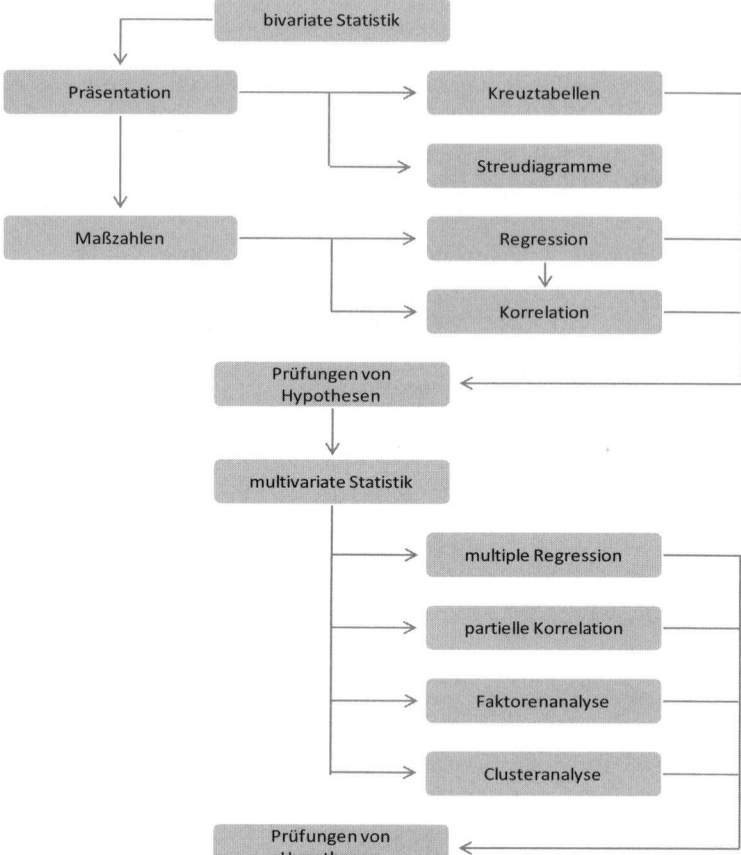

10.2 Die einzelnen Schritte

Bevor Sie mit der konkreten Auswertung Ihrer Daten beginnen, sollten Sie sich sorgfältige Gedanken darüber machen, welche Ziele Sie mit diesen Auswertungen verfolgen. Alle Erfahrungen mit empirisch-quantitativ orientierten Forschungsvorhaben zeigen, dass es im Wesentlichen um die Aufgabenstellungen geht, die in der vorangegangenen Abbildung 17 in der sinnvollen Aufeinanderfolge dargestellt sind.

Der Fachmann entdeckt sofort, dass nicht alles angesprochen wird, was die statistische Methodenlehre zu bieten hat – aber darauf kommt es hier auch nicht an, sondern wir möchten die wichtigsten statistischen Verfahren besprechen, die bei der Auswertung quantitativer Daten zweckmäßig sind. Im Einzelnen werden Sie also in den nachfolgenden Kapiteln eine Reihe von Arbeitsschritten durchlaufen, die hier vorbereitend vorgestellt werden sollen.

Abbildung 18: Datenauswertung: Erster Schritt

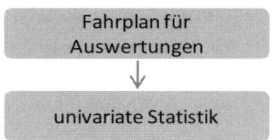

Zunächst müssen Sie sich mit der sogenannten *univariaten Statistik* beschäftigen. Damit sind solche statistischen Auswertungsmethoden gemeint, die sich nur auf eine einzige Untersuchungsvariable beziehen (uni = eins). Mit diesem Schritt, mit dem jeder Auswertungsprozess beginnen sollte, da er dem Forscher einen ersten Überblick über die erhobenen Daten vermittelt, befassen sich die Kapitel 11 und 12.

Im Rahmen dieser univariaten Auswertung stehen Sie zunächst vor der Aufgabe, die Ergebnisse für jeweils eine Untersuchungsvariable angemessen zu präsentieren:

Abbildung 19: Datenauswertung: Zweiter Schritt

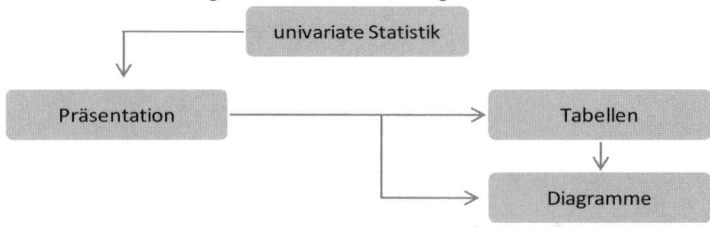

Zur Präsentation eignen sich sowohl tabellarische Darstellungen als auch Diagramme (grafische Darstellungen; → Kapitel 11, Abschnitte 11.2 und 11.5). Diagramme können mit SPSS auf der Grundlage zuvor erstellter Tabellen erzeugt werden, jedoch ist dieser vorgelagerte Schritt nicht zwingend erforderlich, das heißt, auch ohne vorherige Erzeugung einer tabellarischen Darstellung können Diagramme produziert werden. Die erzeugten Ergebnisse – Tabellen oder Diagramme – nennt man *univariate Häufigkeitsverteilungen*.

Abbildung 20: Datenauswertung: Dritter Schritt

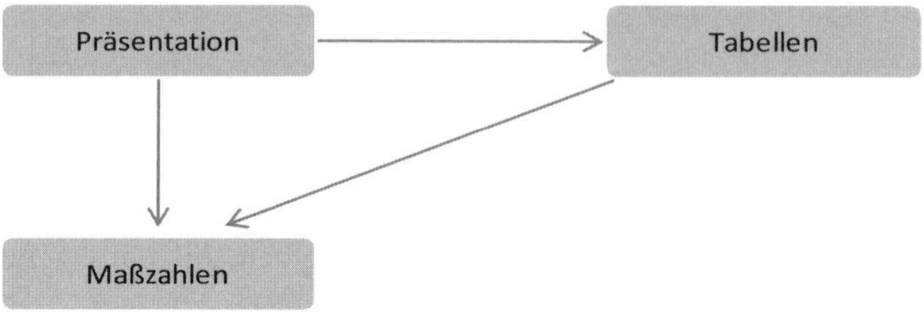

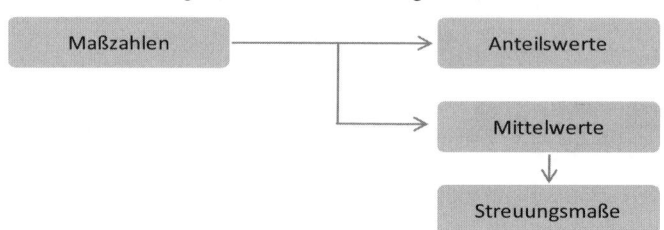

Im nächsten Arbeitsschritt können Sie *statistische Maßzahlen* berechnen. Solche Maßzahlen dienen dazu, einen gegebenen Datenbestand im Hinblick auf jeweils eine Untersuchungsvariable zusammenfassend, das heißt durch eine einzige statistische Kennziffer, zu charakterisieren. Derartige Maßzahlen können auch ausgehend von bereits vorliegenden Tabellen berechnet werden (→ Kapitel 12).

Abbildung 21: Datenauswertung: Vierter Schritt

Die wichtigsten dieser Maßzahlen sind Anteilswerte, Mittelwerte und Streuungsmaße.

Anteilswerte sind prozentuale Anteile (zum Beispiel: „Anteil der weiblichen Personen an der Gesamtheit der Befragten"); *Mittelwerte* zeigen Ihnen, wo die Mitte (das Schwergewicht) einer gegebenen Häufigkeitsverteilung liegt (zum Beispiel: „Durchschnittsalter der Befragten"); *Streuungsmaße* zeigen, wie weit die einzelnen Befragten im Schnitt von der Mitte der gegebenen Häufigkeitsverteilung abweichen (zum Beispiel: „Die Altersangaben der Befragten weichen im Schnitt um 8,3 Jahre vom Durchschnittsalter ab"). Es ist dabei zu berücksichtigen, dass die Berechnung von Streuungsmaßen die Berechnung von Mittelwerten voraussetzt.

Wenn Sie die univariaten Auswertungen beendet haben, bietet es sich an, deren Ergebnisse zu verwenden, um im nächsten Schritt *Repräsentativitätsüberprüfungen* vorzunehmen. Es geht dabei um die Beantwortung der Frage, ob die erhobenen Befunde, die ja in aller Regel auf Stichprobenbasis gewonnen wurden, als realitätsgetreues Abbild der Grundgesamtheit, aus der die Stichprobe gezogen wurde, gelten können.

Abbildung 22: Datenauswertung: Fünfter Schritt

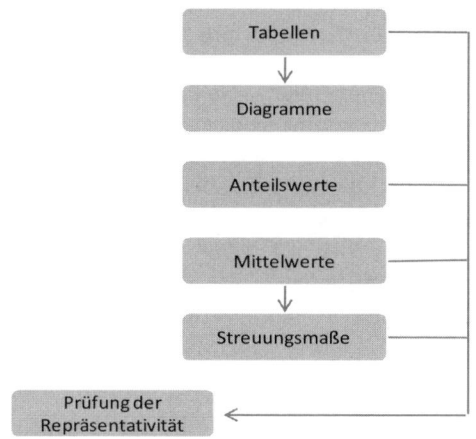

Repräsentativitätsprüfungen setzen voraus, dass die Daten, mit denen gearbeitet wird, auf der Basis einer Zufallsstichprobe gewonnen wurden, denn nur auf dieser Basis ist es möglich, Wahrscheinlichkeitsberechnungen durchzuführen – und genau diese benötigt man in diesem Zusammenhang (→ Kapitel 14).

Solche Repräsentativitätsüberprüfungen können Sie auf unterschiedliche Weise durchführen: Sie können von gegebenen Häufigkeitsverteilungen ausgehen – sofern sie in Tabellenform vorliegen – oder von den berechneten Maßzahlen. Im ersten Fall wird die Frage beantwortet, ob die Häufigkeitsverteilung für eine Variable in der Zufallsstichprobe hinreichend gut mit der entsprechenden Verteilung in der Grundgesamtheit übereinstimmt; mit dieser Frage befassen wir uns in Kapitel 15, Abschnitt 15.4; es geht dabei um das Testen einer *Verteilungshypothese*. Im zweiten Fall wird zum Beispiel der Anteilswert, der sich für eine bestimmte Variable in der Stichprobe ergeben hat, daraufhin getestet, ob er mit dem entsprechenden Anteilswert der Grundgesamtheit hinreichend gut übereinstimmt. Genauso kann man mit Mittelwerten und mit Mittelwertdifferenzen verfahren; mit dieser Frage befassen wir uns in Kapitel 15, Abschnitte 15.1 bis 15.3 (aber auch andere Parameter können getestet werden); es geht dabei um das Testen einer *Parameterhypothese*, das heißt, getestet wird ein *Stichprobenparameter*.

Beide Tests setzen voraus, dass entsprechende Informationen über die Grundgesamtheit vorliegen. Ist dies nicht der Fall, sind Repräsentativitätsüberprüfungen nicht möglich.

Aber auch wenn Repräsentativitätsprüfungen aufgrund fehlender Kenntnisse über die Grundgesamtheit, aus der die Stichprobe stammt, nicht möglich sind, so können doch *Hypothesenüberprüfungen* (*Hypothesentests*) generellerer Art durchgeführt werden, und zwar dann, wenn über bestimmte Sachverhalte der Grundgesamtheit hypothetische Aussagen anstelle konkreter Kenntnisse verwendet werden.

Es geht in diesem Zusammenhang also darum, dass über die Verteilung einer Variablen in der Grundgesamtheit oder über einen Parameter (Anteilswert, Mittelwert oder Streuungsmaß; aber auch andere Parameter können getestet werden, zum Beispiel Zusammenhangsmaße; → Kapitel 17) eine Behauptung formuliert wird – eine Hypothese. Dann wird geprüft, ob diese Behauptung im Lichte der empirischen Befunde, wie sie in der Zufallsstichprobe beobachtet wurden, aufrechterhalten werden kann oder ob sie zu verwerfen ist. Das Instrument, das die Entscheidung über solch eine Hypothese herbeiführt, wird *Hypothesentest* genannt – im Falle einzelner Maßzahlen geht es um den *parametrischen Hypothesentest* (→ Kapitel 15), im Falle der Prüfung einer Verteilungshypothese um einen *Anpassungstest* (→ Kapitel 17).

Nach diesen zentralen Aufgaben der univariaten Statistik bietet sich der Übergang zur bivariaten Statistik an, das heißt, Sie gehen über zur gleichzeitigen Betrachtung zweier Untersuchungsvariablen (bi = zwei). Damit wird der außerordentlich interessante und erkenntnissteigernde Weg eröffnet, Informationen darüber zu gewinnen, ob – und falls ja: in welcher Weise – die Variation einer interessierenden Variablen durch den Einfluss einer anderen statistisch erklärt werden kann. Sie können also beispielsweise der Frage nachgehen, ob die durchschnittliche Wochenarbeitszeit befragter Personen deren Einkommen beeinflusst (das wird vermutlich so sein), oder ob das Geschlecht der Befragten mit der durchschnittlichen Schlafdauer zusammenhängt (das wissen wir noch nicht und deshalb gilt es, diese Hypothese zu überprüfen).

Abbildung 23: Datenauswertung: Sechster Schritt

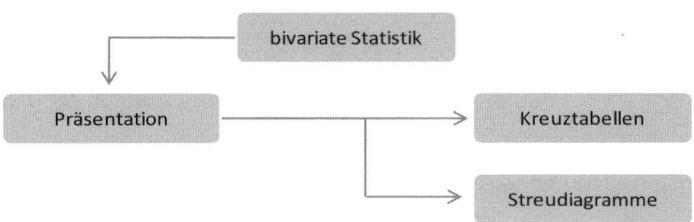

Auch in der bivariaten Statistik beginnt man üblicherweise mit der Präsentation der Befunde – nun für zwei Variablen gleichzeitig –, und auch hier kann zwischen tabellarischer Darstellung (in Form von *Kreuztabellen*) und grafischer Darstellung (in Form von *Streudiagrammen*) unterschieden werden. Details dazu finden sich in Kapitel 16.

Abbildung 24: Datenauswertung: Siebter Schritt

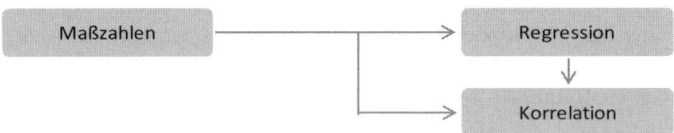

Wie in der univariaten Statistik können Sie auch in der bivariaten Statistik zusammenfassend charakterisierende Maßzahlen berechnen.

Wenn Sie die Art des statistischen Zusammenhangs zwischen zwei Variablen charakterisieren wollen, gelangen Sie zur *Regressionsrechnung* (→ Kapitel 16); interessiert Sie die Stärke des Zusammenhangs, gelangen Sie zur *Korrelationsrechnung* (→ Kapitel 17). Anzumerken ist in diesem Zusammenhang, dass die Korrelationsrechnung auf der Regressionsrechnung aufbaut – dies erklärt den Verbindungspfeil zwischen den beiden Rechenansätzen.

Abbildung 25: Datenauswertung: Achter Schritt

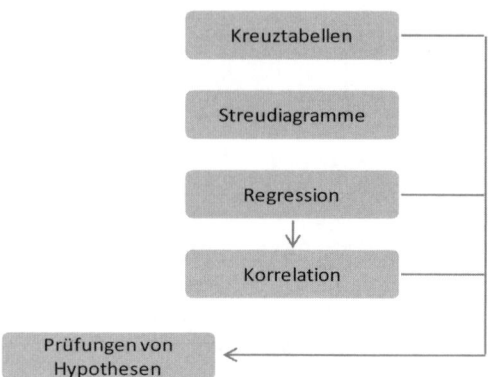

Die Maßzahlen, die Sie aus Kreuztabellen entnehmen oder in der Regressions- oder Korrelationsrechnung berechnen, können wieder benutzt werden, um Hypothesen über entsprechende Maßzahlen der Grundgesamtheit zu testen.

Abbildung 26: Datenauswertung: Neunter Schritt

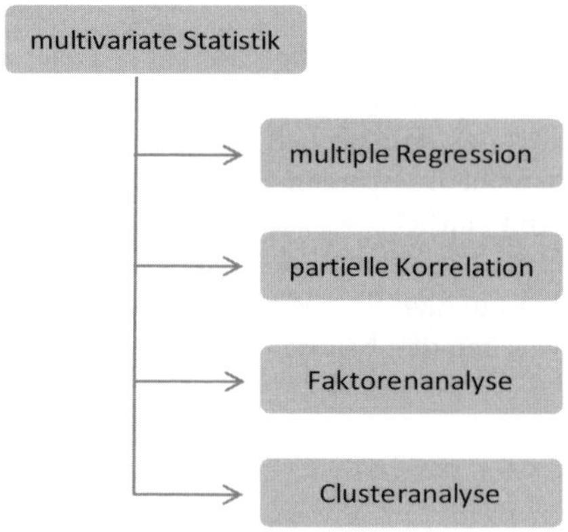

Die gerade angesprochene bivariate Statistik kann als Grundbaustein *multivariater statistischer Verfahren* verstanden werden. Bei dieser Gruppe von Verfahren werden mehr als zwei Untersuchungsvariablen zugleich betrachtet. Damit ist es möglich, unterschiedlichen Fragen nachzugehen, wie zum Beispiel den folgenden:

1. In welcher Weise wird das Einkommen der Befragten von der Arbeitszeit und dem Geschlecht zugleich beeinflusst?
2. Ist der eventuelle Zusammenhang zwischen Einkommen und Arbeitszeit vielleicht nur ein vorgetäuschter, weil es möglicherweise so ist, dass weibliche Personen tendenziell weniger Stunden pro Woche einer bezahlten Arbeit nachgehen, sodass eigentlich das Geschlecht und nicht die wöchentliche Arbeitszeit für die Höhe des Einkommens entscheidend ist?
3. Wie ist es möglich, bei einer Vielzahl gleichzeitig betrachteter Variablen zu einer übersichtlicheren, zusammenfassenden Darstellung zu gelangen? Wie kann man also beispielsweise aus den Ergebnissen der Bewertungen von 48 Aussagen zur subjektiven Zeitwahrnehmung, deren gemeinsame Betrachtung kaum zu bewältigen ist, zu einer zusammenfassenden und übersichtlichen Darstellung der Ergebnisse gelangen?
4. Welche Möglichkeiten gibt es, ausgehend von mehreren Untersuchungsvariablen zugleich, die Befragten zu klassifizieren? Lassen sich anhand der erhobenen Variablen, Klassen von Befragten bilden, die sich typisch voneinander unterscheiden?

Sofern Sie in Ihrem Forschungsvorhaben Fragen dieser Art formuliert haben, können Sie sie mit den folgenden Verfahren beantworten: Die multiple Regressionsrechnung kann zur Beantwortung bei Frage 1 eingesetzt werden (→ Kapitel 16, Abschnitt 16.5), die partielle Korrelationsrechnung bei Frage 2 (→ Kapitel 17, Abschnitt 17.5), die Faktorenanalyse bei Frage 3 (→ Kapitel 18, Abschnitt 18.2), die Clusteranalyse bei Frage 4 (→ Kapitel 18, Abschnitt 18.3).

Es gibt noch weitere Methoden der multivariaten Statistik. Die genannten Verfahren aber sind sehr weit verbreitet und überaus wichtig, weshalb wir uns in diesem Leitfaden mit einführendem Charakter auf diese beschränken wollen.

Abbildung 27: Datenauswertung: Zehnter Schritt

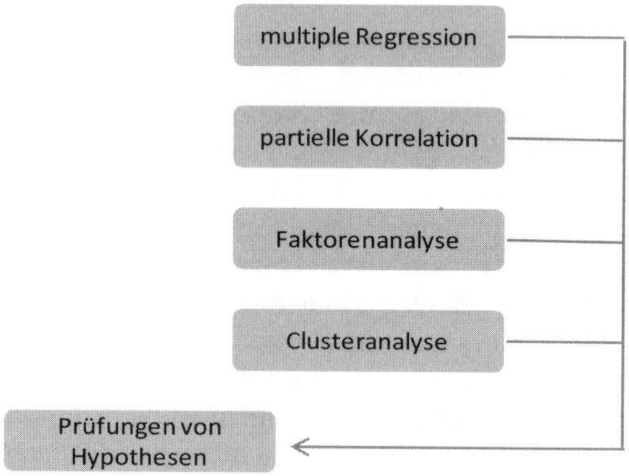

Der Vollständigkeit halber sei darauf hingewiesen, dass die Parameter, die bei den soeben genannten statistischen Verfahren berechnet werden, wiederum dazu benutzt werden können, Hypothesen über entsprechende Parameter der faktisch unbekannten Grundgesamtheit zu testen.

Auf diese Hypothesentests kommen wir dann zu sprechen, wenn die einzelnen multivariaten Verfahren vorgestellt und eingesetzt werden.

11 Die Präsentation von Daten

11.1 Aufgabenstellung

Wenn Sie die Daten, die im Rahmen Ihres empirischen Forschungsvorhabens angefallen sind, auswerten wollen, müssen Sie zwei Gesichtspunkte im Auge behalten: Zum ersten geht es darum, die quantitativen Ergebnisse, die Sie gewonnen haben, angemessen und zusammenfassend zu beschreiben; zum zweiten werden Sie die Befunde dazu nutzen, Forschungshypothesen zu überprüfen. Diese zweite Aufgabenstellung setzt voraus – darauf wurde schon weiter oben hingewiesen –, dass die Daten, mit denen gearbeitet wird, auf der Basis einer Zufallsstichprobe gewonnen wurden.

Die erste Aufgabe ist vergleichsweise einfach zu lösen, indem Sie beispielsweise die Fragen beantworten, wie viele Frauen und wie viele Männer in Ihrem Datenbestand enthalten sind, welchen Wert die durchschnittliche Schlafdauer der Befragten aufweist, wie die einzelnen Angaben streuen, oder indem Sie die Stärke des eventuellen statistischen Zusammenhangs zwischen dem Alter der Befragten und der Schlafdauer mit einer dafür geeigneten Maßzahl quantifizieren.

Sie erkennen an den genannten Beispielen, dass wir uns auch in diesem und den folgenden Kapiteln auf den Datenbestand, der im Rahmen des Forschungsvorhabens „Subjektive Zeitwahrnehmung im sozialen Kontext" entstanden ist, stützen.

Bei der zweiten Aufgabe (Hypothesenüberprüfung) sind die Überlegungen ein wenig komplizierter, sodass wir diese Thematik noch etwas verschieben (eine Einführung in diese Thematik findet sich in Kapitel 14, Abschnitt 14.1).

11.2 Tabellarische Darstellungen

Wenn Sie über einen umfangreicheren Datenbestand verfügen, dann ist es zweckmäßig, diese Daten in zusammengefasster Form zu präsentieren. Würden Sie darauf verzichten, wäre es kaum möglich, dem Leser die Informationen, welche Ihre Daten beinhalten, erkennbar zu machen. In einem ersten Auswertungs-

schritt sollten Sie deshalb Häufigkeitstabellen erzeugen und diese – in einem
zweiten Schritt – grafisch darstellen.

Sinnvoll ist es dabei, zwischen diskreten und stetigen Daten beziehungsweise Variablen zu unterscheiden. Eine *diskrete Variable* ist beispielsweise die Variable „Geschlecht", weil sie nur zwei streng voneinander getrennte Werte als Ausprägungen annehmen kann. Auch die Variable „Familienstand" ist vom diskreten Typ – ebenso die Variable „Aussage14", bei deren Bewertung – wie bei den
anderen zu bewertenden Aussagen unseres Beispielsdatenbestandes auch – nur
fünf streng voneinander getrennte Werte möglich waren, nämlich 1 = „ja, ganz
sicher", 2 = „eher ja", 3 = „eher nein", 4 = „nein, ganz sicher nicht" und 5 =
„kann ich nicht beurteilen". Eine *stetige Variable* ist hingegen beispielsweise der
Zeitpunkt der Geburt, weil diese Variable innerhalb eines vernünftigen Definiti-
onsbereiches jeden beliebigen Wert annehmen kann.

Dazu eine Anmerkung: Die Variable „Geburtsjahr" ist – so wie sie im Fragebogen erfasst wurde – streng genommen vom diskreten Typ; da sie aber sehr
viele Werte annehmen kann, wird sie üblicherweise behandelt wie eine stetige
Variable.

Wenn Sie nun eine tabellarische Darstellung einer Häufigkeitsverteilung
erstellen möchten – die Zuordnung von beobachteten Häufigkeiten zu den Ausprägungen einer Variablen nennt man *Häufigkeitsverteilung* –, dann ist auf folgende Punkte zu achten:

- Die Häufigkeitstabelle sollte übersichtlich sein.
- Sie ist mit einer aussagekräftigen Überschrift und gegebenenfalls mit einem
  erläuternden Untertitel zu versehen.
- Tabellenkopf und Tabelleninhalt sollten optisch voneinander getrennt sein.
- Die Tabellenspalten sollten klar voneinander getrennt sein.
- Gegebenenfalls ist die Tabelle mit einer Quellenangabe zu versehen, sofern
  sie aus einer anderen Veröffentlichung entnommen wurde.

Angenehmerweise sorgt das Programm SPSS, mit dem wir in diesem und in den
folgenden Kapiteln die statistischen Auswertungen unserer Daten vornehmen,
dafür, dass Häufigkeitstabellen und andere Auswertungsergebnisse in durchaus
ansprechender Form präsentiert werden.

Wie sieht also zum Beispiel die Geschlechtsverteilung der befragten Personen oder die Verteilung auf die Geburtsjahre in unserem Ausgangsdatenbestand
zusammenfassend aus?

Sie sehen, wir beschränken uns bei dieser Frage darauf, lediglich eine einzige Untersuchungsvariable zu betrachten, wobei es um die folgenden beiden Aufgabenstellungen geht:

1. Präsentation der jeweiligen Häufigkeitsverteilung
2. Charakterisierung der Häufigkeitsverteilung durch zusammenfassende Maßzahlen

Wir beschäftigen uns zunächst mit der ersten dieser beiden Aufgabenstellungen und beschränken uns auf numerische Variablen (→ Kapitel 12: Berechnung von Maßzahlen), wie zum Beispiel die Variable „Geschlecht". Über Textvariablen (String-Variablen) wird in Abschnitt 11.7 gesprochen.

Es ist zu berücksichtigen, dass bei numerischen Variablen, die eine große Zahl von Ausprägungen aufweisen – in unserem Ausgangsdatenbestand ist das beispielsweise beim Geburtsjahr der Befragten, aber auch noch bei einigen anderen Variablen der Fall –, zunächst Klassifizierungen vorgenommen werden sollten (→ Kapitel 13, Abschnitt 13.1), damit die entsprechenden Tabellen nicht beliebig lang und damit unübersichtlich werden.

Betrachten wir also als erstes Beispiel die Variable „Geschlecht"; es handelt sich um eine nominalskalierte Variable. Wie sieht ihre Verteilung in unserer Stichprobe aus? Zur Erzeugung dieser Häufigkeitsverteilung mit SPSS verfahren Sie wie folgt:

SPSS:
1. Wählen Sie ANALYSIEREN / DESKRIPTIVE STATISTIKEN / HÄUFIGKEITEN...
2. Im sich öffnenden Dialogfenster (→ Abbildung 28) übertragen Sie die Variable „Geschlecht [sex]" mit dem Pfeilschalter von links nach rechts.
3. Klicken Sie danach auf OK.

Abbildung 28: Menü ANALYSIEREN / DESKRIPTIVE STATISTIKEN / HÄUFIGKEITEN...

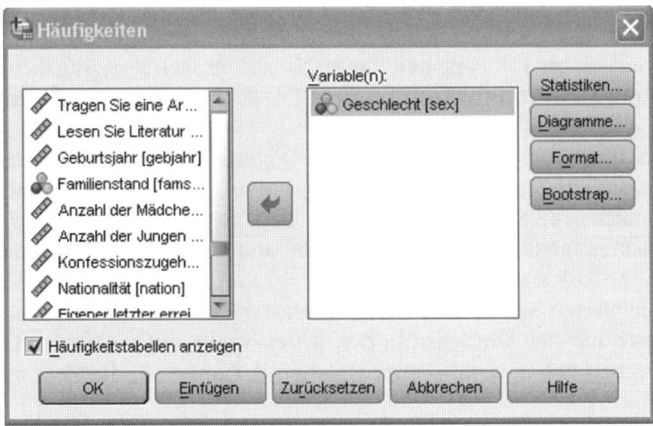

SPSS gibt die Auswertungsergebnisse in einer neuen Datei aus, welche die Typenkennung .SPV trägt. In dieser Datei wird auch die sogenannte Syntax ausgegeben, das heißt die Befehlsfolge, die hier zur ersten Häufigkeitstabelle führt.
Diese Befehlsfolge lautet hier wie folgt:

FREQUENCIES VARIABLES=sex
/ORDER=ANALYSIS.

Diese Syntax dokumentiert Ihre Vorgehensweise. Sie wird beispielsweise bei
Veröffentlichungen von den Herausgebern häufig (zur Kontrolle) angefordert.
Sie kann aber auch sinnvoll genutzt werden, wenn Sie beispielsweise Ergebnisse
für andere Variablen erzeugen wollen, was aber hier nicht im Detail besprochen
werden soll.

Die Häufigkeitsverteilung der Variablen „Geschlecht [sex]" stellt sich nun
wie folgt dar:

Tabelle 6: Geschlechtsverteilung

Geschlecht

		Häufigkeit	Prozent	Gültige Prozente	Kumulierte Prozente
Gültig	männlich	78	48,8	49,4	49,4
	weiblich	80	50,0	50,6	100,0
	Gesamt	158	98,8	100,0	
Fehlend	9	2	1,3		
Gesamt		160	100,0		

In der Tabelle 6 mit der Überschrift „Geschlecht" – das war unser zuvor in SPSS
eingegebenes Variablenlabel, das mit ausgegeben wird; die Variable selbst trug
den Namen „sex" – finden sich zunächst unter der Überschrift HÄUFIGKEIT
(zweite Spalte) die *absoluten Häufigkeiten:* 78 männliche Personen, 80 weibliche
Personen; insgesamt 158 Personen, die statistisch verwertbare Angaben machten
und dazu noch zwei Antwortverweigerer (als fehlender Wert war die Ziffer 9
vereinbart worden).

In der dritten Spalte der Ausgabetabelle werden unter der Überschrift PRO-
ZENT die *relativen Häufigkeiten* (Anteilswerte) ausgegeben. Die 78 männlichen
Befragten machen 48,8% der insgesamt 160 Personen, die ausgefüllte Fragebögen
zurückschickten, aus. Entsprechend sind die anderen Prozentwerte zu interpretieren.

In der vierten Spalte finden sich unter der Überschrift GÜLTIGE PROZENT
Prozentwerte, die sich von jenen in der dritten Spalte unterscheiden. Hier nämlich werden beispielsweise die 78 männlichen Personen auf die Gesamtzahl der-

jenigen bezogen, die verwertbare Angaben zu ihrem Geschlecht machten. Dies waren 158 Personen, sodass sich jetzt der Anteil der männlichen Personen – leicht erhöht – zu 49,4% ergibt.

In der fünften und letzten Spalte werden die gültigen Prozentwerte *kumuliert* (aufaddiert). Dies ist aber bei einer nominalskalierten Variablen unsinnig und führt daher nicht zu interpretierbaren Ergebnissen.

Was sollte es etwa bei der Variablen „Familienstand" bedeuten, wenn Ihnen SPSS mitteilt, dass 82,2% der Befragten den Familienstand „verheiratet oder weniger" aufweisen? Bei einer metrischen Variablen, beispielsweise dem Geburtsjahr, ist hingegen die Aussage, dass 27,2% der Befragten 1940 oder früher geboren wurden, durchaus von Interesse.

11.3 Übertragung in das Textverarbeitungsprogramm MS Word

Nachdem Sie Ihr erstes Auswertungsergebnis produziert haben, ist es angebracht, darüber zu sprechen, wie vorzugehen ist, um ein solches Ergebnis in einen Text, den Sie beispielsweise mit MS Word schreiben, zu übertragen; wir beschränken uns hier auf dieses Textverarbeitungsprogramm, weil es dasjenige ist, welches derzeit am häufigsten eingesetzt wird. Sie setzen SPSS ja nicht dafür ein, um Tabellen über Tabellen zu produzieren, sondern weil Sie – sicherlich unter Nutzung eines Textverarbeitungsprogramms – an einem Forschungsbericht oder eben an Ihrer Examensarbeit schreiben.

Kopieren von SPSS-Ergebnissen

Wenn Sie mit SPSS eine erste Häufigkeitstabelle erstellt haben und diese in Ihr Textdokument übertragen wollen, gelingt dies auf folgendem Weg:

SPSS:
1. Klicken Sie in der *SPSS-Ausgabe* die zuvor erzeugte gewünschte Tabelle mit der linken Maustaste an. Sie wird dann mit einem Rahmen umgeben und mit einem roten Pfeil am linken Rand versehen.
2. Wählen Sie BEARBEITEN / KOPIEREN...
3. Wechseln Sie zu Ihrem Text, und steuern Sie die Stelle an, an der die Tabelle eingefügt werden soll.
4. Wählen Sie BEARBEITEN / EINFÜGEN, so erscheint die Tabelle 6 (siehe oben) in Ihrem Text.

Anpassen von SPSS-Ergebnissen im Text

Sie können die nach MS Word übertragene Tabelle wie andere Texte bearbeiten. Sie können aber auch zum Beispiel die Größe der Tabelle verändern, was häufig sinnvoll sein dürfte. Um die Größe zu verändern, klicken Sie in MS Word die Tabelle an. Es erscheint dann an der unteren rechten Ecke ein sogenannter Markierungskreis. Führen Sie den Mauszeiger auf diesen Markierungskreis, können Sie durch Ziehen mit gedrückter linker Maustaste die Größe der Tabelle verändern.

Wenn ein SPSS-Ergebnis an eine andere Textstelle gehört, dann klicken Sie das entsprechende Objekt an, wählen die MS Word-Menüposition BEARBEITEN / AUSSCHNEIDEN, steuern den Cursor an die Stelle, an die das Objekt eigentlich gehört und wählen die Menüposition BEARBEITEN / EINFÜGEN.

11.4 Veränderungen der SPSS-Ausgabe vor der Übertragung

Löschen von Spalten

Wir haben schon darauf aufmerksam gemacht, dass beispielsweise die Angaben, die unter der Überschrift KUMULIERTE PROZENTE ausgegeben werden, im Falle einer nominalskalierten Variablen entbehrlich sind. Genauso verhält es sich mit den Angaben unter PROZENT, weil in der Regel diejenigen unter GÜLTIGE PROZENTE – sie geben die prozentualen Anteile der statistisch verwertbaren Fälle wieder – die aussagekräftigeren sind. Es empfiehlt sich deshalb, vor der Übertragung der Tabelle in Ihren Text, diese beiden Spalten zu löschen. Um dies zu erreichen, verfahren Sie wie folgt:

SPSS:
1. Klicken Sie die Tabelle in der SPSS-Ausgabe doppelt an (zwei Mal kurz hintereinander mit der linken Maustaste). Sie gelangen damit in den sogenannten *Editiermodus*, und es erscheint ein gestrichelter Rahmen, der die Tabelle umgibt.
2. Klicken Sie auf das Wort PROZENT (es wird dann schwarz unterlegt) und drücken Sie auf die ENTF-Taste (Löschtaste).
3. Klicken Sie dann auf den ersten Wert (48,8), und markieren die ganze Spalte, indem Sie die Umschalttaste drücken, während Sie mehrfach die Abwärtspfeiltaste drücken; Markieren können Sie die Spalte auch, indem Sie bei gedrückter linker Maustaste nach unten ziehen.
4. Drücken Sie dann wieder auf die ENTF-Taste.

5. Verfahren Sie danach genauso mit der letzten Spalte, sofern Sie auch diese löschen möchten.

6. Verlassen Sie den Editiermodus anschließend, indem Sie in den freien Bereich neben der Ausgabetabelle klicken. Diese bleibt markiert (einfacher Rahmen und roter Pfeil links) und kann über BEARBEITEN / KOPIEREN und BEARBEITEN / EINFÜGEN in Ihren Text übertragen werden, wie es schon besprochen wurde.

Die eingefügte Tabelle sieht jetzt so aus, wie es Tabelle 7 zeigt.

Tabelle 7: Häufigkeitsverteilung der Variablen „Geschlecht" (Version 2)

Geschlecht

		Häufigkeit	Gültige Prozente
Gültig	männlich	78	49,4
	weiblich	80	50,6
	Gesamt	158	100,0
Fehlend	9	2	
Gesamt		160	

Formatieren von SPSS-Ergebnissen

Bevor Sie eine Ergebnistabelle oder eine SPSS-Grafik nach MS Word übertragen, kann es sinnvoll sein, diese anders zu formatieren, als es der Voreinstellung von SPSS entspricht.

Nehmen Sie zum Beispiel an, die Überschrift „Geschlecht" der obigen Tabelle 7 sollte in einer größeren Schrift ausgegeben werden. Um Änderungen der Formatierung dieser oder ähnlicher Art vornehmen zu können, ist wie folgt zu verfahren:

SPSS:
1. Doppelklicken auf die SPSS-Tabelle – es findet ein Wechsel in den *Editiermodus* statt.
2. Klicken Sie direkt auf das Wort „Geschlecht"; es wird daraufhin schwarz unterlegt (falls dies noch erforderlich ist).
3. In der eingeblendeten Formatierungs-Symbolleiste können Sie mit dem linken Dreieckschalter eine andere Schriftart, mit dem daneben eine andere Schriftgröße wählen.
4. Klicken Sie dann auf OK, werden Ihre gewünschten Änderungen in die Tabelle übernommen.

Auch Textänderungen können im Editiermodus vorgenommen werden. Stellen Sie sich vor, die Überschrift der obigen Tabelle 7 sollte statt „Geschlecht" informativer „Geschlechtsverteilung" lauten.

SPSS:
1. Klicken Sie im Editiermodus den zu verändernden Text an.
2. Nehmen Sie die gewünschten Änderungen vor.
3. Verlassen Sie den Editiermodus, indem Sie „ins Freie" klicken.

Wenn sich Schreibfehler in den Labels zeigen (Variablenlabel oder Wertelabel; → Kapitel 9, Abschnitt 9.4), so ist es auf jeden Fall vorteilhafter, diese in der VARI-ABLENANSICHT Ihres Datenbestandes zu ändern und die entsprechende Tabelle danach erneut zu erstellen. Wenn Sie nämlich nicht so verfahren, müssten Sie bei jeder der vielleicht noch folgenden Tabellen, in denen dieselbe Variable verwendet wird, so korrigieren, wie wir es oben beschrieben haben – und das wäre ja recht umständlich, fehlerträchtig und zeitraubend.

Wenn Sie bei den numerischen Angaben innerhalb der Tabellen die Zahl der ausgegebenen Dezimalstellen ändern wollen, ist wie folgt zu verfahren:

SPSS:
1. Klicken Sie im Editiermodus (siehe oben) die zu verändernde Tabellenzelle an.
2. Wählen Sie FORMAT / ZELLENEIGENSCHAFTEN...

Sie gelangen in ein Dialogfenster (→ Abbildung 29), in dem drei Register zur Verfügung stehen (SCHRIFTART UND HINTERGRUND, FORMATWERT, AUSRICHTUNG UND RÄNDER), welche vielfältige Veränderungsmöglichkeiten bieten – unter anderem auch die Möglichkeit zur Veränderung der Anzahl der auszugebenden Dezimalstellen im Register FORMATWERT.

Manchmal ist es angebracht, die Spaltenbreite von Ausgabetabellen zu verändern: Schauen Sie sich beispielsweise die folgende Tabelle an, die bei der Berechnung des Mittelwerts der Variablen „Durchschnittliche Schlafdauer" (Variablenname „schlaf") entstanden ist (wie man solche Mittelwertberechnungen durchführt, wird in Kapitel 12 besprochen):

Abbildung 29: Menü FORMAT / ZELLENEIGENSCHAFTEN…, Register
FORMATWERT

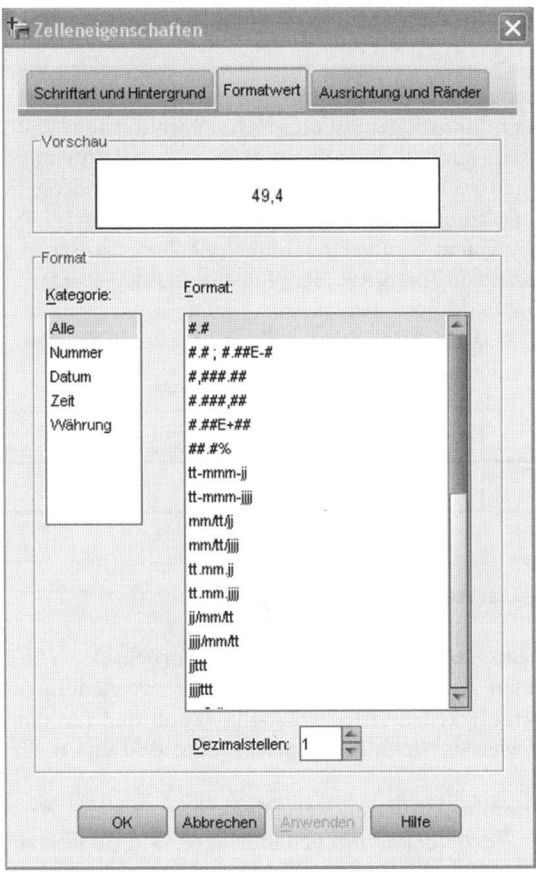

Tabelle 8: Mittelwertberechnung (Variable „Durchschnittliche Schlafdauer")

Statistik bei einer Stichprobe

	N	Mittelwert	Standardab weichung	Standardfe hler des Mittelwertes
Durchschnittliche Schlafdauer	157	7,0127	1,11509	,08899

Die Überschriften der vorletzten und der letzten Spalte wurden von SPSS unschön zerrissen, sodass es ratsam ist, vor der Übertragung dieser Tabelle 8 nach MS Word die letzten beiden Spalten zu verbreitern.

SPSS:
1. Doppelklicken auf die Tabelle.
2. Führen Sie den Mauszeiger auf den rechten senkrechten Rand der Tabelle; er ändert dort seine Gestalt und wird zu einem waagerechten Doppelpfeil.
3. Ziehen Sie den rechten Rand der Tabelle mit gedrückter linker Maustaste nach rechts. Dadurch wird die letzte Spalte breiter.
4. Verfahren Sie genauso mit der senkrechten Linie zwischen der letzten und der vorletzten Spalte, bis Sie zu dem folgenden Bild gelangen:

Tabelle 9: Ausgabetabelle mit breiteren Spalten

Statistik bei einer Stichprobe

	N	Mittelwert	Standardabweichung	Standardfehler des Mittelwertes
Durchschnittliche Schlafdauer	157	7,0127	1,11509	,08899

11.5 Grafische Darstellungen

Kehren wir zu unserem Beispieldatenbestand zurück, den wir in einem ersten Auswertungsschritt dazu nutzten, die Geschlechtsverteilung auszugeben. Die entsprechende Häufigkeitstabelle (→ Tabelle 7) soll nun um eine grafische Darstellung ergänzt werden, denn Sie wissen ja: „Ein Bild sagt mehr als 1.000 Worte".

Bei einer nominalskalierten Variablen eignet sich das *Kreisdiagramm*, das manchmal auch *Tortendiagramm* genannt wird. Mit SPSS erzeugen Sie es wie folgt:

SPSS:
1. Wählen Sie DIAGRAMME / GRAFIKTAFEL-VORLAGENAUSWAHL... (→ Abbildung 30).
2. Im Register BASIS des sich öffnenden Fensters klicken Sie auf die Variable „Geschlecht [sex]" und dann auf die Variante KREISDIAGRAMM DER HÄUFIGKEITEN und auf OK.

Abbildung 30: Menü DIAGRAMME / GRAFIKTAFEL-VORLAGENAUSWAHL…
(Ausschnitt)

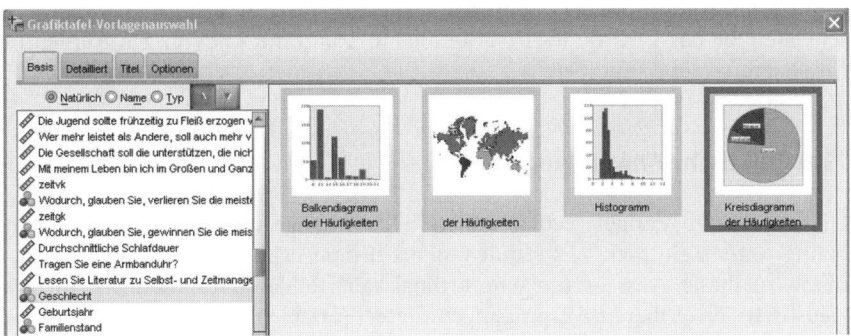

Für die Nutzung dieser Möglichkeit der Diagrammerstellung ist es erforderlich, dass in der VARIABLENANSICHT der Ausgangsdatei die Skalenqualität der interessierenden Variablen korrekt benannt ist. Bei der Variablen „Geschlecht [sex]" ist dies „nominal".

Es ergibt sich nach diesen Arbeitsschritten das Diagramm der Abbildung 31:

Abbildung 31: Kreisdiagramm

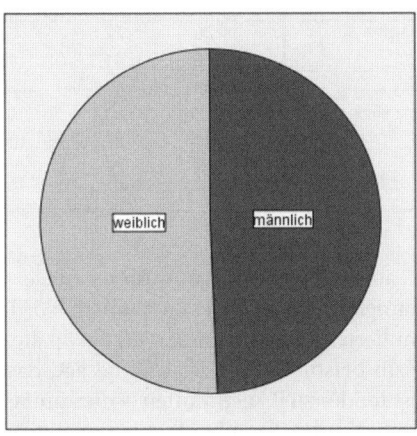

Mit einem Doppelklick auf das Diagramm gelangen Sie in den Editiermodus, in dem Sie das Diagramm in vielfältiger Weise verändern können. Es lohnt sich, dies einmal auszuprobieren. Sieht das Diagramm so aus, wie Sie es wünschen, schließen Sie das Fenster des Diagrammeditors und die Änderungen werden in Ihr Diagramm übernommen.

11.6 Praktische Anwendungen

Die Aussage 1 (Variable „a01") lautete: „Ich erledige (erledigte) meine Arbeit häufig unter Zeitdruck." Es handelt sich bei dem erfragten Grad der Zustimmung zu dieser Aussage um eine ordinalskalierte Variable; mit Blick auf die statistisch verwertbaren Ausprägungen dieser Variablen – von 1 = „ja, ganz sicher" bis 4 = „nein, ganz sicher nicht" (also ohne 5 = „kann ich nicht beurteilen") lässt sich eine Rangfolge bestimmen. Aus diesem Grund können für diese Variable auch charakterisierende Maßzahlen berechnet werden. Dazu gelangen wir in Kapitel 12.

Die zunächst angebrachte Erstellung der *Häufigkeitsverteilung* (Häufigkeitstabelle) verläuft nach dem gleichen Muster wie beim ersten Beispiel.

Tabelle 10: Häufigkeitstabelle für Aussage 1

Ich erledige (erledigte) meine Arbeit häufig unter Zeitdruck

		Häufigkeit	Prozent	Gültige Prozente	Kumulierte Prozente
Gültig	ja, ganz sicher	36	22,5	26,5	26,5
	eher ja	66	41,3	48,5	75,0
	eher nein	28	17,5	20,6	95,6
	nein, ganz sicher nicht	6	3,8	4,4	100,0
	Gesamt	136	85,0	100,0	
Fehlend	9	24	15,0		
Gesamt		160	100,0		

Die Werte in dieser Tabelle 10 brauchen an dieser Stelle nicht interpretiert zu werden. Allerdings können hier nun, da es sich um eine ordinalskalierte Variable handelt, auch die kumulierten Prozente in der letzten Spalte sinnvoll interpretiert werden: Die zweite Zahl beispielsweise (75,0%) besagt, dass 75% der Befragten der Aussage zumindest tendenziell zustimmten – dies umfasst diejenigen Befragten, die 1 = „ja, ganz sicher" oder 2 = „eher ja" angekreuzt haben.

Auffallend ist, dass 24 der Befragten diese Aussage nicht beurteilen konnten (oder aber die Bewertung dieser Aussage vergessen haben). Übrigens war auch die Ziffer 5 – sie stand, wie oben beschrieben, für „kann ich nicht beurteilen" – im Nachhinein (vor der Erstellung der obigen Tabelle) als fehlender Wert deklariert worden (→ VARIABLENANSICHT), sodass sie hier nicht explizit auftaucht.

Zur grafischen Darstellung der Häufigkeitsverteilung dieser ordinalskalierten Variablen eignet sich das *Balkendiagramm*.

SPSS:
1. Wählen Sie DIAGRAMME / GRAFIKTAFEL-VORLAGENAUSWAHL…
2. Im Register BASIS des sich öffnenden Fensters klicken Sie auf die Variable „a01", dann auf die Variante BALKENDIAGRAMM DER HÄUFIGKEITEN und auf OK.

Abbildung 32: Grafische Häufigkeitsverteilung Aussage 1

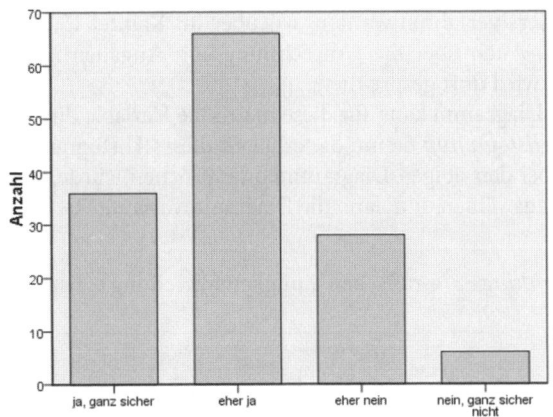

Ich erledige (erledigte) meine Arbeit häufig unter Zeitdruck

Verfahren Sie in der bei den vorangegangenen Beispielen beschriebenen Weise auch mit der Variablen „Geburtsjahr [gebjahr]", und lassen Sie sich eine Häufigkeitstabelle ausgeben, so gelangen Sie zunächst zu einer Tabelle, die ziemlich lang ist. Der Anfang dieser Tabelle sieht so aus wie in Tabelle 11.

Tabelle 11: Verteilung der Geburtsjahre (Ausschnitt)

Geburtsjahr

		Häufigkeit	Prozent	Gültige Prozente	Kumulierte Prozente
Gültig	1908	1	,6	,6	,6
	1921	2	1,2	1,3	1,9
	1922	1	,6	,6	2,5
	1924	1	,6	,6	3,2
	1925	1	,6	,6	3,8
	1926	2	1,2	1,3	5,1
	1927	3	1,9	1,9	7,0

Diese Tabelle 11 beginnt mit dem Geburtsjahr „1908" (der älteste Befragte) und endet mit dem Geburtsjahr „1986" (der jüngste Befragte). Damit ist sie zu lang und unübersichtlich, um hier (oder an anderer Stelle) präsentiert zu werden. Hier muss anders verfahren werden, worüber im Kapitel 13, Abschnitt 13.1 gesprochen wird. Auch über die Umrechnung von Angaben zum Geburtsjahr in Altersangaben wird dort gesprochen.

Aber ein Diagramm kann für diese metrische Variable direkt erzeugt werden, welches man *Histogramm* nennt. Sie erhalten dieses Histogramm in der gleichen Weise, wie es bei den obigen Diagrammen besprochen wurde, wenn Sie die Variable „gebjahr" auswählen und dann die Diagrammvariante HISTOGRAMM.

Abbildung 33: Grafische Häufigkeitsverteilung (Histogramm)

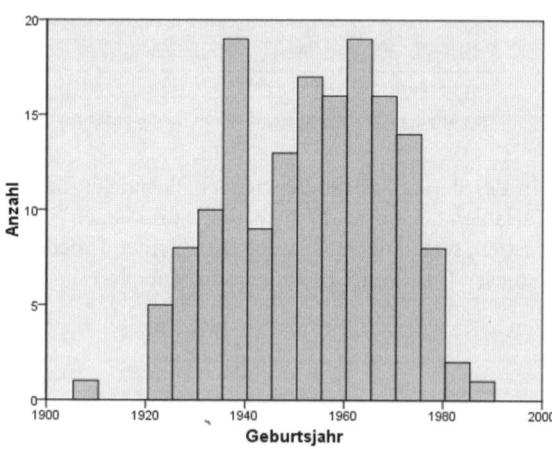

11.7 Textvariablen

Eine *Textvariable* (*String-Variable*) liegt dann vor, wenn keine Antwortvorgaben anzukreuzen waren, sondern wenn die Befragten offene Antworten – zum Beispiel in Form von Stichworten, also kurzen Texten – in den Fragebogen einzutragen hatten. Soll nun die Häufigkeitsverteilung für eine Textvariable ausgegeben werden, sind zwei Fälle zu unterscheiden:

1. die Textvariable hat nur wenige Ausprägungen
2. die Textvariable hat viele Ausprägungen

Eine Textvariable mit nur wenigen Ausprägungen gibt es in unserem Beispielsdatenbestand nicht. Sollte Ihnen aber eine Untersuchung vorliegen, in der Sie etwa auch danach gefragt haben, welche Automarke bevorzugt wird – mit einer offenen Frage, sodass der Befragte seine bevorzugte Marke hinschreiben musste; die Variable sei „Marke" genannt –, und Sie haben bei der Dateneingabe den Eindruck gewonnen, es seien immer wieder dieselben und insgesamt recht wenige Marken genannt worden, so könnten Sie wieder mit der Menüposition ANA-LYSIEREN / DESKRIPTIVE STATISTIKEN / HÄUFIGKEITEN... die gewünschte Häufigkeitsverteilung erhalten.

Bei einer Textvariablen mit vielen Ausprägungen hingegen – zum Beispiel die Variable „Wohnort [wort]" in unserer Untersuchung oder auch die Variable „Wodurch, glauben Sie, verlieren Sie die meiste Zeit? [zeitv]" – sollten Sie die Antworten Ihrer Befragten zunächst klassifizieren, um zu vermeiden, dass Sie eine allzu lange Auflistung gegebener Antworten erhalten. Dies bedeutet, dass Sie vor dem Einsatz von SPSS – per Hand – die Antworten zu möglichst homogenen Gruppen zusammenfassen, um diesen Gruppen dann Codezahlen zuzuordnen. Diese Codezahlen können Sie dann in SPSS eingeben und weiter behandeln wie eine nominalskalierte Variable.

12 Charakterisierende Maßzahlen

12.1 Mittelwerte und Streuungsmaße

Es wurde schon darauf aufmerksam gemacht, dass es in der univariaten Statistik auch darum geht, eine gegebene Häufigkeitsverteilung durch geeignete Maßzahlen zusammenfassend zu beschreiben. Dadurch wird es möglich, wesentliche Charakteristika einer vorliegenden Häufigkeitsverteilung durch jeweils eine einzige Maßzahl zum Ausdruck zu bringen – und genau darum geht es sehr häufig in der *beschreibenden (deskriptiven) Statistik,* nämlich auf denkbar knappste Weise zentrale Informationen zum Vorschein zu bringen. Deshalb sollten Sie sich in einem weiteren Auswertungsschritt nun dieser Aufgabe widmen.

Solche charakterisierenden Maßzahlen sind in der univariaten Statistik Anteilswerte, Mittelwerte und Streuungsmaße. In Abhängigkeit von der Skalenqualität der betrachteten Variablen bieten sich die folgenden Maßzahlen an:

Tabelle 12: Univariate Maßzahlen

Skalenqualität	Mittelwerte	Streuungsmaße
nominal	Modus (häufigster Wert): der Wert, der häufiger genannt wurde als jeder andere	keine Streuungsmaße verfügbar; Anteilswerte als Ersatz
ordinal	Median (Zentralwert): der Wert, der die der Größe nach geordnete Reihe der Merkmalswerte halbiert	Semiquartilsabstand (allerdings relativ unüblich; deshalb im Folgenden nicht genutzt und nicht näher erklärt)
metrisch	arithmetisches Mittel: Summe aller Merkmalswerte dividiert durch die Anzahl der Werte (Anzahl der Werte = n = Stichprobenumfang)	Standardabweichung: Wurzel aus der mittleren quadratischen Abweichung aller Merkmalswerte vom arithmetischen Mittel (=Varianz)

Modus und Median nennt man lagetypische Mittelwerte, weil sie von der Gestalt einer gegebenen Häufigkeitsverteilung bestimmt werden. Das arithmetische Mittel hingegen ist ein rechnerischer Mittelwert, weil es durch eine Berechnungsformel bestimmt wird (Formeln finden Sie in der Formelsammlung unter www.springer.com). Entsprechend ist der Semiquartilsabstand ein lagetypisches, die Standardabweichung ein rechnerisches Streuungsmaß.

12.2 Beispiele

Beispiel 1: Bewertung der Aussage 1

Betrachten Sie noch einmal das Beispiel der Aussage 1 (Variable „a01"): „Ich erledige (erledigte) meine Arbeit häufig unter Zeitdruck." Da es sich hier um eine ordinalskalierte Variable handelt, kann zur Charakterisierung der Mitte der Verteilung der *Median* berechnet werden (siehe oben). Unterstellt man hilfsweise, dass die Abstände zwischen den Ausprägungen 1, 2, 3 und 4 gleich groß sind – das könnte aber auch mit guten Gründen bestritten werden –, können auch das arithmetische Mittel und als Streuungsmaß die Standardabweichung berechnet werden. Dies erfordert die folgenden Schritte:

SPSS:
1. Wählen Sie ANALYSIEREN / DESKRIPTIVE STATISTIKEN / HÄUFIGKEITEN…
2. Übertragen Sie die Variable „Ich erledige… [a01]" nach rechts.
3. Klicken Sie auf die Schaltfläche STATISTIKEN…
4. Es öffnet sich ein Dialogfenster (→ Abbildung 34), in dem Sie die Kontrollkästchen bei MITTELWERT und MEDIAN (im Bereich LAGEMAßE) und bei STANDARDABWEICHUNG im Bereich STREUUNG anklicken.
5. Klicken Sie auf WEITER, und deaktivieren Sie durch Anklicken das Häkchen bei HÄUFIGKEITSTABELLEN ANZEIGEN (denn die haben wir ja schon weiter oben in Kapitel 11 erzeugt).
6. Klicken Sie auf OK.

Tabelle 13: Univariate Maßzahlen Aussage 1

Statistiken

Ich erledige (erledigte) meine
Arbeit häufig unter Zeitdruck

N	Gültig	136
	Fehlend	26
Mittelwert		2,03
Median		2,00
Standardabweichung		,807

Abbildung 34: Menü ANALYSIEREN / DESKRIPTIVE STATISTIKEN /
HÄUFIGKEITEN... / Schaltfläche STATISTIKEN...

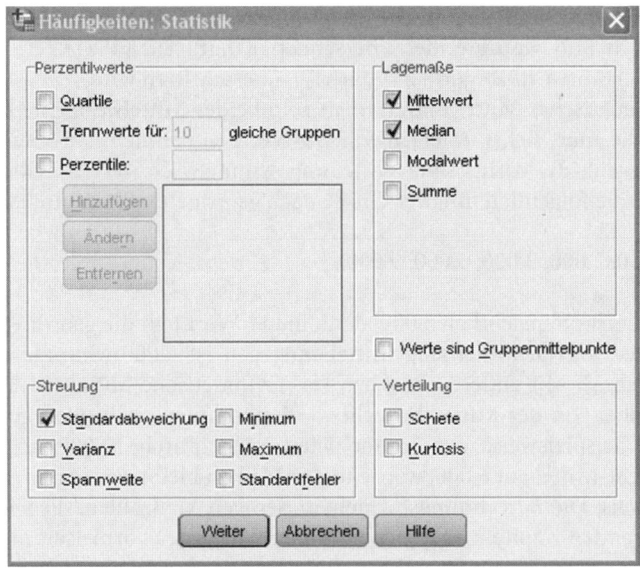

Im Zusammenhang mit diesen Ergebnissen ist der Hinweis wichtig, dass diese Aussage (und auch die Aussagen 2 bis 13) nur von jenen zu beantworten waren, die zum Zeitpunkt der Befragung oder davor einmal erwerbstätig waren (deshalb auch die Vergangenheitsform in der Klammer in der Aussage). Daraus erklärt sich die relativ hohe Zahl derjenigen, die diese Aussage nicht bewertet haben.
Sie erkennen: Das *arithmetische Mittel* liegt bei 2,03; der Median bei 2,00. Wie sind diese Ergebnisse zu interpretieren?

Die Befragten haben im Durchschnitt – mit dem Begriff MITTELWERT bezeichnet SPSS das arithmetisches Mittel – bei der Bewertung der Aussage 1 den Wert 2,03 angekreuzt. Diesen Wert gibt es eigentlich gar nicht, denn es konnte ja nur 1, 2, 3 oder 4 angekreuzt werden (der Wert 5 = „kann ich nicht beurteilen" war bei der Berechnung der obigen Ergebnisse ausgeschlossen), aber es handelt sich ja auch um einen durchschnittlichen Wert – und der kann sehr wohl einer sein, der zwischen zwei realen Werten liegt. Die Befragten haben also bei der Zustimmung zur Aussage 1 im Durchschnitt für „eher ja" plädiert, wenn auch mit einer ganz leichten Tendenz zur negativeren, also diese Aussage ablehnenden Einschätzung.

Der Median (Median = 2,00) ist derjenige Wert, der die geordnete Reihe der Merkmalswerte (1 bis 4) halbiert; er gibt an, dass die Hälfte der Befragten 1 = „ja, ganz sicher" oder zum Teil 2 = „eher ja", die andere Hälfte zum Teil 2 = „eher ja" oder 3 = „eher nein" oder 4 = „nein, ganz sicher nicht" angekreuzt haben. Dies erkennt man auch in der entsprechenden Häufigkeitstabelle in Kapitel 11, Abschnitt 11.6, wo unter der Überschrift „KUMULIERTE PROZENTE" der 50%-Wert bei der Antwortkategorie 2 = „eher ja" überschritten wird.

Arithmetisches Mittel und Median sind beides Mittelwerte. Sie können allerdings, wie man sieht, unterschiedliche Werte annehmen; sie sind nur dann identisch, wenn die vorliegende Verteilung symmetrisch ist. Betrachten Sie beispielsweise die folgenden fünf der Größe nach geordneten Einkommensangaben:

1.000, 2.000, 3.000, 5.000, 9.000

Der Median ist offensichtlich 3.000, denn dieser Wert teilt die geordnete Reihe in zwei Hälften; das arithmetische Mittel hingegen ist 4.000 (Summe der Werte geteilt durch 5). Mit anderen Worten: Das arithmetische Mittel wird durch besonders hohe, von der Mitte abweichende Einkommen nach oben gezogen. Ersetzen Sie beispielsweise den letzten Wert 9.000 durch 19.000, so steigt das arithmetische Mittel auf 6.000, während der Median bleibt, wo er ist.

Hinweis: Die Berechnungsformeln derjenigen Maßzahlen, die wir hier und in den folgenden Kapiteln ansprechen, finden Sie in der Formelsammlung unter www.springer.com.

Die *Standardabweichung* wird mit 0,807 ausgegeben, das heißt, die Befragten weichen im Schnitt um 0,807 Einheiten – erinnern Sie sich daran, dass die Variable, um die es hier geht, die Werte 1, 2, 3 und 4 annehmen konnte – vom arithmetischen Mittel ab. Generell kann man sagen, dass etwa zwei Drittel aller Beobachtungen im Bereich zwischen Mittelwert minus Standardabweichung und Mittelwert plus Standardabweichung zu finden sind.

Übrigens ist auch das Quadrat der Standardabweichung als Streuungsmaß definiert und wird *Varianz* genannt. Auch die Varianz wird manchmal genutzt (→ Kapitel 15, Abschnitt 15.3).

Zu diesen Berechnungen ein Hinweis: Man kann mit SPSS auch mehrere Variablen gleichzeitig nach diesem Muster auswerten – so auch alle 48 Aussagevariablen des Beispieldatenbestands. Dazu hätten wir sie alle gemeinsam nach dem Aufruf von ANALYSIEREN / DESKRIPTIVE STATISTIKEN / HÄUFIGKEITEN…in den Bereich VARIABLEN(N): übertragen müssen. Auf diese Weise lässt sich die Arbeit mit SPSS sehr deutlich und angenehm beschleunigen.

Beispiel 2: Geburtsjahr

Lassen wir uns, wie es im vorangegangenen Beispiel beschrieben wurde, die charakterisierenden Maßzahlen für die Variable „Geburtsjahr" ausgeben, gelangen wir zu dem folgenden Bild:

Tabelle 14: Univariate Maßzahlen „Geburtsjahr"

Statistiken

Geburtsjahr

N	Gültig	158
	Fehlend	4
Mittelwert		1953,18
Median		1954,50
Standardabweichung		15,876

Das durchschnittliche Geburtsjahr ist das Jahr 1953,18 (denken Sie daran, dass die Dezimalstellen „18" nicht etwa „18 Monate" oder „18 Wochen" bedeuten, sondern 0,18 Jahre, und dies entspricht circa 66 Tagen); der Median liegt mit 1954,5 etwas höher als das arithmetische Mittel (gemessen mit dem Median sind die Befragten also im Schnitt etwas jünger, das heißt, auch diese Häufigkeitsverteilung ist nicht symmetrisch, sondern leicht schief); die Streuung, gemessen mit der Standardabweichung, liegt bei 15,876 (Jahren), das heißt, die Befragten weichen im Schnitt um knapp 16 Jahre vom arithmetischen Mittel (1953,18) ab.

13 Die Erzeugung neuer Daten

Nicht selten ist es erforderlich, ausgehend von den Daten, die man erhoben hat, neue Daten zu erzeugen. Mit dem Stichwort *neue Daten* sind nicht zusätzliche Befragungsergebnisse gemeint, die – sollten sie anfallen – einfach Ihrer SPSS-Ausgangstabelle angehängt werden könnten, indem Sie zusätzliche Spalten im Datenblatt füllen, sondern es geht um die Frage, wie aus den schon vorhandenen Daten – sofern notwendig oder sofern sinnvoll –, andere, und zwar nicht direkt erhobene Daten erzeugt werden können.

Zweckmäßigerweise unterscheidet man dabei zwei Fälle, nämlich das Umcodieren vorhandener Daten und das Berechnen neuer aus vorhandenen Daten. Zusätzlich werden wir, weil das gut in diesen Zusammenhang passt, in diesem Kapitel die Frage ansprechen, wie man vorgeht, wenn Datenauswertungen auf einzelne Befragtengruppen beschränkt werden sollen.

13.1 Umcodierungen

Bei der schon angesprochenen Variablen „Geburtsjahr [gebjahr]" zeigte sich, dass die Häufigkeitstabelle sehr lang und damit unübersichtlich wird, weil diese Variable im konkreten Beispiel zahlreiche Ausprägungen zwischen 1908 und 1986 annimmt. Es fällt leicht, sich andere Beispiele vorzustellen, bei denen dies auch der Fall wäre, so etwa die Variable „Körpergröße" (diese ist allerdings in unserem Beispielsdatenbestand nicht enthalten), die innerhalb eines vernünftigen Definitionsbereichs jeden beliebigen Wert annehmen kann – genau das ist ja das Charakteristikum einer *stetigen Variablen* –, sodass eine Häufigkeitsverteilung schlichtweg zu umfangreich und unübersichtlich wird – zumindest dann, wenn von einer Variablen sehr viele Beobachtungen vorliegen.

Dazu ein Beispiel: Die Variable „Geburtsjahr [gebjahr]" muss umcodiert werden, um zu einer übersichtlicheren Häufigkeitsverteilung für diese Variable zu gelangen.

In einem solchen Fall muss klassifiziert werden. Beim Geburtsjahr würde sich zum Beispiel anbieten, wie folgt zu klassifizieren:

Jahrgangsklassen
bis 1930
1931 bis 1940
1941 bis 1950
usw.

In diesem Beispiel wurden Altersklassen der Breite zehn Jahre gebildet. Natürlich könnte man beispielsweise auch Klassen der Breite fünf Jahre bilden oder in noch anderer Weise – zum Beispiel mit unterschiedlichen Klassenbreiten – klassifizieren.

Denken Sie etwa an Angaben zum monatlichen Haushaltseinkommen: Zwischen den Werten € 0 und vielleicht € 1.000.000 könnten beliebige Werte auftreten. Wenn man nun mit der Klassenbreite € 100.000 arbeiten würde, um im Interesse der Übersichtlichkeit mit zehn gleich breiten Klassen auszukommen, wären in der ersten Klasse fast alle Befragten zu finden, in den neun folgenden Klassen hingegen wäre kaum jemand. In einem solchen Fall empfiehlt es sich, im unteren Einkommensbereich mit engeren Klassen, im oberen mit breiteren Klassen oder sogar mit einer sogenannten *offenen Flügelklasse* (zum Beispiel „€ 20.000 und darüber") zu arbeiten.

Den einzelnen Klassen können Sie dann Codezahlen zuordnen, und über diese kann eine Häufigkeitsverteilung erstellt werden. Wir sprechen in diesem Zusammenhang von Umcodierungen und lassen das von SPSS erledigen. Dafür gibt es zwei Möglichkeiten, nämlich das Umcodieren in eine andere Variable oder das Umcodieren in dieselbe Variable.

Bei der zweiten Möglichkeit gehen beim Umcodieren die Ursprungsdaten verloren. Dies ist in aller Regel unerwünscht, sodass wir die erste Variante empfehlen. Sollten Sie später für eine Variable statistische Maßzahlen berechnen wollen, empfiehlt es sich in aller Regel, auf die ursprünglichen Daten zurückzugreifen und nicht die umcodierten Werte zu verwenden, denn diese sind ja – zumindest in diesem Beispiel – in Form klassifizierter Werte durch Verzicht auf Detailinformationen entstanden. Diesen Verzicht – wir erkennen, wenn wir auf die neu codierten Daten schauen, nicht mehr die Verteilung der einzelnen Geburtsjahre innerhalb der von uns gewählten Klassen – sollten wir bei der Berechnung charakteristischer Maßzahlen nicht in Kauf zu nehmen.

SPSS:
1. Wählen Sie TRANSFORMIEREN / UMKODIEREN IN ANDERE VARIABLEN...
2. Es öffnet sich ein Dialogfenster (→ Abbildung 35), in dem Sie zunächst die Variable auswählen, die umcodiert werden soll.
3. Der neu zu bildenden Variablen muss im Feld AUSGABEVARIABLE ein neuer Name zugewiesen werden (zum Beispiel „gebjahrc") – gefolgt vom Anklicken der Schaltfläche ÄNDERN.
4. Mit der Schaltfläche ALTE UND NEUE WERTE gelangen Sie in ein weiteres Fenster (→ Abbildung 36), in dem Sie Werten oder Wertebereichen der umzucodierenden Variablen neue Werte zuordnen können (jeweils einzeln oder – wie es in diesem Beispiel angemessen ist – in Wertebereichen) und jeweils gefolgt vom Anklicken der Schaltfläche HINZUFÜGEN).
5. Nach den Umcodierungen klicken Sie auf WEITER und OK.

Abbildung 35: Menü TRANSFORMIEREN / UMKODIEREN IN ANDERE VARIABLEN...

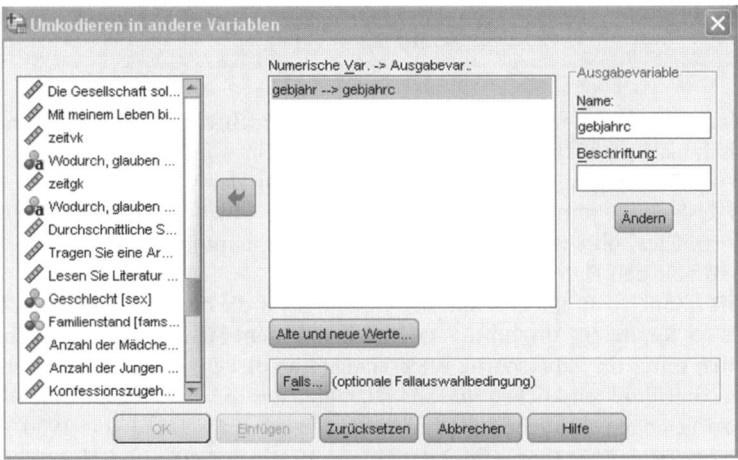

Abbildung 36: Menü TRANSFORMIEREN / UMKODIEREN IN ANDERE
VARIABLEN…, Schaltfläche ALTE UND NEUE WERTE…

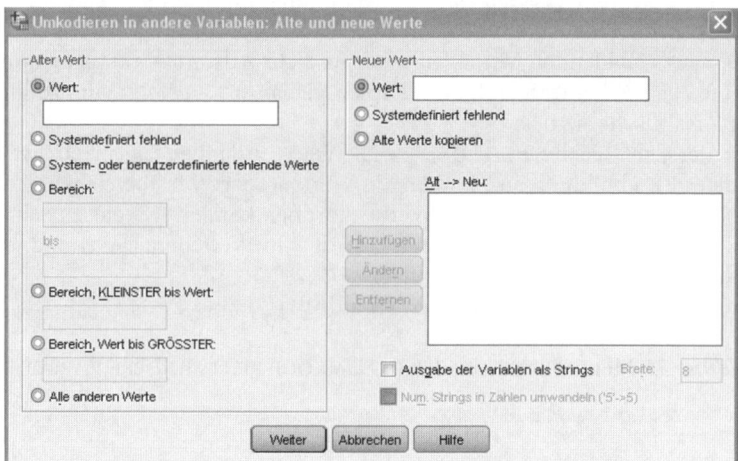

Die Werte der neuen Variablen (zum Beispiel „gebjahrc") werden von SPSS automatisch als zusätzliche Spalte am rechten Rand Ihres Datenblatts angefügt; die neue Variable erscheint zudem am unteren Rand in der VARIABLENANSICHT. Sie sollten deshalb die nun veränderte Datei nach dem Umcodieren zunächst einmal speichern. Dies sollte zwecks Datensicherung überhaupt jedes Mal dann geschehen, wenn Sie den Datenbestand verändert haben.

Sie können nun in der VARIABLENANSICHT für die neue Variable auch Wertelabels (→ Kapitel 9, Abschnitt 9.4) vergeben, indem Sie in der Zeile der neuen Variablen unter der Überschrift WERTELABELS anklicken, dann auf den Schalter mit den drei Punkten klicken, um ins Dialogfenster für die Vergabe von Wertelabels zu gelangen. Vergeben Sie für die Codezahl 1 das Label „bis 1930" (und HINZUFÜGEN), für die Codezahl 2 das Label „1931 bis 1940" (und HINZUFÜGEN) usw.

Nachdem dies erledigt ist, können Sie sich, wie es in Kapitel 11 beschrieben wurde, für die neue Variable eine Häufigkeitsverteilung tabellarisch und auch grafisch ausgeben lassen.

Tabelle 15: Häufigkeitstabelle der umcodierten Geburtsjahre

Geburtsjahr (klassifiziert)

		Häufigkeit	Prozent	Gültige Prozente	Kumulierte Prozente
Gültig	bis 1930	16	9,9	10,0	10,0
	1931 bis 1940	29	17,9	18,1	28,1
	1941 bis 1950	22	13,6	13,8	41,9
	1951 bis 1960	33	20,4	20,6	62,5
	1961 bis 1970	35	21,6	21,9	84,4
	1971 und später	25	15,4	15,6	100,0
	Gesamt	160	98,8	100,0	
Fehlend	System	2	1,2		
Gesamt		162	100,0		

Auch hier haben wir die Ausgabe der fehlenden Werte als eigene Kategorie unterdrückt. Allerdings werden von SPSS zwei Fälle als „Fehlend System" (sogenannte *system missings*) ausgegeben, was darauf hinweist, dass für zwei Personen kein Geburtsjahr angegeben war und die entsprechenden Zellen in der DATENANSICHT unbesetzt blieben.

Um die Verteilung der Geburtsjahre grafisch zu präsentieren, bietet sich ein Histogramm an, ausgehend von der ursprünglichen Variablen „Geburtsjahr [gebjahr]". In Abschnitt 11.6 wurde dies schon erledigt. In ein solches Histogramm kann auch eine Gauß'sche Normalverteilung eingezeichnet werden, was zu Abbildung 37 führt.

Abbildung 37: Histogramm mit Normalverteilung

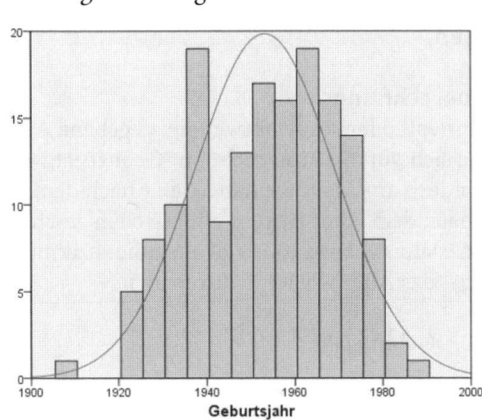

Genau genommen ist die Variable „Geburtsjahr [gebjahr]" diskret, weil schließlich nur nach ganzen Jahreszahlen gefragt wurde. Wenn Sie sich aber vorstellen, dass man den Zeitpunkt der Geburt auch auf Stunde, Minute und Sekunde genau erfragen könnte, dann würden die Klassen in der Tat nahtlos aneinander stoßen. Deshalb ist die Unschärfe, die dadurch entsteht, dass nur Jahre erfasst wurden, in der praktischen statistischen Arbeit vernachlässigbar.

Es kann nun geprüft werden, ob die gegebene Häufigkeitsverteilung ungefähr dem Modell der *Gauß'schen Normalverteilung* entspricht. Offensichtlich ist dies in diesem Beispiel nur recht bedingt der Fall.

Anmerkung zur Gauß'schen Normalverteilung: Diese Verteilung ist sehr wichtig in der Statistik. Für eine Reihe von Testverfahren ist die Normalverteilungseigenschaft der Untersuchungsvariablen Voraussetzung. Damit hat der – bislang bloße – Blick auf die in das Histogramm eingezeichnete Normalverteilungskurve schon an dieser Stelle eine gewisse Bedeutung.

Wie schon erwähnt, erzeugt SPSS bei einem Histogramm Klassen gleicher Breite, über denen Rechtecke gezeichnet werden, welche die Häufigkeiten repräsentieren. Dies führt zu einem Problem, wenn Sie Klassen unterschiedlicher Breite darstellen wollen – eine Entscheidung, die in der Praxis nicht selten erforderlich ist. Da die Rechteckflächen (und nicht etwa die Höhen!) Häufigkeiten darstellen sollen, muss bei einer Klasse, die zum Beispiel doppelt so breit ist wie die übrigen Klassen, die Höhe halbiert werden, um zu einem zutreffenden optischen Eindruck von der gegebenen Häufigkeitsverteilung zu gelangen. Man spricht in diesem Zusammenhang vom *Prinzip der Flächentreue*. Diese Flächentreue kann SPSS nicht gewährleisten.

13.2 Berechnungen

Beispiel 1: Altersberechnung

Manchmal ist es sinnvoll oder sogar notwendig, gegebene Ausgangsdaten umzurechnen. Stellen Sie sich vor, Sie sind nicht am Geburtsjahr der befragten Personen interessiert, sondern am Alter. Sie haben aber nach dem Geburtsjahr gefragt, weil bei der Frage nach dem Alter zu gern ein bisschen geschummelt wird. Wenn nun aber das Geburtsjahr gegeben ist, so können Sie – zumindest in einer akzeptablen Annäherung – das Alter wie folgt ausrechnen:

Alter = 2012 – Geburtsjahr

Dazu eine Anmerkung: Sollte Ihre Auswertung später als 2012 laufen, müssen Sie natürlich in der obigen Berechnungsformel den aktuellen Wert eingeben.

Eine solche Berechnung lässt sich mit SPSS automatisieren, indem Sie wie folgt verfahren:

SPSS:
1. Wählen Sie TRANSFORMIEREN / VARIABLE BERECHNEN...
2. Es öffnet sich ein Dialogfenster (→ Abbildung 38), in dem Sie im Bereich ZIELVARIABLE: „Alter" eingeben.
3. Im Bereich NUMERISCHER AUSDRUCK: schreiben Sie: 2012-gebjahr.
4. Klicken Sie auf OK.

Solche Berechnungsausdrücke werden ohne Leertasten geschrieben. Sie können auch die zu verwendenden Variablennamen aus der Liste links im Dialogfenster mit dem Pfeilschalter nach rechts übertragen. Ebenso können Sie mit den Operatoren, die für die jeweilige Berechnung notwendig sind, verfahren; diese finden Sie im unteren Bereich des Dialogfensters VARIABLE BERECHNEN.

Abbildung 38: Menü TRANSFORMIEREN / VARIABLE BERECHNEN... (Ausschnitt)

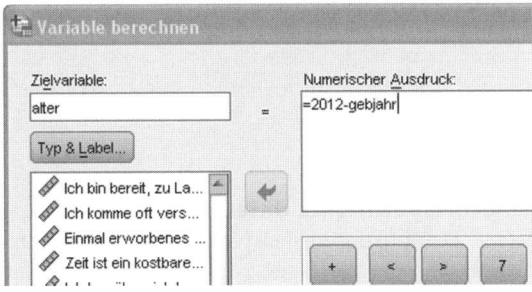

Nach dem Anklicken von OK werden die Werte der neuen Variablen „Alter" rechts in Ihrem Datenblatt als neue Spalte angefügt; die neue Variable erscheint auch unten in der VARIABLENANSICHT.

Beispiel 2: Berechnung einer zusammenfassenden Bewertungszahl

Unser Beispielfragebogen enthält 48 Aussagen zur Zeitwahrnehmung, und die Befragten wurden gebeten, jeweils den Grad ihrer Zustimmung durch Ankreuzen von 1 = „ja, ganz sicher" bis 4 = „nein, ganz sicher nicht" zum Ausdruck zu bringen. Nun könnte interessieren, wie es sich um den Grad der Zustimmung über alle 48 Aussagen zusammen verhält.

Der Gedanke liegt nahe, die Bewertungen pro Person über alle 48 Aussagen zu addieren. Nach solch einer Berechnung erzielt man den Wert 48, wenn bei jeder Aussage „ja, ganz sicher" (= 1) angekreuzt wurde, den Wert 192, wenn bei jeder Aussage „nein, ganz sicher nicht" (= 4) angekreuzt wurde – und dazwischen beliebige, allerdings ganzzahlige Zwischenwerte. Diese Werte können in Form einer neuen Variablen Ihrem Datenblatt angefügt werden, wenn Sie wie folgt verfahren:

SPSS:
1. Wählen Sie TRANSFORMIEREN / VARIABLE BERECHNEN...
2. Bei ZIELVARIABLE: geben Sie zum Beispiel „agesamt" ein; „agesamt" soll für „Aussagen gesamt" stehen.
3. Im Bereich NUMERISCHER AUSDRUCK: schreiben Sie a01+a02+a03+a04+ ... usw. (bitte ausschreiben!) ...+a47+a48
4. Klicken Sie auf OK.

Die Werte der neuen Variablen „agesamt" werden – das kennen Sie bereits – rechts in Ihrem Datenblatt als neue Spalte angefügt. Die entsprechende Variable erscheint – auch das ist Ihnen nun bekannt – zugleich unten in der VARIABLEN-ANSICHT.

13.3 Auswahlen

Beispiel 1: Geschlechtsspezifischer Unterschied
Im Rahmen unseres Demonstrationsbeispiels interessierte unter anderem die Frage, ob die Bewertungen der Aussagen zur subjektiven Zeitwahrnehmung bei weiblichen Befragten in der Tendenz anders ausfallen als bei männlichen Befragten. Also betrachten wir beispielsweise die folgende Aufgabenstellung: Unterscheiden sich Männer und Frauen bei der Bewertung der Aussage 1 (Variable „a01")?

Zur Lösung dieser Aufgabe bietet es sich an, getrennt auszurechnen, wie die durchschnittliche Zustimmung bei den weiblichen und wie sie bei den männlichen Befragten ausfällt. Zu diesem Zweck müssen Sie also das arithmetische Mittel bei den weiblichen und anschließend das bei den männlichen Befragten ausrechnen.

Es sei noch einmal daran erinnert, dass die Berechnung des arithmetischen Mittels metrische Daten voraussetzt (→ Kapitel 12). Die Angaben der Befragten zu Aussage 1 – wie auch diejenigen bei den anderen Aussagen – sind aber lediglich ordinalskaliert. Die Mittelwertberechnung ist deshalb nur dann zulässig, wenn wir hilfsweise gleiche Abstände zwischen den Ausprägungen dieser Variablen unterstellen. Dies ist methodisch angreifbar, jedoch relativiert sich diese methodische Unsauberkeit dadurch, dass der Vergleich der beiden Mittelwerte gleichwohl aussagekräftig ist.

Wenn Sie in einem ersten Schritt die Mittelwertberechnung – und Entsprechendes gilt auch für alle anderen denkbaren SPSS-Auswertungen – auf die weiblichen Befragten beschränken wollen, müssen Sie diese zunächst auswählen. Dies geschieht auf dem folgenden Weg:

SPSS:
1. Wählen Sie DATEN / FÄLLE AUSWÄHLEN...
2. Sie gelangen in ein Dialogfenster (→ Abbildung 39), in dem Sie im Bereich AUSWÄHLEN die Option FALLS BEDINGUNG ZUTRIFFT anklicken.
3. Klicken Sie auf die Schaltfläche FALLS...
4. Sie gelangen in ein weiteres Fenster (→ Abbildung 40), wo Sie die Variable „Geschlecht [sex]" von links nach rechts übertragen, gefolgt von der Eingabe „2" (die Anführungszeichen sind nicht einzugeben); zur Erinnerung: Die Codezahl 2 steht für die weiblichen Befragten.
5. Klicken Sie auf WEITER und auf OK.

Abbildung 39: Menü DATEN / FÄLLE AUSWÄHLEN... (Ausschnitt)

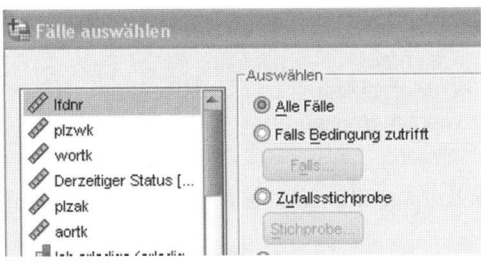

Abbildung 40: Menü DATEN / FÄLLE AUSWÄHLEN…, Schaltfläche FALLS…
(Ausschnitt)

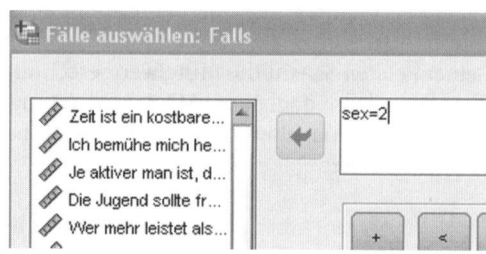

Jetzt sind am linken Rand Ihres Datenblattes alle Fälle, die männliche Befragte repräsentieren, durchgestrichen.

Die nächstfolgende SPSS-Auswertung bezieht sich nur noch auf die ausgewählten, das heißt auf die nicht durchgestrichenen Fälle. Dies gilt auch für alle eventuell noch folgenden SPSS-Auswertungen, bis Sie entweder die Auswahl wieder aufheben (DATEN / FÄLLE AUSWÄHLEN…, Anklicken bei ALLE FÄLLE), oder bis Sie die Arbeit mit SPSS durch Schließen des Programms beenden. Wenn Sie SPSS neu starten, ist diese Auswahl nicht mehr in Kraft.

Führen Sie nun die Mittelwertberechnung durch:

SPSS:
1. Wählen Sie ANALYSIEREN / DESKRIPTIVE STATISTIKEN / HÄUFIGKEITEN…, Schaltfläche STATISTIKEN.
2. Klicken Sie an bei MITTELWERT.
3. Klicken Sie auf WEITER und auf OK.

Tabelle 16: Arithmetisches Mittel Aussage 1 (Frauen)

Statistiken

Ich erledige (erledigte) meine Arbeit häufig unter Zeitdruck

N	Gültig	68
	Fehlend	12
Mittelwert		2,12

Der mittlere Grad der Zustimmung zu Aussage 1 liegt bei den weiblichen Befragten also bei 2,12.

Den entsprechenden Mittelwert für die männlichen Befragten erhalten Sie auf dem gleichen Weg, wenn Sie vorher bei FÄLLE AUSWÄHLEN die Bedingung eingeben „Geschlecht [sex]=1". Es ergibt sich dann:

Tabelle 17: Arithmetisches Mittel Aussage 1 (Männer)

Statistiken

Ich erledige (erledigte) meine Arbeit häufig unter Zeitdruck		
N	Gültig	66
	Fehlend	12
Mittelwert		1,89

Die männlichen Befragten stimmen also etwas deutlicher als die weiblichen Befragten der Aussage 1 zu. Ob dieser Unterschied aber statistisch signifikant, das heißt bedeutsam oder nur auf Zufallseinflüsse zurückzuführen ist – mit dieser wichtigen Frage beschäftigt sich Kapitel 15, Abschnitt 15.3.

Es geht aber noch einfacher: Heben Sie die Auswahl wieder auf (DATEN / FÄLLE AUSWÄHLEN… / ALLE FÄLLE und OK) und gehen Sie dann wie folgt vor:

SPSS:
1. Wählen Sie ANALYSIEREN / BERICHTE / FÄLLE ZUSAMMENFASSEN… (→ Abbildung 41).
2. Übertragen Sie die Variable „a01" nach rechts in den Bereich VARIABLEN:.
3. Übertragen Sie die Variable „Geschlecht" nach rechts in den Bereich GRUPPENVARIABLE(N):.
4. Klicken Sie auf die Schaltfläche STATISTIKEN und übertragen Sie MITTELWERT nach rechts in den Bereich ZELLENSTATISTIK:.
5. Klicken Sie auf WEITER und klicken Sie das Häkchen bei FÄLLE ANZEIGEN weg.
6. Klicken Sie auf OK.

Abbildung 41: Menü ANALYSIEREN / BERICHTE / FÄLLE ZUSAMMENFASSEN...

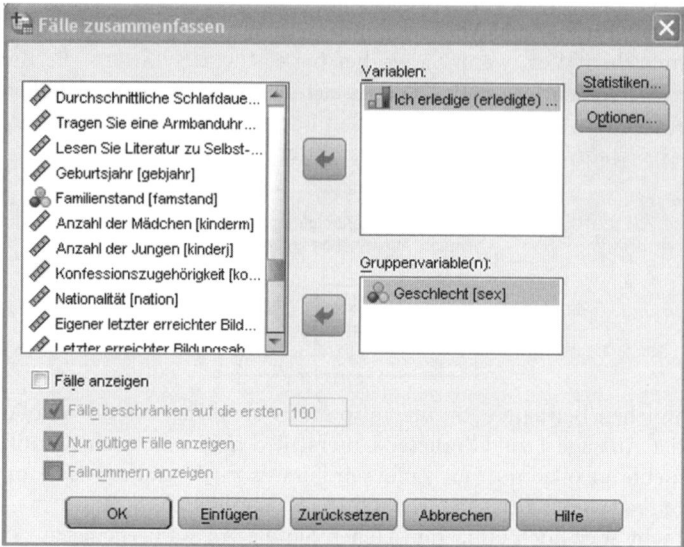

Tabelle 18: Gemeinsame Berechnung der beiden Mittelwerte

Zusammenfassung von Fällen

Ich erledige (erledigte) meine Arbeit
häufig unter Zeitdruck

Geschlecht	N	Mittelwert
männlich	66	1,89
weiblich	68	2,12
Insgesamt	134	2,01

Beispiel 2: Altersspezifischer Unterschied

Es mag auch interessieren, ob die Altersverteilung bei denjenigen, die bei der ersten Aussage 1 = „ja, ganz sicher" oder 2 = „eher ja" ankreuzten anders aussieht, als bei jenen, die 3 = „eher nein" oder 4 = „nein, ganz sicher nicht" angekreuzt haben.

　　Wählen Sie zunächst jene aus, die 1 = „ja, ganz sicher" oder 2 = „eher ja" ankreuzten:

SPSS:
1. Wählen Sie DATEN / FÄLLE AUSWÄHLEN..., Schaltfläche FALLS BEDINGUNG ZUTRIFFT.
2. Schaltfläche FALLS...
3. Im Feld rechts oben geben Sie ein: a01<3; dieser Ausdruck steht für Antwortmöglichkeiten, die die Codezahlen 1 oder 2, also kleiner als 3, tragen.
4. Klicken Sie auf WEITER und auf OK.

Dann erzeugen Sie ein Histogramm (→ Abschnitt 11.6) für die Variable „Geburtsjahr [gebjahr]" Es ergibt sich folgendes Bild:

Abbildung 42: Geburtsjahrverteilung bei Aussage 1 (Zustimmende)

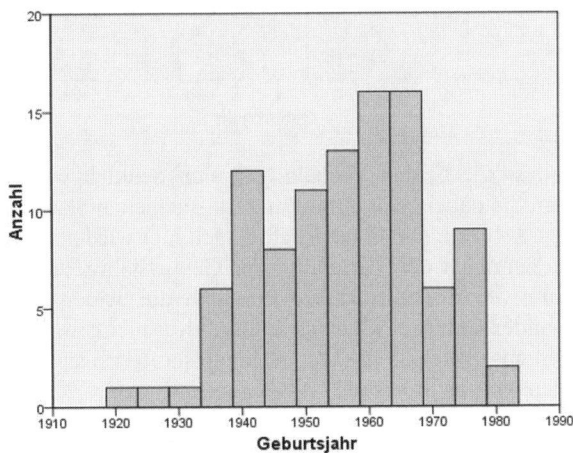

Entsprechend wählen Sie jetzt diejenigen aus, die 3 = „eher nein" oder 4 = „nein, ganz sicher nicht" angekreuzt haben: Die Bedingung lautet jetzt logischerweise: a01>2.

Abbildung 43: Geburtsjahrverteilung bei Aussage 1 (Ablehnende)

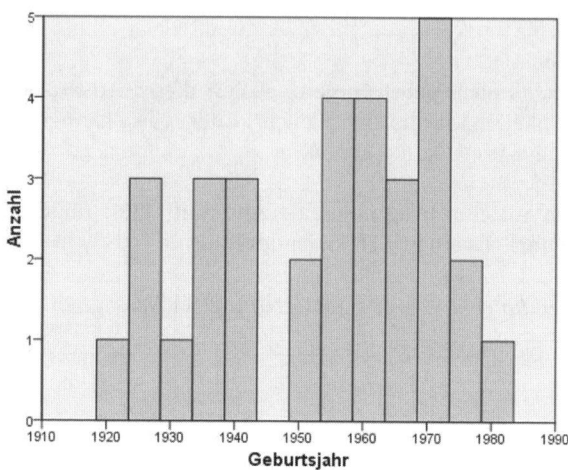

Sie erkennen, dass die beiden Verteilungen sich deutlich voneinander unterscheiden (achten Sie dabei auch auf die unterschiedlichen Skalierungen der beiden senkrechten Achsen). Die Frage ist aber auch hier wieder – wie beispielsweise schon beim Vergleich der Verteilung der Geburtsjahre mit der Gauß'schen Normalverteilung (→ Abschnitt 13.1) –, ob sich die beiden Verteilungen nur zufällig voneinander unterscheiden (es scheint eher nicht so, denn sie sehen ja sehr verschieden aus), oder ob die Unterschiede statistisch signifikant sind. Dieser Frage wenden wir uns in Kapitel 15, Abschnitt 15.4 zu.

Der Vollständigkeit halber sei darauf hingewiesen, dass es manchmal erforderlich sein kann, kompliziertere Auswahlbedingungen zu formulieren. Wollen Sie beispielsweise eine Aussage machen über weibliche Befragte, die vor 1931 geboren sind, lautet die Bedingung:

sex=2 and gebjahr<1931

Es geht jetzt um Befragte, die weiblich und zugleich (dies bedeutet „and") vor 1931 geboren sind.

Sie sehen, in solchen Ausdrücken tauchen sogenannte *logische Operatoren* auf. Diese speziellen Operatoren sind AND (und), OR (oder) und NOT (nicht). Werden sie benutzt, ist jeweils davor und danach die Leertaste zu drücken. Ob Sie diese Operatoren groß oder klein schreiben ist ohne Bedeutung.

Soll eine Aussage gemacht werden über diese Gruppe von Personen, aber auch – und das heißt unter dem Aspekt der Logik: „oder" – über Männer, die nach 1949 geboren sind, so lautet die Bedingung:

sex=2 and gebjahr<1931 or sex=1 and gebjahr>1949

Beachten Sie: Das, was in der Alltagssprache manchmal über das Wort „und" verbunden wird, ist logisch ein „oder". Die Zeitungsannonce zum Beispiel: „Männliche und weibliche Auszubildende gesucht" meint eigentlich männliche oder weibliche Auszubildende, denn es gibt ja nun wirklich keine potentiellen Bewerber, die männlich und weiblich zugleich sind.

Der logische Operator „AND" hat Vorrang vor „OR". Sollte dies in anderen Anwendungsfällen abgeändert werden müssen, ist das Setzen von Klammern notwendig.

Betrachten Sie die folgenden beiden Bedingungen:

1. sex=2 or gebjahr<1940 and a01<3
2. (sex=2 or gebjahr<1940) and a01<3

Im ersten Fall werden Frauen (sex=2) ausgewählt (gleich welchen Alters und unabhängig davon, wie sie die Aussage 1 bewertet haben, also alle Frauen) oder (also und zudem) Personen, die älter als Jahrgang 1940 sind, und die zugleich bei Aussage 1 zustimmend angekreuzt haben, also auch Männer, die diese Teilbedingung erfüllen.

Im zweiten Fall werden Frauen und zudem (Operator „or") ältere Personen ausgewählt, sofern diese Personengruppe der Aussage 1 zugestimmt haben.

14 Die Überprüfung der Repräsentativität

Nach einer Reihe univariater Auswertungen ist nun die Zeit gekommen, sich der Frage zuzuwenden, wie es um die Repräsentativität Ihrer Stichprobenerhebung bestellt ist. Schließlich dürfte es im Rahmen einer empirisch-quantitativen Forschungsarbeit Ihr Anliegen sein, im Ergebnis nicht lediglich spezielle Aussagen über die von Ihnen untersuchten Befragten zu machen, sondern diese Aussagen auch – wenn auch mit gebotener Vorsicht – verallgemeinern zu können. Diese Verallgemeinerbarkeit von auf statistischem Wege erhobenen Befunden ist ein Hauptziel empirisch-quantitativ ausgerichteter Forschung. Nur wenn Sie Stichprobenbefunde auf die Grundgesamtheit, aus der Ihre Stichprobe entnommen wurde, übertragen können, gelangen Sie zu Ergebnissen, die einen größeren Kreis von Lesern interessieren könnten, und die einen generellen Erkenntniszuwachs darstellen.

Dazu eine Anmerkung: Wenn man zu befragende Personen nach dem Zufallsprinzip auswählt, kann die Repräsentativität – sofern die Stichprobe nicht zu klein ist – unterstellt werden. Allerdings kann es zu Verzerrungen kommen, wenn nicht alle, die angesprochen wurden, ausgefüllte Fragebögen zurückgeschickt haben, was in der Regel der Fall sein dürfte. Spätestens dann ist die Überprüfung der Repräsentativität vor den eigentlichen statistischen Auswertungsschritten erforderlich.

14.1 Hypothesen

Wenn Sie die Frage nach der Repräsentativität Ihrer Stichprobenbefunde stellen, dann geht es um die Überprüfung einer Hypothese. Diese Hypothese unterscheidet sich von Ihren forschungsleitenden Untersuchungshypothesen, von denen eine zum Beispiel lauten könnte, dass Frauen tendenziell weniger schlafen als Männer. Hier geht es um eine Hypothese anderer Art: Sie prüfen nämlich jetzt die Hypothese, dass Ihre Stichprobenergebnisse mit hinreichender Güte den Strukturen entsprechen, die Ihnen aus der Grundgesamtheit bekannt sind. Wenn Sie also beispielsweise aus amtlichen Statistiken wissen, dass der Frauenanteil in Deutschland bei 51,1% liegt, können Sie überprüfen, ob Ihr Stichprobenergebnis bezüglich der Geschlechtsverteilung diesem Grundgesamtheitswert hinreichend gut entspricht.

Allerdings können Sie auch die Hypothese prüfen, ob Ihre Stichprobenbefunde dem entsprechen, was Sie über die Grundgesamtheit zwar nicht wissen, zuvor aber hypothetisch formuliert haben. Mit dieser Vorgehensweise können Sie aber keine Repräsentativitätsüberprüfung vornehmen, weshalb wir uns mit dieser Form der Hypothesenüberprüfung erst im folgenden Kapitel 15 befassen.

Gleichwohl unterscheiden sich die Vorgehensweisen bei der Hypothesenprüfung und der Überprüfung der Repräsentativität nicht grundsätzlich voneinander, sodass es schon in diesem Kapitel angemessen ist, den Hypothesenbegriff näher zu beleuchten.

Die Formulierung von Hypothesen steht am Beginn eines jeden empirischen Forschungsprozesses (→ Kapitel 6, Abschnitt 6.3). Manchmal ist es sogar nur eine einzige Hypothese, die näher untersucht werden soll. Dazu einige Beispiele aus dem Forschungsprojekt „subjektive Zeitwahrnehmung im sozialen Kontext":

1. Die subjektive Zeitwahrnehmung wird beeinflusst vom sozialen Kontext.
2. Frauen und Männer beurteilen Aussagen zur Zeitwahrnehmung in unterschiedlicher Weise.
3. Der Anteilswert weiblicher Personen liegt bei 50%.
4. Das durchschnittliche Alter erwachsener Menschen in der Bundesrepublik Deutschland liegt bei 50 Jahren.
5. Jüngere Menschen fühlen sich in zeitlicher Hinsicht getriebener als ältere Menschen.
6. Die Variable „durchschnittliche Schlafdauer" ist näherungsweise normalverteilt.
7. Es gibt keinen Zusammenhang zwischen dem Geschlecht eines Befragten und dem Phänomen der zeitlichen Getriebenheit.
8. Ältere Menschen orientieren sich eher an der Vergangenheit, jüngere eher an der Zukunft.
9. Hinter dem Grad der Zustimmung zu den 48 Aussagen zur Zeitthematik verstecken sich gemeinsam beeinflussende Faktoren.

Diese Beispiele verdeutlichen, dass es sehr unterschiedliche Typen von Hypothesen gibt:

- Manche Hypothesen beziehen sich nur auf einen Parameter einer einzigen Untersuchungsvariablen (*Parameterhypothesen*, zum Beispiel Hypothesen 3 und 4).

- Manche Hypothesen betrachten zwei Variablen gleichzeitig (*Zusammenhangshypothesen*; zum Beispiel Hypothese 7).
- Manche Hypothesen beziehen sich auf Verteilungen (*Verteilungshypothesen*; zum Beispiel Hypothese 6).
- Manche Hypothesen beziehen sich auf Parameterdifferenzen (*Differenzhypothesen*; zum Beispiel Hypothesen 2, 5 und 8).
- Manche Hypothesen unterstellen multiple Einflüsse (multivariate Hypothesen; zum Beispiel Hypothesen 1 und 9).

Allen ist jedoch gemeinsam, dass sie Aussagen über die faktisch unbekannte Realität formulieren. Eine solche Aussage kann wahr sein oder falsch – wir wissen es nicht, und wir werden es auch niemals ganz genau herausfinden können. Was die Statistik aber leisten kann, ist – auf der Basis empirischer Untersuchungen –, Informationen bereitzustellen, die es erlauben, darüber zu entscheiden, ob eine solche Hypothese im Lichte empirischer Befunde bestätigt werden kann, oder ob sie zu verwerfen ist. Wir stehen somit vor einer Entscheidungssituation, die sich wie folgt schematisch darstellen lässt:

Tabelle 19: Hypothesenentscheidung

		Hypothese (Aussage über die Realität)	
		wahr	falsch
Entscheidung	bestätigen	korrekte Entscheidung	Fehler vom Typ II (ß-Fehler)
	verwerfen	Fehler vom Typ I (α-Fehler)	korrekte Entscheidung

Unabhängig davon, wie Sie im jeweiligen Fall entscheiden, besteht – da Sie die Realität nicht kennen – immer die Gefahr einer Fehlentscheidung!

Aber – und darauf kommt es an – Sie haben auch die erfreuliche Chance, richtig zu entscheiden. Und wenn nun die Statistik Methoden bereitstellt, die es Ihnen erlauben, die Risiken von Fehlentscheidungen mit Wahrscheinlichkeiten zu quantifizieren und – mehr noch – die Chancen korrekter Entscheidungen mit höherer Wahrscheinlichkeit auszustatten als die Risiken von Fehlentscheidungen, dann sollten Sie diese Methoden nutzen.

Diese Methoden gibt es; sie werden unter der Überschrift *Signifikanztestverfahren* zusammengefasst. Der Grundgedanke solcher Signifikanztests ist immer derselbe: Ein Befund aus einer Zufallsstichprobe – gleichgültig, worum es sich handeln mag: ein Anteilswert, ein Mittelwert, eine Anteilswert- oder Mittelwertdifferenz, ein statistischer Zusammenhang, eine Häufigkeitsverteilung usw. – ist, eben weil es eine Zufallsstichprobe ist, von der wir ausgehen, zufallsbedingt oder zumindest zufallsbeeinflusst. Weil dem so ist, können wir in aller Regel die Wahrscheinlichkeit – Gültigkeit der zu prüfenden Hypothese vorausgesetzt; man nennt sie auch *Nullhypothese* – für den beobachteten Stichprobenbefund oder einen noch weiter von der Nullhypothese abweichenden Befund berechnen (durch SPSS berechnen lassen). Diese Wahrscheinlichkeit wird *Überschreitungswahrscheinlichkeit* oder *Signifikanz* genannt. Ist diese Signifikanz kleiner oder gleich einer kleinen Wahrscheinlichkeit, die wir uns selbst vorgeben – diese wird *Signifikanzniveau* α genannt –, dann verwerfen wir die zu testende Nullhypothese, anderenfalls gilt sie als bestätigt.

Das Signifikanzniveau gibt sich der Forscher selbst vor. Üblicherweise wählt man bei kleinen Stichproben (zum Beispiel n < 30) ein Signifikanzniveau von 10%, bei mittelgroßen Stichproben (etwa 30 bis 100) 5% und bei größeren Stichproben zum Beispiel 1%.

Zur Illustration das folgende kleine Gedankenbeispiel: In einer reinen Zufallsstichprobe von n = 10 Personen befanden sich x = 2 Personen weiblichen Geschlechts. Kann mit diesem Stichprobenbefund die Hypothese bestätigt werden, der Frauenanteil in der Grundgesamtheit, aus der die Zufallsstichprobe stammt, betrage 50%? Getestet werden soll mit einem Signifikanzniveau von α= 10% einseitig.

Der Begriff des einseitigen *Signifikanzniveaus* bedeutet, dass wir testen, ob der Stichprobenbefund von zwei Personen weiblichen Geschlechts in einer Zufallsstichprobe von n = 10 Personen zu klein ist, um mit der Hypothese – der Frauenanteil in der Grundgesamtheit, aus der die Zufallsstichprobe stammt, betrage 50% – vereinbar zu sein. Liegt der Stichprobenbefund noch gar nicht vor, das heißt haben wir unsere zu prüfende Hypothese formuliert, bevor die Daten erhoben wurden, muss der Test zweiseitig angelegt werden, denn es könnte ja auch sein, dass der Stichprobenbefund vom Wert, den die zu prüfende Hypothese behauptet, nach oben abweicht. Man testet dann nach oben und nach unten, und zwar jeweils mit dem Signifikanzniveau $\alpha/2$.

Wenn die obige Hypothese zutreffen würde, wären bei n = 10 Personen fünf Frauen zu erwarten. Zwei Frauen sind zu wenig – es sei denn, es war reiner Zufall, dass in diese Stichprobe nur zwei Frauen gelangt sind.

Wir berechnen nun die Wahrscheinlichkeit dafür, dass in einer Zufallsstichprobe vom Umfang 10 nur zwei oder noch weniger Frauen enthalten sind; noch weniger heißt: nur eine Frau oder gar keine. Und wir berechnen diese Wahrscheinlichkeit unter der Bedingung, dass die zu prüfende Hypothese als zutreffend unterstellt werden kann, dass also der wahre Frauenanteil in der Tat bei 50% liegt. Die dafür zuständige Wahrscheinlichkeitsverteilung ist die *Bino-*

mialverteilung (→ Formelsammlung unter www.springer.com), die hier nicht besprochen werden soll. Stattdessen stellen wir das Ergebnis vor:

Die Wahrscheinlichkeit für zwei oder weniger Frauen in einer Zufallsstichprobe vom Umfang $n = 10$ liegt – unter der Voraussetzung, dass der wahre Frauenanteil in der Grundgesamtheit 50% ist – bei 5,47% (Überschreitungswahrscheinlichkeit = Signifikanz). Diese Wahrscheinlichkeit ist kleiner als das vorgegebene Signifikanzniveau von $\alpha = 10\%$, das heißt, die zu prüfende Hypothese (Frauenanteil = 50%) wird verworfen.

Sie erkennen an diesem Beispiel, dass der Wahl des Signifikanzniveaus α testentscheidende Bedeutung zukommen kann. Hätten wir nämlich mit einem Signifikanzniveau von $\alpha = 5\%$ statt von $\alpha = 10\%$ gearbeitet, hätte die zu prüfende Hypothese nicht verworfen werden können, da die Überschreitungswahrscheinlichkeit von 5,47% größer ist (wenn auch knapp) als das neu vorgegebene Signifikanzniveau von $\alpha = 5\%$.

Generell gilt aber auch, dass das Signifikanzniveau der Wahrscheinlichkeit entspricht, eine an sich zutreffende Hypothese zu verwerfen – mithin zu Unrecht. Dies ist der in obiger Tabelle 19 vermerkte Fehler vom Typ I. Wenn Sie also das Signifikanzniveau von $\alpha = 5\%$ auf $\alpha = 10\%$ erhöhen, erhöhen Sie zugleich auch die Wahrscheinlichkeit für diese Fehlentscheidung vom Typ I.

Erfreulicherweise gilt allerdings, dass eine Erhöhung des Signifikanzniveaus – und damit auch die Vergrößerung des Risikos des Fehlers vom Typ I – unter sonst unveränderten Bedingungen mit einer Verkleinerung der Wahrscheinlichkeit für den Fehler vom Typ II, der Annahme einer an sich falschen Hypothese, einhergeht. Durch Erhöhung des Stichprobenumfangs lassen sich beide Fehlerwahrscheinlichkeiten zugleich verringern.

Auf diese generellen Anmerkungen zum Hypothesentest können wir nun zurückgreifen, wenn es um die Überprüfung der Repräsentativität Ihrer Stichprobe geht.

Beim Stichwort Repräsentativität geht es also – nochmals kurz zur Erinnerung – um die Beantwortung der Frage, ob Ihre Zufallsstichprobenbefunde als stellvertretend gelten können für die (unbekannte) Grundgesamtheit, aus der Ihre Stichprobe stammt. Diese Frage kann allerdings nur beantwortet werden, wenn Grundgesamtheitsinformationen vorliegen. Kennt man beispielsweise den Anteil der weiblichen Bevölkerung an der Gesamtbevölkerung – und den kennt man: er ist dem Statistischen Jahrbuch für die Bundesrepublik Deutschland zu entnehmen –, kann man diesen mit dem entsprechenden Anteil, wie er sich in der Stichprobe ergeben hat, vergleichen. Ist der Unterschied zu groß, steht die Repräsentativität, wie oben erläutert, in Frage. In entsprechender Weise kann mit anderen Variablen verfahren werden, deren Verteilung man aus der Grundgesamtheit kennt; dies gilt zum Beispiel für das Alter, für den Wohnort – zumindest in seiner Verteilung auf Bundesländer –, für den zuletzt erreichten Bildungsabschluss, für den Familienstand, für die Konfession, für die Nationalität und für noch einige weitere Variablen, die hier nicht aufgezählt werden müssen.

Wenn Sie Repräsentativität bezüglich solcher sozio-demografischer Variablen, für die Grundgesamtheitswerte vorliegen, feststellen können, bedeutet dies allerdings noch nicht zwingend, dass auch für diejenigen Variablen, deren Verteilung in der Grundgesamtheit Sie nicht kennen, diese Repräsentativität quasi automatisch gegeben wäre. Und es ist ja so, dass dies die interessanteren Variablen sind; ihretwegen haben Sie ja die empirische Untersuchung durchgeführt, denn würden Sie deren Verteilungen in der Grundgesamtheit kennen, wäre ein Forschungsvorhaben überflüssig gewesen. Wenn aber bezüglich ausgewählter Variablen Repräsentativität festgestellt werden kann, haben Sie doch ein starkes Argument in Händen: Die Repräsentativität für andere Variablen liegt dann durchaus nahe.

14.2 Zur Methodik

Zur Repräsentativitätsprüfung müssen Methoden eingesetzt werden, die ein gewisses Maß an denkerischen Vorarbeiten erfordern macht; darauf wurde im vorangegangenen Abschnitt schon ansatzweise eingegangen. Aus diesem Grund schauen wir uns noch einmal die Variable „Geschlecht" an – nun aber mit Blick auf unser Demonstrationsbeispiel:

In unserer Stichprobe hat sich ein Anteil weiblicher Befragter von 50,6% ergeben. Wir wissen aber aus der amtlichen Statistik, dass der Anteil der weiblichen Bevölkerung bundesweit bei 51,1% liegt. Der Frauenanteil in der Stichprobe liegt also ein bisschen unter dem der Grundgesamtheit. Die Frage ist nun, ob diese Abweichung von 51,1 - 50,6 = 0,5 (Prozentpunkte) noch auf den Umstand zurückzuführen ist, dass wir eine Zufallsstichprobe gezogen haben, ob der Unterschied also als zufällig, mithin als nicht bedeutsam, als nicht statistisch signifikant anzusehen ist, oder ob er statistisch signifikant ist und somit gegen die Repräsentativität der Stichprobe spricht.

Um diese Frage zu beantworten, berechnen wir die Wahrscheinlichkeit dafür, dass – Gültigkeit des Grundgesamtheitsanteils vorausgesetzt – der Stichprobenanteilswert oder ein Stichprobenanteilswert, der noch weiter vom Grundgesamtheitswert abweicht (also noch kleiner ist als 50,6%), auftreten kann. Ist diese Wahrscheinlichkeit zu klein – sie wird als Signifikanz bezeichnet –, sagt sich der Forscher: Das hätte eigentlich – Gültigkeit des Grundgesamtheitsanteils vorausgesetzt – nicht passieren dürfen. Und deshalb wird er die Repräsentativität hinsichtlich der Variablen „Geschlecht" verneinen.

Es muss in diesem Zusammenhang berücksichtigt werden, dass der *Stichprobenanteilswert* Ausprägung einer Zufallsvariablen ist. Eine *Zufallsvariable* ist dadurch charakterisiert, dass ihre Werte durch den Zufall beeinflusst auftreten. Dies ist beim Anteilswert aus einer Zufallsstichprobe der Fall: Da es ja Zufall ist, welche Person der Grundgesamtheit in die Zufallsstichprobe gelangt, ist eben auch der Zufallsstichprobenanteilswert Ausprägung einer Zufallsvariablen.

Zu entscheiden ist zunächst, was unter einer „zu kleinen" Wahrscheinlichkeit verstanden werden soll. Üblicherweise gibt man sich, wie schon weiter oben erwähnt wurde, als Grenze eine Wahrscheinlichkeit von beispielsweise $\alpha = 5\%$ vor – man nennt diese Vorgabe das *Signifikanzniveau* α – und sagt: Wenn die Signifikanz kleiner oder gleich α ist, gilt Repräsentativität als nicht erreicht.

Generell ist zwischen einem ein- und einem zweiseitigen Signifikanzniveau zu unterscheiden: Beim einseitigen Signifikanzniveau werden Abweichungen des Stichprobenbefundes vom Hypothesenwert nur nach oben oder nur nach unten überprüft. Dies setzt voraus, dass vor der Entscheidung über die Höhe des Signifikanzniveaus α der Stichprobenbefund schon vorliegen muss. Ist dies nicht der Fall, wählt man ein zweiseitiges Signifikanzniveau, testet also nach oben und nach unten und gibt für jede Seite üblicherweise als Signifikanzniveau $\alpha/2$ an.

SPSS führt die entsprechenden Berechnungen automatisch durch, wie im folgenden Abschnitt gezeigt wird.

14.3 Überprüfung einer Quote

Die Überprüfung des Anteilswertes (Quote) aus einer Zufallsstichprobe wird *Anteilswerttest* genannt.

Vor der konkreten Durchführung dieses Tests muss allerdings auf einen besonderen Umstand aufmerksam gemacht werden: Wir wollen die Hypothese testen, dass der Frauenanteil in der Stichprobe (50,6%) hinreichend gut mit dem in der Grundgesamtheit (51,1%) übereinstimmt. Dies ist identisch mit der (zweiten) Hypothese, dass der Männeranteil in der Stichprobe (49,4%) hinreichend gut mit dem in der Grundgesamtheit (48,9%) übereinstimmt.

Man muss sich nun zunächst den ersten Fall des Datenbestandes anschauen. Tun wir dies, stellen wir fest, dass die erste Person männlichen Geschlechts ist. Deshalb muss sich der Test – obwohl wir uns für den Frauenanteil interessieren – auf den Männeranteil beziehen, was aber bezüglich der Testentscheidung keinen Unterschied macht (siehe in der folgenden SPSS-Prozedur Punkt 6.).

Wäre die erste Person weiblichen Geschlechts, wären die vorangegangenen Überlegungen entbehrlich.

SPSS:

1. Wählen Sie ANALYSIEREN / NICHTPARAMETRISCHE TESTS / EINE STICHPROBE...
   (→ Abbildung 44).
2. In dem sich öffnenden Fenster klicken Sie (sofern noch erforderlich) auf das
   Register ZIEL und klicken an (sofern noch erforderlich) bei BEOBACHTETE
   UND HYPOTHETISCHE DATEN AUTOMATISCH VERGLEICHEN.
3. Wechseln Sie zum Register FELDER und sorgen Sie dafür, dass nur die Variable „Geschlecht [sex]" im rechten Bereich TESTFELDER: steht.
4. Wechseln Sie zum Register EINSTELLUNGEN und klicken Sie an bei TESTS
   ANPASSEN.
5. Sorgen Sie für ein Häkchen bei BEOBACHTETE UND HYPOTHETISCHE BINÄR-
   WAHRSCHEINLICHKEIT VERGLEICHEN (TEST AUF BINOMIALVERTEILUNG) und
   klicken Sie auf OPTIONEN.
6. Geben Sie bei HYPOTHETISCHER ANTEIL: den Wert 0,489 ein.
7. Klicken Sie auf OK und dann auf AUSFÜHREN.

Abbildung 44: Menü ANALYSIEREN / NICHTPARAMETRISCHE TESTS /
EINE STICHPROBE...

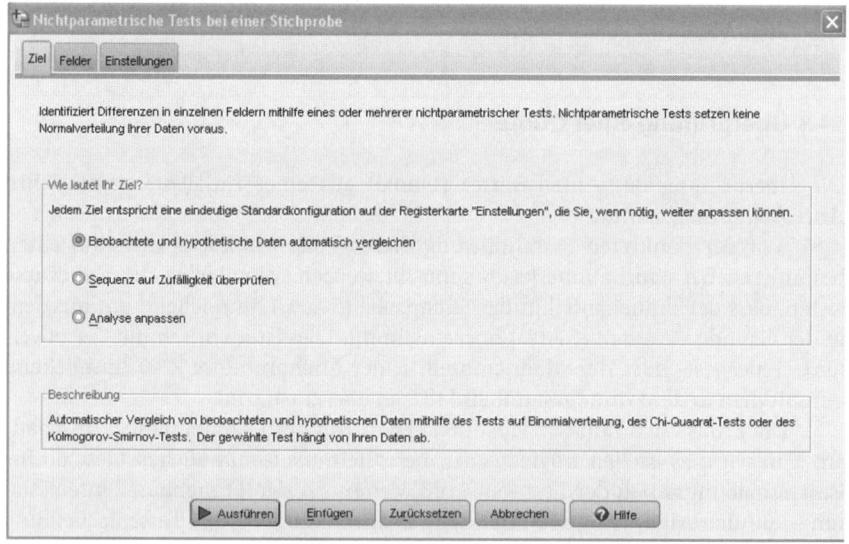

Sie erhalten nach OK den Befund der Tabelle 20.

Tabelle 20: Binomialtest

Übersicht über Hypothesentest

Nullhypothese	Test	Sig.	Entscheidung
1	Die durch Geschlecht = männlich und weiblich definierten Kategorien treten mit den Wahrscheinlichkeiten 0,489 und 0,511 auf.	Test auf Binomialverteilung einer Stichprobe	,485	Nullhypothese behalten.

Asymptotische Signifikanzen werden angezeigt. Das Signifikanzniveau ist ,05.

Die sogenannte Signifikanz wird zu 0,485 oder 48,5% angegeben. Dieser Wert ist wie folgt zu interpretieren: Geht man von dem Grundgesamtheitsanteilswert für Männer (48,9%) aus, dann ist in unserer Zufallsstichprobe ein Anteilswert von 49,4% (oder mehr) mit einer Wahrscheinlichkeit von 48,5% zu erwarten. Diese Wahrscheinlichkeit ist deutlich größer als das Signifikanzniveau $\alpha = 5\%$ (einseitig). Der Stichprobenbefund darf als lediglich zufällig vom Grundgesamtheitsanteilswert abweichend angesehen werden, und deshalb ist die Repräsentativität der Stichprobe hinsichtlich der Variablen „Geschlecht" gegeben.

Nochmals sei darauf hingewiesen, dass der Test des Frauenanteils von 51,1%, der eigentlich interessierte, dem des Männeranteils von 48,9% entspricht.

14.4 Überprüfung eines Durchschnitts

Liegt eine Variable vor wie beispielsweise das Geburtsjahr, aus dem das Alter ausgerechnet werden kann (→ Kapitel 13, Abschnitt 13.2), dann kann auch das Durchschnittsalter der Befragten berechnet werden. Aus den amtlichen Statistiken können Sie zudem das Durchschnittsalter in der Grundgesamtheit bestimmen. Anschließend können Sie der Frage nachgehen, ob das Durchschnittsalter in der Stichprobe hinreichend gut mit dem aus der Grundgesamtheit übereinstimmt (Anmerkung: Auch das arithmetische Mittel aus einer Zufallsstichprobe ist Ausprägung einer Zufallsvariablen).

Die etwas abgewandelte Hypothese, dass die Altersverteilung in der Stichprobe derjenigen der Grundgesamtheit entspricht (es ist ein Unterschied, ob Sie Verteilungen testen oder Mittelwerte von Verteilungen), kann mit einem Anpassungstest überprüft werden (→ Abschnitt 14.5 und Kapitel 15, Abschnitt 15.4).

Wir hatten als durchschnittliches Geburtsjahr in der Stichprobe den Wert 1953,18 ausgerechnet. Unsere Befragten waren zum Zeitpunkt der Befragung (2002) also im Durchschnitt etwa 49 Jahre alt. Das Durchschnittsalter der Erwachsenen in der Grundgesamtheit liegt bei 48,7 Jahren, wie man aus Angaben des Statistischen Jahrbuchs ausrechnen kann. Wieder berechnen wir nun die Signifikanz, indem wir danach fragen, wie groß die Wahrscheinlichkeit dafür ist, dass in unserer Zufallsstichprobe der Mittelwert 49 (Jahre) oder mehr ist – Gültigkeit des Grundgesamtheitsmittelwerts vorausgesetzt. Zuständig ist für diesen Test die *t-Verteilung* (→ Formelsammlung unter www.springer.com).

Mit SPSS erhalten Sie die gewünschte Wahrscheinlichkeit auf folgendem Weg:

SPSS:
1. Wählen Sie ANALYSIEREN / MITTELWERTE VERGLEICHEN / T-TEST BEI EINER STICHPROBE... (→ Abbildung 45).
2. Die Testvariable ist „Geburtsjahr [gebjahr]", der Testwert ist 2002– 48,7 = 1953,3 (Die Auswertung wurde 2002 durchgeführt).
3. Klicken Sie OK an.

Abbildung 45: Menü ANALYSIEREN / MITTELWERTE VERGLEICHEN / T-TEST BEI EINER STICHPROBE...

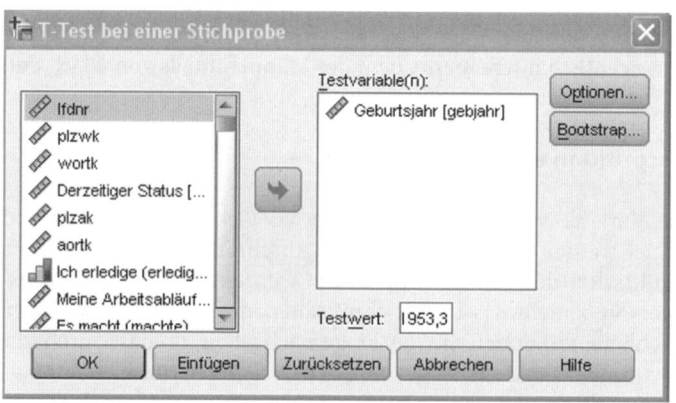

Tabelle 21: Mittelwerttest mit der t-Verteilung

Test bei einer Sichprobe

	Testwert = 1953.3					
					95% Konfidenzintervall der Differenz	
	T	df	Sig. (2-seitig)	Mittlere Differenz	Untere	Obere
Geburtsjahr	-,092	157	,927	-,116	-2,61	2,38

Auch hier (Tabelle 21) schauen wir lediglich auf den Wert, der unter der Überschrift „SIG. (2-SEITIG)" ausgegeben ist: Dort steht der Wert 0,927. Es besteht eine Wahrscheinlichkeit von 92,7% dafür, dass in unserer Stichprobe – Gültigkeit des Grundgesamtheitsmittelwerts vorausgesetzt – ein durchschnittliches Geburtsjahr von 1953,18 (oder kleiner, das heißt älter) auftreten kann. Diese Wahrscheinlichkeit ist wieder sehr viel größer als α, weshalb die Repräsentativität der Stichprobe auch hinsichtlich der Variablen „Geburtsjahr" als gegeben angesehen werden kann.

Sie erkennen übrigens, dass SPSS diesen Test standardmäßig zweiseitig anlegt, das heißt, hier werden Abweichungen vom behaupteten Mittelwert nach oben oder nach unten überprüft.

14.5 Überprüfung einer Verteilung

In den beiden vorangegangenen Abschnitten haben wir sogenannte *Parameter* getestet, nämlich den Stichprobenanteilswert und den Stichprobenmittelwert (es gibt noch andere Parameter, auf die wir in späteren Kapiteln zu sprechen kommen). Man kann aber auch Verteilungen testen. Beispielsweise haben wir in unserer Stichprobe eine Verteilung über die Variable „Familienstand [famstand]", die sich wie folgt darstellt:

Tabelle 22: Häufigkeitstabelle Familienstand (Stichprobe)

Familienstand

		Häufigkeit	Prozent	Gültige Prozente	Kumulierte Prozente
Gültig	ledig	47	29,4	29,9	29,9
	verheiratet	82	51,3	52,2	82,2
	geschieden	17	10,6	10,8	93,0
	verwitwet	11	6,9	7,0	100,0
	Gesamt	157	98,1	100,0	
Fehlend	9	3	1,9		
Gesamt		160	100,0		

Die Familienstandsverteilung für erwachsene Bundesbürger, die wir wieder dem Statistischen Jahrbuch entnehmen können, sieht so aus:

Tabelle 23: Häufigkeitstabelle Familienstand (Grundgesamtheit)

Familienstand	Prozent
ledig	25,5
verheiratet	56,5
geschieden	11,2
verwitwet	6,8

Mit diesen vorliegenden Werten kann man nun testen, ob die Verteilung in der Zufallsstichprobe hinreichend gut mit derjenigen der Grundgesamtheit übereinstimmt – was wiederum ein Beleg für die Repräsentativität der Stichprobe wäre.

SPSS:
1. Wählen Sie ANALYSIEREN / NICHTPARAMETRISCHE TESTS / EINE STICHPROBE…
2. In dem sich öffnenden Fenster klicken Sie (sofern noch erforderlich) auf das Register ZIEL und klicken an (sofern noch erforderlich) bei BEOBACHTETE UND HYPOTHETISCHE DATEN AUTOMATISCH VERGLEICHEN.
3. Wechseln Sie zum Register FELDER und sorgen Sie dafür, dass nur die Variable „Familienstand [famstand]" im rechten Bereich TESTFELDER: steht.
4. Wechseln Sie zum Register EINSTELLUNGEN und klicken Sie an bei TESTS ANPASSEN.
5. Sorgen Sie für ein Häkchen bei BEOBACHTETE UND HYPOTHETISCHE WAHRSCHEINLICHKEIT VERGLEICHEN (CHI-QUADRAT-TEST) und klicken Sie auf OPTIONEN.
6. Klicken Sie an bei ERWARTETE WAHRSCHEINLICHKEIT ANPASSEN.
7. Geben Sie ein bei KATEGORIE den Wert 1 und bei RELATIVE HÄUFIGKEIT den Wert 25,5, den Wert für „ledig" aus der Grundgesamtheit.
8. Fahren Sie fort mit 2 und 56,5; 3 und 11,2; 4 und 6,8.
9. Klicken Sie auf OK und dann auf AUSFÜHREN.

Es ergibt sich Tabelle 24. SPSS gibt als Überschreitungswahrscheinlichkeit (Signifikanz) den Wert 0,626 (=62,6%) aus, das heißt, die zu prüfende Hypothese wird bestätigt: Die Verteilung des Familienstands in der Stichprobe stimmt hinreichend gut mit derjenigen der Grundgesamtheit überein.

Zu den Berechnungen eine Anmerkung: In der Grundgesamtheit liegt der Anteil der Ledigen bei 25,5%. Bezogen auf 157 befragte Personen, die verwertbare Angaben zu ihrem Familienstand gemacht haben, wären also 25,5% ledige Befragte von 157 insgesamt Befragten zu erwarten, wenn in der Stichprobe eben diese 25,5% korrekt abgebildet wären. 25,5% von 157 ergibt per Dreisatzrechnung den Wert 40,035; entsprechend lassen sich auch die anderen Erwartungswerte berechnen.

Tabelle 24: Verteilungstest

Übersicht über Hypothesentest

	Nullhypothese	Test	Sig.	Entscheidung
1	Die Kategorien von Familienstand treten mit den angegebenen Wahrscheinlichkeiten auf.	Chi-Quadrat-Test einer Stichprobe	,626	Nullhypothese behalten.

Asymptotische Signifikanzen werden angezeigt. Das Signifikanzniveau ist ,05.

Bei diesem Test wird die sogenannte *Chi-Quadrat-Verteilung* genutzt (→ Formelsammlung unter www.springer.com).

Mit der Chi-Quadrat-Verteilung wird berechnet, wie groß die Wahrscheinlichkeit für die beobachteten Abweichungen zwischen den Anteilswerten in der Stichprobe und denen der Grundgesamtheit ist.

Dazu ein wichtiger Hinweis: Die Chi-Quadrat-Verteilung kann nur eingesetzt werden, wenn alle Erwartungswerte größer als 5 sind. Sollte dies einmal nicht der Fall sein – bei kleinen Stichproben oder sehr speziellen kleinen Befragtengruppen (zum Beispiel verwitwete protestantische Frauen über 50) kann das passieren –, wird dieser Test von SPSS trotzdem durchgeführt, aber die Ergebnisse dürfen dann nicht zur Testentscheidung herangezogen werden.

Das Stichwort *asymptotische Signifikanz* (asymptotisch = näherungsweise) weist darauf hin, dass die Chi-Quadrat-Verteilung bei solchen Aufgabenstellungen nur näherungsweise gilt. Bei Einhaltung der gerade genannten Voraussetzung (alle Erwartungswerte > 5) ist diese Näherung jedoch für alle praktischen Aufgaben hinreichend gut.

Es stellt sich in diesem Zusammenhang die Frage, was zu tun ist, wenn einzelne Erwartungswerte kleiner sind als 5. In einem solchen Fall kann durch Zusammenlegen einzelner Klassen dieser Voraussetzung für die Anwendung der Chi-Quadrat-Verteilung entsprochen werden. Und sollten Sie schließlich, nach Zusammenlegung einzelner (schwach besetzter) Klassen, nur noch zwei Klassen haben und trotzdem immer noch Erwartungswerte, die kleiner als 5 sind, können Sie den Binomialtest einsetzen (→ Kapitel 15, Abschnitt 15.1).

15 Weitere Hypothesentests

Schon im vorangegangenen Kapitel wurde eine Hypothese getestet, nämlich die der Repräsentativität unserer Stichprobenbefunde. In diesem Zusammenhang wurden ein Anteilswerttest, ein Mittelwerttest sowie ein Test einer Verteilung vorgeführt. In diesem Kapitel nun gehen wir auf solche Testverfahren ein, die nicht mit dem Vergleich zwischen Stichprobenbefunden und Grundgesamtheitsinformationen zu tun haben, wie dies bei der Repräsentativitätsprüfung der Fall war, sondern wir betrachten Hypothesen über die Grundgesamtheit, um aufgrund unserer Stichprobenergebnisse über solche Hypothesen zu entscheiden.

15.1 Anteilswerttest

Es soll beispielsweise die Hypothese getestet werden, der Anteil von Ausländern liege in der Bundesrepublik bei 7%.

Hier geht es also um den Test eines für die Grundgesamtheit behaupteten Anteilswertes. Der Test überprüft, ob der für die Grundgesamtheit hypothetisch behauptete Anteilswert durch die Stichprobendaten bestätigt werden kann.

Die in der Problemstellung formulierte Hypothese wird generell *Nullhypothese* genannt. Getestet werden soll mit einem Signifikanzniveau von α = 5% einseitig. In unserer Stichprobe haben wir einen Ausländeranteil von 2,5% vorgefunden. Da in der Stichprobe die erste Person deutscher Nationalität war, muss wieder die Hypothese abgewandelt werden: Die äquivalente Hypothese besagt, dass der Anteil von Personen deutscher Nationalität in der Grundgesamtheit bei 93% liegt.

SPSS:
1. Wählen Sie ANALYSIEREN / NICHTPARAMETRISCHE TESTS / EINE STICHPROBE...
2. In dem sich öffnenden Fenster klicken Sie (sofern noch erforderlich) auf das Register ZIEL und klicken an (sofern noch erforderlich) bei BEOBACHTETE UND HYPOTHETISCHE DATEN AUTOMATISCH VERGLEICHEN.
3. Wechseln Sie zum Register FELDER und sorgen Sie dafür, dass nur die Variable „Nationalität [nation]" im rechten Bereich TESTFELDER: steht.

4. Wechseln Sie zum Register EINSTELLUNGEN und klicken Sie an bei TESTS ANPASSEN.
5. Sorgen Sie für ein Häkchen bei BEOBACHTETE UND HYPOTHETISCHE BINÄR-WAHRSCHEINLICHKEIT VERGLEICHEN (TEST AUF BINOMIALVERTEILUNG) und klicken Sie auf OPTIONEN.
6. Geben Sie bei HYPOTHETISCHER ANTEIL: den Wert 0,93 ein.
7. Klicken Sie auf OK und dann auf AUSFÜHREN.

Tabelle 25: Binomialtest

Übersicht über Hypothesentest

	Nullhypothese	Test	Sig.	Entscheidung
1	Die durch Nationalität <= 1,50 und >1,50 definierten Kategorien treten mit den Wahrscheinlichkeiten 0,07 und {4} auf.	Test auf Binomialverteilung einer Stichprobe	,021	Nullhypothese ablehnen.

Asymptotische Signifikanzen werden angezeigt. Das Signifikanzniveau ist ,05.

Entscheidend ist wieder der Blick auf die Signifikanz, die unter SIG. ausgegeben wird. Sie liegt bei 0,021 (= 2,1%). Dies bedeutet, dass die Wahrscheinlichkeit für den Stichprobenbefund oder einen noch weiter von der Nullhypothese abweichenden Befund – Gültigkeit dieser Nullhypothese vorausgesetzt – bei 2,1% liegt. Diese Signifikanz ist eindeutig kleiner als das Signifikanzniveau α, und deshalb wird die Nullhypothese verworfen.

Asymptotische Signifikanz bedeutet in diesem Fall (asymptotisch = näherungsweise), dass SPSS bei diesem Test zur Berechnung der Überschreitungswahrscheinlichkeit nicht die eigentlich zuständige Binomialverteilung nutzt, sondern bei einem Stichprobenumfang der hier vorliegenden Größe die näherungsweise gültige Normalverteilung.

Mit Blick auf die Ausführungen des vorangegangenen Kapitels könnte auch dieser Test zur Repräsentativitätsprüfung verwendet werden – vorausgesetzt, der in der zu prüfenden Hypothese behauptete Ausländeranteil wäre der wahre Anteil der Grundgesamtheit. Wenn dem so ist, wäre hier also festzustellen, dass bezüglich der Variablen „Nationalität" die Repräsentativität unserer Zufallsstichprobe bezweifelt werden muss. Es stellt sich in diesem Zusammenhang natürlich die Frage, warum in unsere Stichprobe so wenige ausländische Mitbürger gelangt sind. Vermutlich ist dies darauf zurückzuführen, dass die Thematik des versandten Fragebogens – subjektive Zeitwahrnehmung im sozialen Kontext – doch recht anspruchsvoll war und darüber hinaus möglicherweise auf (sprachliche) Verständnisprobleme gestoßen ist. Auf diese Problematik eines zu geringen und damit nicht repräsentativen Ausländeranteils im Rahmen Ihrer Stichprobe sollten Sie sich gefasst machen – umso mehr, wenn auch Ihr Forschungsthema vergleichsweise komplex ist.

Wichtig ist in diesem Zusammenhang die folgende Feststellung, die auch für alle im Folgenden noch zu besprechenden Testverfahren gilt: Je größer die Zufallsstichprobe ist, mit deren Daten Sie einen bestimmten Test durchführen, desto eher werden bestimmte Abweichungen zwischen Ihren Stichprobenbefunden einerseits und den entsprechenden – hypothetischen oder tatsächlich gegebenen – Angaben über die Grundgesamtheit andererseits als statistisch signifikant erkannt.

15.2 Mittelwerttest

Auch einen Test des arithmetischen Mittels haben wir schon im vorangegangenen Kapitel vorgeführt. Hier ein weiteres Beispiel:

Es wird behauptet, die durchschnittliche Schlafdauer liege in der Grundgesamtheit bei 7,5 Stunden (Nullhypothese). Diese Hypothese soll mit einem zweiseitigen Signifikanzniveau von 5% getestet werden – zweiseitig jetzt deshalb, weil SPSS diesen Test standardmäßig als zweiseitigen Test anlegt (siehe dazu folgende SPSS-Ausgabetabelle), und weil vor den Auswertungen der Stichprobenbefunde noch nicht abzusehen ist, ob der Stichprobenmittelwert über oder unter dem Hypothesenwert liegt. Nach den Auswertungen ergab sich in unserer Zufallsstichprobe als Durchschnitt der Wert 7,0127.

Da dieser Stichprobenbefund nun schon gegeben und kleiner als der für die Grundgesamtheit behauptete Mittelwert ist, könnten Sie auch von vornherein mit einem einseitigen Signifikanzniveau testen. Die im Folgenden vorgestellte Vorgehensweise bleibt dabei identisch – mit dem Unterschied, dass Sie beim einseitigen Test die Überschreitungswahrscheinlichkeit (0,000; siehe Ausgabetabelle) mit dem Signifikanzniveau α = 5% vergleichen, beim zweiseitigen Test hingegen mit $\alpha/2$ = 2,5%.

SPSS:
1. Wählen Sie ANALYSIEREN / MITTELWERTE VERGLEICHEN / T-TEST BEI EINER STICHPROBE...
2. Die Testvariable ist „Durchschnittliche Schlafdauer [schlaf]", der Testwert ist 7,5.
3. Klicken Sie OK an.

Im Ergebnis der Tabelle 26 schauen Sie wieder auf die Spalte mit der Überschrift
SIG. (2-SEITIG) und erkennen eine sehr kleine Überschreitungswahrscheinlichkeit
(0,000). Sie ist kleiner als das vorgegebene Signifikanzniveau (α), und auch kleiner als α/2, sodass die zu prüfende Nullhypothese verworfen wird. Der Stichprobenbefund bestätigt damit nicht die Hypothese, dass die durchschnittliche
Schlafdauer bei 7,5 Stunden liege. Der Stichprobenbefund (7,0127) ist signifikant
kleiner als der für die Grundgesamtheit behauptete Mittelwert von 7,5 Stunden.
Die Nullhypothese wird verworfen.

Tabelle 26: Mittelwerttest

Test bei einer Sichprobe

	Testwert = 7.5					
	T	df	Sig. (2-seitig)	Mittlere Differenz	95% Konfidenzintervall der Differenz	
					Untere	Obere
Durchschnittliche Schlafdauer	-5,475	156	,000	-,48726	-,6630	-,3115

Die Signifikanz ist in diesem Beispiel nicht null, sondern so klein, dass auch bei
drei Dezimalstellen noch keine von null verschiedene Ziffer auftaucht. Bei einer
höheren Zahl von Dezimalstellen für die Ausgabe wird sich dies ändern. Entscheidend ist aber, dass der Wert kleiner ist als das Signifikanzniveau.

15.3 Mittelwertdifferenzentest

In Kapitel 13, Abschnitt 13.3, Beispiel 1 waren wir der folgenden Problemstellung nachgegangen: Es interessierte die Frage, ob der Grad der Zustimmung zu
Aussage 1 („Ich erledige (erledigte) meine Arbeit häufig unter Zeitdruck [a01]")
bei den weiblichen anders ausfällt als bei den männlichen Befragten. In Kapitel
13 hatten wir diese Frage so beantwortet, dass wir nach Auswahl weiblicher Personen den durchschnittlichen Grad der Zustimmung zu dieser Aussage ermittelt
hatten – und anschließend nach Auswahl männlicher Personen. Für die weiblichen Befragten ergab sich der Wert 2,12; für die männlichen Befragten der Wert
1,89. Wir beobachten also eine Mittelwertdifferenz von 2,12 – 1,89 = 0,23.
Wir hatten in Kapitel 13 aber die Frage noch offen lassen müssen, ob dieser Unterschied statistisch signifikant, das heißt bedeutsam oder nur auf Zufallseinflüsse zurückzuführen ist. Diese Frage können wir nun beantworten.
    Wir werden in Kapitel 17 zeigen, dass man bei dieser Aufgabenstellung
auch die Stärke des Zusammenhangs zwischen den Variablen „Geschlecht" und
der Variablen „a01" bemessen kann, um dann die Hypothese zu prüfen, ob das

berechnete Zusammenhangsmaß signifikant von null verschieden ist oder nicht. Sollte der Zusammenhang signifikant von null verschieden sein, würde das logischerweise bedeuten, dass es signifikante Unterschiede der Bewertung zwischen weiblichen und männlichen Befragten gibt.

Die zu prüfende Nullhypothese lautet in einem solchen Fall üblicherweise: Es gibt nur eine einzige Grundgesamtheit und deshalb keinen Mittelwertunterschied – hier: zwischen weiblichen und männlichen Befragten. Diese Hypothese wird mit SPSS wie folgt getestet:

SPSS:
1. Wählen Sie ANALYSIEREN / MITTELWERTE VERGLEICHEN / T-TEST BEI UNABHÄNGIGEN STICHPROBEN... (Abbildung 46).
2. Übertragen Sie die Variable „Ich erledige... [a01]" in den Bereich TESTVARIABLE(N): und die Variable „Geschlecht [sex]" in den Bereich GRUPPENVARIABLE:.
3. Klicken Sie auf die Schaltfläche GRUPPEN DEF. ... (Gruppen definieren), und geben Sie im sich öffnenden Dialogfenster bei GRUPPE 1: eine 1 (für „männlich") und bei GRUPPE 2: eine 2 (für „weiblich") ein (die einzugebenden Werte müssen den Codezahlen entsprechen, die Sie für „männlich" bzw. „weiblich" bei der Dateneingabe vereinbart haben; Abbildung 47).
4. Klicken Sie auf WEITER und auf OK.

Abbildung 46: Menü ANALYSIEREN / MITTELWERTE VERGLEICHEN / T-TEST BEI UNABHÄNGIGEN STICHPROBEN...

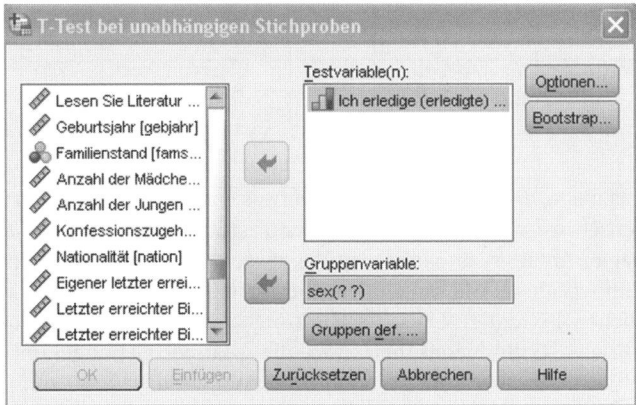

Abbildung 47: Menü ANALYSIEREN / MITTELWERTE VERGLEICHEN / T-TEST BEI UNABHÄNGIGEN STICHPROBEN..., Schaltfläche GRUPPEN DEF. ...

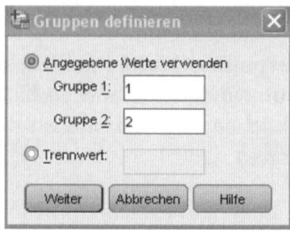

Auch dieser Test wird übrigens mit der t-Verteilung durchgeführt. Zur Menüauswahl noch folgende Anmerkung: Im SPSS-Menü ist die Rede von „unabhängigen Stichproben". *Unabhängige Stichproben* zeichnen sich dadurch aus, dass die Werte mehrerer (mindestens zweier) Stichproben unabhängig voneinander zustande gekommen sind. Wir haben allerdings nur eine Stichprobe. Diese aber können wir uns – gedanklich – gewissermaßen aufgeteilt denken in eine „Frauen-Stichprobe" und eine „Männer-Stichprobe", und diese beiden Stichproben sind in der Tat unabhängig voneinander, weil das Ankreuzverhalten der weiblichen Befragten nicht davon beeinflusst wird, wie die männlichen Befragten ankreuzen und umgekehrt.

Tabelle 27: Mittelwertdifferenzentest (verkürzte Darstellung)

Test bei unabhängigen Stichproben

		Levene-Test der Varianzgleichheit		T-Test für die Mittelwertgleichheit		
		F	Signifikanz	T	df	Sig. (2-seitig)
Ich erledige (erledigte) meine Arbeit häufig unter Zeitdruck	Varianzen sind gleich	1,158	,284	-1,650	132	,101
	Varianzen sind nicht gleich			-1,653	130,341	,101

Die Ausgabetabelle, die SPSS erstellt, muss etwas ausführlicher erläutert werden:

Zunächst wird von SPSS ein spezieller Test vorgeschaltet, der *Levene-Test* der Varianzgleichheit. Was hat es damit auf sich? Erinnern Sie sich an die zu testende Nullhypothese: Sie behauptete die Mittelwertgleichheit bei weiblichen und männlichen Befragten. Diese Behauptung korrespondiert mit der Behauptung, die Frauen-Grundgesamtheit und die Männer-Grundgesamtheit seien identisch. Wenn dies aber zutrifft, dann müssen auch die Varianzen gleich sein (es sei daran erinnert, dass in Kapitel 12 darüber gesprochen wurde, dass auch die Varianz, also das Quadrat der Standardabweichung, ein Streuungsmaß ist, das in manchen Fällen benötigt wird. Ein solcher Fall liegt hier vor.

Diese quasi vorgeschaltete Hypothese der Varianzgleichheit wird als erstes geprüft, weil der eigentliche Test, der sich auf die Hypothese der gleichen Mittelwerte bezieht, mit unterschiedlichen Verfahren durchgeführt werden muss – je nachdem, ob die Hypothese der Varianzgleichheit bestätigt oder verworfen wird. Sie erkennen, dass diese Hypothese der Varianzgleichheit bestätigt wird, denn die Überschreitungswahrscheinlichkeit wird mit 0,284 = 28,4% angegeben – und diese Wahrscheinlichkeit ist größer als alle üblichen Signifikanzniveaus.

Es wurde schon an anderer Stelle darauf aufmerksam gemacht, dass übliche Signifikanzniveaus in der sozialwissenschaftlichen Forschungspraxis 1%, 2%, 5% oder 10% sind. Dabei wählt man in der Regel höhere Signifikanzniveaus bei kleineren Stichproben und umgekehrt. Dies beruht auf der Überlegung, dass ein umfangreicherer Informationshintergrund (größere Stichprobe) eher die Möglichkeit bietet, das Risiko des Fehlers vom Typ I (Verwerfung einer an sich zutreffenden Hypothese) zu verkleinern. Allerdings erhöhen Sie auf diese Weise zugleich das Risiko des Fehlers vom Typ II (Beibehaltung einer an sich nicht zutreffenden Nullhypothese). Darüber wurde schon in Kapitel 14, Abschnitt 14.1 gesprochen. Letztlich entscheidet über die Höhe des Signifikanzniveaus die Beantwortung der Frage, welche Kosten mit Fehlentscheidungen verbunden sind – und da diese bei Examensarbeiten in der Regel keine entscheidende Rolle spielen, können Sie sich getrost der üblichen Praxis anschließen.

Vor dem Hintergrund des Levene-Tests interessiert beim *T-Test*, der dann im rechten Bereich der Ausgabetabelle folgt, nur noch die erste Zeile – und dort finden Sie dann eine Überschreitungswahrscheinlichkeit unter der Überschrift SIG. (2-SEITIG) von 0,101 = 10,1%. Diese ist größer als das vorgegebene Signifikanzniveau (5%), sodass die Nullhypothese bestätigt wird. Mit anderen Worten: Es gibt zwar einen Mittelwertunterschied in unserer Stichprobe zwischen weiblichen und männlichen Befragten beim Grad der Zustimmung zu Aussage 1, aber dieser Mittelwertunterschied ist statistisch nicht signifikant. Er widerspricht nicht der Hypothese, dass der mittlere Grad der Zustimmung in der Grundgesamtheit bei weiblichen der gleiche ist wie bei männlichen Befragten.

15.4 Anpassungstest

Schon im Rahmen der Repräsentativitätsüberprüfungen in Kapitel 14 haben Sie einen Anpassungstest kennen gelernt, nämlich den Chi-Quadrat-Anpassungstest. Dieser kann auch verwendet werden, wenn eine aus Stichprobendaten gewonnene Häufigkeitsverteilung an eine hypothetisch behauptete, also an eine theoretische Verteilung angepasst werden soll. Diese Anpassung entspricht der Überprüfung der Hypothese, dass die Verteilung der interessierenden Variablen in der Grundgesamtheit einem bestimmten theoretischen Verteilungsmodell folgt.

Die einfachste Form einer solchen theoretischen Verteilung ist die *Gleichverteilung*. Sie liegt dann vor, wenn für alle Werte einer Untersuchungsvariablen jeweils die gleiche Häufigkeit behauptet wird.

Es soll untersucht werden, ob die Konfessionsverteilung in der Stichprobe hinreichend gut mit dem Modell der Gleichverteilung übereinstimmt, wenn die Kategorien „keine" und „anderes" zu einer einzigen Kategorie zusammengelegt werden. Um diese Frage zu beantworten, schauen Sie sich zunächst einmal die Verteilung der Befragten in der Stichprobe auf die einzelnen Konfessionen an:

Tabelle 28: Konfessionsverteilung (umcodiert)

Konfession

		Häufigkeit	Gültige Prozente
Gültig	katholisch	58	36,7
	evangelisch	60	38,0
	keine / anderes	40	25,3
	Gesamt	158	100,0
Fehlend	System	2	
Gesamt		160	

Vor der Erstellung dieser Häufigkeitsverteilung wurde die Variable „Konfession [konf]" in eine neue Variable „konfc" umcodiert, bei der die Kategorien „keine" und „andere" zu einer einzigen Kategorie zusammengefasst wurden (siehe zum Umcodieren Kapitel 13, Abschnitt 13.1). Diese Umcodierung haben wir aus didaktischen Gründen vorgenommen, weil andernfalls schon auf den ersten Blick deutlich wird, dass keine Gleichverteilung vorliegt. Zudem wird damit dafür Sorge getragen, dass kein Erwartungswert kleiner als 5 auftaucht (siehe auch Abschnitt 14.5, wo auf diese Voraussetzung bereits aufmerksam gemacht wurde).

Beim Chi-Quadrat-Anpassungstest müssen den beobachteten Häufigkeiten diejenigen gegenübergestellt werden, die zu erwarten wären, wenn die Hypothese der Gleichverteilung zuträfe. SPSS führt diesen Test wie folgt durch:

SPSS:
1. Wählen Sie ANALYSIEREN / NICHTPARAMETRISCHE TESTS / EINE STICHPRO-
   BE...
2. In dem sich öffnenden Fenster klicken Sie (sofern noch erforderlich) auf das
   Register ZIEL und klicken an (sofern noch erforderlich) bei BEOBACHTETE
   UND HYPOTHETISCHE DATEN AUTOMATISCH VERGLEICHEN.
3. Wechseln Sie zum Register FELDER und sorgen Sie dafür, dass nur die Variable „Konfession [konfc]" im rechten Bereich TESTFELDER: steht.
4. Wechseln Sie zum Register EINSTELLUNGEN und klicken Sie an bei TESTS
   ANPASSEN.
5. Sorgen Sie für ein Häkchen bei BEOBACHTETE UND HYPOTHETISCHE WAHR-
   SCHEINLICHKEIT VERGLEICHEN (CHI-QUADRAT-TEST) und klicken Sie auf
   OPTIONEN.
6. Klicken Sie an bei ALLE KATEGORIEN HABEN DIE GLEICHE WAHRSCHEINLICH-
   KEIT.
7. Klicken Sie auf OK und dann auf AUSFÜHREN.

Tabelle 29: Test auf Gleichverteilung mit SPSS

Übersicht über Hypothesentest

	Nullhypothese	Test	Sig.	Entscheidung
1	Die Kategorien von Konfession (umcodiert) treten mit gleichen Wahrscheinlichkeiten auf.	Chi-Quadrat-Test einer Stichprobe	,100	Nullhypothese behalten.

Asymptotische Signifikanzen werden angezeigt. Das Signifikanzniveau ist ,05.

Sie erkennen in der zweiten Ausgabetabelle beim Stichwort SIG. (asymptotische
Signifikanz) den Wert 0,100 – also eine Überschreitungswahrscheinlichkeit von
10%. Wenn Sie bei diesem Test ein Signifikanzniveau von $\alpha = 5\%$ unterstellt
haben, kann deshalb die Hypothese der Gleichverteilung der Konfessionszugehö-
rigkeit als bestätigt gelten. Bei $\alpha = 10\%$ wäre die Hypothese zu verwerfen, weil die
Regel gilt, dass immer dann verworfen wird, wenn die Signifikanz kleiner oder
gleich dem Signifikanzniveau ist.
   Sie sehen erneut, die Wahl des Signifikanzniveaus beeinflusst die Testentscheidung: Die Erhöhung des Signifikanzniveaus von $\alpha = 5\%$ auf $\alpha = 10\%$ führt
zu einer anderen Entscheidung, ist allerdings auch mit der Erhöhung der Wahrscheinlichkeit des Fehlers vom Typ I (Verwerfung einer an sich zutreffenden
Hypothese) verbunden.

Beim Chi-Quadrat-Test kann übrigens immer nur einseitig getestet werden, weil als Prüfgröße die Summe der mit den Erwartungswerten relativierten quadrierten Abweichungen zwischen beobachteten und zu erwartenden Häufigkeiten benutzt wird – und diese muss immer größer oder gleich null sein. Die Überschreitungswahrscheinlichkeit (Signifikanz) für den Stichprobenbefund ist dann die Wahrscheinlichkeit für den Wert der Prüfgröße oder für einen noch größeren; das heißt, es wird immer nur in Richtung der noch größeren Werte der Prüfgröße geschaut.

Dazu eine Anmerkung: Die Hypothese der Gleichverteilung, also die Anpassung einer Gleichverteilung an eine empirische Verteilung aus der Stichprobe, ist in der Praxis eine eher seltene Aufgabe. Häufiger steht man vor der Frage, ob die Häufigkeiten in der Verteilung von Stichprobendaten hinreichend gut mit vorzugebenden Häufigkeiten übereinstimmen. Dieser Fall wurde schon in Abschnitt 14.5 besprochen.

Überprüfung einer Normalverteilungshypothese
Nicht selten ist es erforderlich, die Hypothese zu prüfen, dass die Daten einer Stichprobe hinreichend gut dem Modell der Normalverteilung entsprechen. Dies kann mit dem Kolmogorov/Smirnov-Test überprüft werden, der allerdings metrische Daten voraussetzt.

Wollen wir also beispielsweise prüfen, ob die Variable „Geburtsjahr [gebjahr]" hinreichend gut normalverteilt ist, gehen wir wie folgt vor:

SPSS:
1. Wählen Sie ANALYSIEREN / NICHTPARAMETRISCHE TESTS / EINE STICHPROBE...
2. In dem sich öffnenden Fenster klicken Sie (sofern noch erforderlich) auf das Register ZIEL und klicken an (sofern noch erforderlich) bei BEOBACHTETE UND HYPOTHETISCHE DATEN AUTOMATISCH VERGLEICHEN.
3. Wechseln Sie zum Register FELDER und sorgen Sie dafür, dass nur die Variable „Geburtsjahr [gebjahr]" im rechten Bereich TESTFELDER: steht.
4. Wechseln Sie zum Register EINSTELLUNGEN und klicken Sie an bei TESTS AUTOMATISCH ANHAND DER DATEN AUSWÄHLEN.
5. Klicken Sie AUSFÜHREN.

Tabelle 30: Anpassungstest

Übersicht über Hypothesentest

	Nullhypothese	Test	Sig.	Entscheidung
1	Die Verteilung von Geburtsjahr ist normal mit Mittelwert 1.953,18 und Standardabweichung 15,88.	Kolmogorov-Smirnov-Test einer Stichprobe	,234	Nullhypothese behalten.

Asymptotische Signifikanzen werden angezeigt. Das Signifikanzniveau ist , 05.

Sie erkennen anhand der Signifikanz (0,234 = 23,4%), dass die Hypothese der Normalverteilung der Geburtsjahre zu bestätigen ist.

15.5 Zusammenfassung

Testverfahren können generell – je nach Art der zu prüfenden Hypothese – in zwei Gruppen eingeteilt werden:

▪ Tests über Parameterhypothesen
▪ Tests über Verteilungshypothesen

Als Parameterhypothesen haben Sie den Anteilswerttest, den Mittelwerttest und den Test von Mittelwertdifferenzen kennen gelernt. Parameterhypothesen können sich beispielsweise aber auch auf Streuungsmaße, auf Differenzen von Streuungen, auf Differenzen von Anteilswerten, auf den Median oder auf andere interessierende Maßzahlen beziehen. Ebenso können auch Maßzahlen aus dem Bereich der statistischen Zusammenhänge (siehe dazu die folgenden beiden Kapitel) getestet werden.

Als Test einer Verteilungshypothese haben Sie den Chi-Quadrat-Anpassungstest und den Kolmogorov/Smirnov-Test kennen gelernt. Aber auch in diesem Bereich gibt es weitere Verfahren, die gute Dienste leisten können. Sie alle anzusprechen, würde hier viel zu weit führen. Wir verweisen auf die zuständige Literatur zur statistischen Methodenlehre.

16 Die Art des statistischen Zusammenhangs (Regressionsrechnung)

Ausgehend von theoretischen Vorüberlegungen stellt sich jetzt die Frage, in welcher Weise eine interessierende Untersuchungsvariable von anderen Variablen beeinflusst und wie dieser (eventuell vorliegende) Einfluss beschrieben werden kann. Im einfachsten Fall geht es um eine *bivariate Beziehung* (Beziehung zwischen zwei Variablen; bi = zwei), die folgendermaßen skizziert werden kann:

$$X \longrightarrow Y$$

16.1 Aufgabenstellung

Die Betrachtung der Beziehung zwischen Variablen macht die Befassung mit echten sozialwissenschaftlichen Daten eigentlich erst interessant. Aber wie kommt man auf die Idee, solche Beziehungen zu untersuchen?

Wir haben zum Beispiel in unserem Datenbestand festgestellt, dass die Antworten auf die Frage nach der durchschnittlichen Schlafdauer – wie es ja auch nicht anders zu erwarten war – streuen:

Tabelle 31: Maßzahlen der Variablen „Schlafdauer"

Statistiken

Durchschnittliche Schlafdauer

N	Gültig	157
	Fehlend	3
Mittelwert		7,0127
Standardabweichung		1,11509

Die durchschnittliche Schlafdauer liegt bei etwas über sieben Stunden (7,0127 Stunden); die Streuung wird von SPSS mit der Standardabweichung zu 1,11509 (Stunden) berechnet.

Es stellt sich jetzt die Frage, ob es Variablen gibt, die die durchschnittliche Schlafdauer beeinflussen – Variablen, die also dafür sorgen, dass die einzelnen Angaben der Befragten streuen. Zweifellos fallen Ihnen eine Reihe denkbarer Faktoren ein, die auf die Schlafdauer Einfluss nehmen könnten. Wenn Sie von der Vorstellung ausgehen, dass in dieser Welt letztlich alles mit allem zusammenhängt, könnten Sie eine sehr große Zahl von potentiell beeinflussenden Variablen benennen. Aber vielleicht ist es ja auch so, dass es einige besonders wichtige Variablen gibt, die auf die Schlafdauer Einfluss nehmen, so beispielsweise die Variable „Alter", vielleicht aber auch die Variable „Geschlecht" oder die Variable „Gesundheitszustand" (letztere allerdings befindet sich nicht in unserem Datenbestand, sodass wir die diesbezügliche *Zusammenhangshypothese* nicht überprüfen können).

Der Aufgabe, die Art des Zusammenhangs zwischen einer interessierenden Untersuchungsvariablen und denjenigen, die sie beeinflussen, zu beschreiben, widmet sich der Teil der Statistik, der mit Regressionsrechnung überschrieben ist. Im einfachsten Fall der Regressionsrechnung geht es darum, die Art des Zusammenhangs zwischen einer beeinflussten Variablen Y (man nennt sie die *Abhängige*; es ist die zu erklärende Variable) und einer einzigen sie beeinflussenden Variablen X (man nennt sie die *Unabhängige*; es ist die erklärende Variable) zu beschreiben.

Mit diesem gedanklichen Ansatz reduzieren Sie die Realität beziehungsweise den Ausschnitt der an sich wesentlich komplexeren Realität, den Sie betrachten, auf zwei Variablen. Aber selbst diese Komplexitätsreduzierung kann, erstens, zu durchaus interessanten und erkenntnissteigernden Ergebnissen führen, und zweitens gewinnen Sie so den Grundbaustein für komplizierte und damit der Realität angemessenere Zusammenhänge – für Zusammenhänge mit mehr als zwei beeinflussenden Variablen (→ Abschnitt 16.5).

Mit der Beschreibung der Art eines bivariaten Zusammenhangs wird aber genau genommen mehr geleistet als lediglich eine Beschreibung: Mit der Beantwortung der Frage, wodurch die Streuung der Variablen Y beeinflusst wird, wird zusätzlich auch der Weg zur *statistischen Erklärung* beschritten. Und Erklären ist letzten Endes das, was wissenschaftliche Forschung ausmacht.

16.2 Streudiagramm

Bleiben wir zunächst beim oben genannten Beispiel: Schlafdauer und Alter. Welches ist die beeinflusste Variable Y, welches ist die beeinflussende X?

Bei diesem Beispiel sollte die Antwort einfach sein: Über verschiedene Personen hinweg betrachtet, ist davon auszugehen, dass das Alter die durchschnittliche Schlafdauer beeinflussen könnte und nicht umgekehrt.

Nicht immer ist diese Entscheidung, welches die abhängige und welches die unabhängige Variable ist, so einfach. Stellen Sie sich vor, Sie untersuchten über mehrere Länder hinweg den Zusammenhang zwischen Arbeitslosenquote und Inflationsrate. Welche Variable beeinflusst dabei welche? Diese Entscheidung treffen Sie auf der Basis Ihrer Forschungsfrage, also Ihrer Untersuchungshypothese: Lautet diese, die Arbeitslosenquote wird durch die Inflationsrate beeinflusst, so ist die Inflationsrate die Unabhängige X und die Arbeitslosenquote die Abhängige Y.

Wir können unsere Stichprobendaten zunächst einmal in einem für die Visualisierung bivariater Zusammenhänge sehr gut geeigneten *Streudiagramm* darstellen, um zu sehen, wie sich die einzelnen Befragten hinsichtlich der Ausprägungen der beiden untersuchten Variablen – Schlafdauer und Alter – in einem Achsenkreuz anordnen lassen.

SPSS:
1. Wählen Sie DIAGRAMME / GRAFIKTAFEL-VORLAGENAUSWAHL (Abbildung 48).
2. Klicken Sie im Register BASIS auf die Variable „Geburtsjahr [gebjahr]" und dann zusammen mit der STRG-Taste auf die Variable „Durchschnittliche Schlafdauer [schlaf]".
3. Klicken Sie auf die Variante STREUDIAGRAMM, rechts unten und auf OK.

Mit dieser Prozedur entsteht Abbildung 49. Jede befragte Person wird in dieser Abbildung 49 als Punkt in einem Achsenkreuz (Koordinatensystem) dargestellt. In diesem Achsenkreuz wird auf der waagerechten Achse (Abszisse) das Alter (bzw. hier das Geburtsjahr X), auf der senkrechten Achse (Ordinate) die durchschnittliche Schlafdauer Y abgetragen. Auf diese Weise entspricht jedem Punkt eine Merkmalskombination aus Alter (Geburtsjahr) und Schlafdauer. Es entsteht eine sogenannte *Punktwolke,* die in unserem Beispiel sehr diffus aussieht und keine eindeutige Richtung erkennen lässt.

Beachten Sie, dass niedrigere Werte für das Geburtsjahr – Punkte, die näher am Ursprung des Koordinatensystems liegen – älteren Personen entsprechen, also solchen, die früher geboren wurden.

Wenn Sie Abbildung 49 betrachten, so fällt Ihnen vermutlich auf, dass die Punkte gewissermaßen auf imaginären Horizontalen angeordnet sind; dies liegt daran, dass es für die Befragten nahe liegend war, ganze Stunden zu nennen (zum Beispiel „7 Stunden") beziehungsweise allenfalls auf eine halbe Stunde auf-

oder abgerundete Angaben zu machen (zum Beispiel „7,5 Stunden"). Es käme ja kaum ein Befragter auf die Idee, seine durchschnittliche Schlafdauer mit „7,43 Stunden" festzulegen.

Abbildung 48: Menü DIAGRAMME / GRAFIKTAFEL-VORLAGENAUSWAHL...
(Ausschnitt)

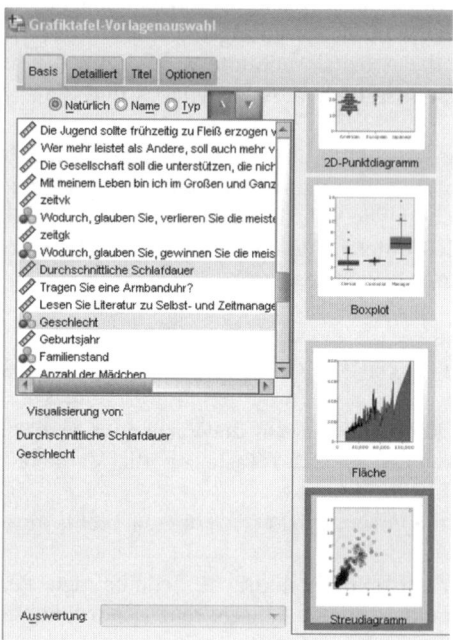

Abbildung 49: Streudiagramm Geburtsjahr – Schlafdauer

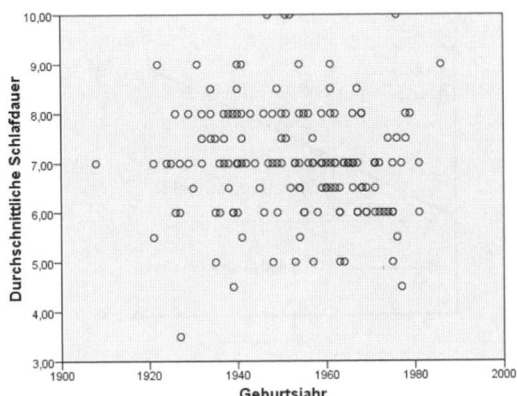

16.3 Lineare Funktion

Die Aufgabe der Regressionsrechnung besteht nun darin, in das Streudiagramm eine zusammenfassend beschreibende Funktion hineinzulegen. Diese Funktion wird als *Regressionsfunktion* bezeichnet. Im einfachsten (und in der Praxis häufigsten) Fall handelt es sich dabei um eine *lineare Funktion*, das heißt um eine *Regressionsgerade*, mit nicht-linearen Regressionsfunktionen wollen wir uns in diesem Buch nicht beschäftigen; sie werden in der Praxis der empirischen Sozialforschung auch nur selten zu nutzen sein.

Da die Parameter dieser Funktion für die inhaltliche Interpretation der Auswertungsergebnisse außerordentlich wichtig sind, muss darauf kurz eingegangen werden. Die lineare Funktion sieht mathematisch so aus:

$y = a + bx.$

In grafischer Darstellung sieht sie wie folgt aus:

Abbildung 50: Lineare Funktion

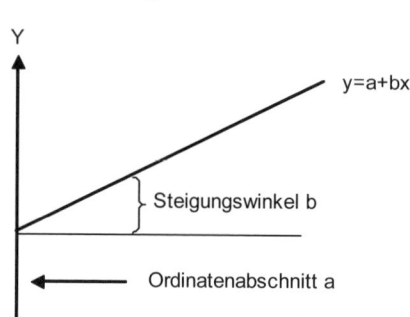

Dabei bedeutet:

a = Ordinatenabschnitt (Schnittpunkt der Geraden mit der senkrechten Achse)
b = Steigung (Tangens des Steigungswinkels).

Gehen Sie auf der waagerechten X-Achse eine Einheit (ein Geburtsjahr) nach rechts, gibt der Tangens an, um wie viele Einheiten (Schlafstunden) Sie auf der linearen Funktion nach oben müssen.

Sind a und b numerisch bekannt, ist die Lage der Geraden im Achsenkreuz bestimmt. Natürlich kommt es nun darauf an, a und b rechnerisch so zu bestimmen, dass die Gerade optimal durch die Punkte des Streudiagramms, also mitten hindurch verläuft. Diese Aufgabe wird mit der *Methode der kleinsten Quadrate* erledigt, die wir hier nicht zu besprechen brauchen, da SPSS die Geradenparameter a und b der Geraden automatisch berechnet.

16.4 Bivariate Regressionsrechnung

Mit SPSS soll nun die lineare Regressionsfunktion zwischen den Variablen „Geburtsjahr [gebjahr]" und „Durchschnittliche Schlafdauer [schlaf]" berechnet werden.

SPSS:
1. Wählen Sie ANALYSIEREN / REGRESSION / LINEAR... (→ Abbildung 51).
2. Übertragen Sie die Variable „Durchschnittliche Schlafdauer [schlaf]" in den Bereich ABHÄNGIGE VARIABLE:, die Variable „Geburtsjahr [gebjahr]" in den Bereich UNABHÄNGIGE:.
3. Klicken Sie auf OK.

Sie erhalten vier Ausgabetabellen. Die erste zeigt Ihnen lediglich, welche Variablen in Ihr lineares Regressionsmodell aufgenommen wurden, und in der Fußnote b ist vermerkt, welches die abhängige Variable ist.

Abbildung 51: Menü ANALYSIEREN / REGRESSION / LINEAR… (Ausschnitt)

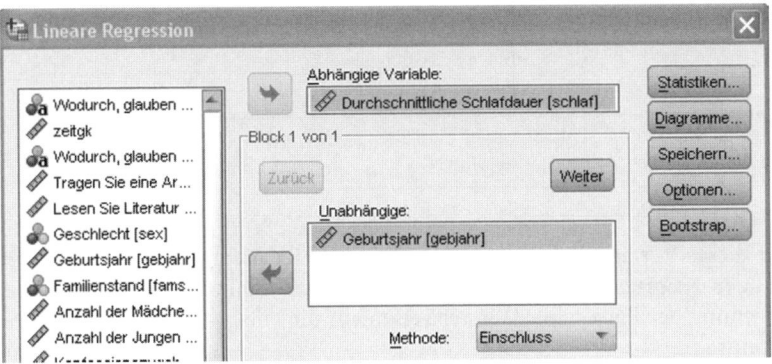

Tabelle 32: Regressionsstatistik: Erste Ausgabetabelle

Aufgenommene/Entfernte Variablen[a]

Modell	Aufgenomme ne Variablen	Entfernte Variablen	Methode
1	Geburtsjahr[b]	.	Einschluß

a. Abhängige Variable: Durchschnittliche Schlafdauer

b. Alle gewünschten Variablen wurden eingegeben.

Die zweite Ausgabetabelle zeigt Werte, auf die wir im folgenden Kapitel zu sprechen kommen.

Tabelle 33: Regressionsstatistik: Zweite Ausgabetabelle

Modellzusammenfassung

Modell	R	R-Quadrat	Korrigiertes R-Quadrat	Standardfehle r des Schätzers
1	,078[a]	,006	,000	1,11528

a. Einflußvariablen : (Konstante), Geburtsjahr

Die dritte Ausgabetabelle zeigt das Ergebnis einer Varianzanalyse.

Tabelle 34: Regressionsstatistik: Dritte Ausgabetabelle

ANOVA[a]

Modell		Quadratsum me	df	Mittel der Quadrate	F	Sig.
1	Regression	1,177	1	1,177	,947	,332[b]
	Nicht standardisierte Residuen	192,797	155	1,244		
	Gesamt	193,975	156			

a. Abhängige Variable: Durchschnittliche Schlafdauer
b. Einflußvariablen : (Konstante), Geburtsjahr

Über dieses Verfahren der Varianzanalyse soll hier nicht gesprochen werden, da es zu den anspruchsvolleren Analyseinstrumenten zählt, für die in dieser Veröffentlichung der Platz fehlt. Wir verweisen auf die entsprechende weiterführende Literatur.

Für Sie ist bei dieser Varianzanalyse der letzte Wert unter dem Stichwort SIG. von Interesse. Dieser Wert ist wieder eine Überschreitungswahrscheinlichkeit. Sie ergibt sich zu 33,2%. Dies bedeutet, dass die Hypothese, in der Grundgesamtheit gäbe es keinen Zusammenhang zwischen durchschnittlicher Schlafdauer und Geburtsjahr, nicht verworfen werden kann; sie wird also bestätigt. Zu diesem Ergebnis gelangten wir ja auch bereits nach einem verschärften Blick auf das Streudiagramm (→ Abbildung 49 weiter oben), das keinen eindeutigen Zusammenhang zwischen beiden Variablen repräsentierte.

Wichtig ist nun die letzte der vier Ausgabetabellen:

Tabelle 35: Regressionsstatistik: Vierte Ausgabetabelle

Koeffizienten[a]

Modell		Nicht standardisierte Koeffizienten		Standardisierte Koeffizienten	T	Sig.
		Regressionsk oeffizientB	Standardfehle r	Beta		
1	(Konstante)	17,668	10,952		1,613	,109
	Geburtsjahr	-,005	,006	-,078	-,973	,332

a. Abhängige Variable: Durchschnittliche Schlafdauer

In dieser vierten Ausgabetabelle beschränken wir uns auf die wichtigsten Informationen:

Beim Stichwort (KONSTANTE) finden Sie den *Ordinatenabschnitt* a der linearen Regressionsfunktion: Er wird mit 17,668 angegeben. Dieser Wert ist wie folgt zu interpretieren: Personen mit dem Geburtsjahr 0 lassen eine durchschnittliche Schlafdauer von 17,668 Stunden erwarten. Dies ist ein ziemlich unsinniger Wert – aber bei Ordinatenabschnitten manchmal auftretend.

Darunter wird mit -0,005 die *Steigung* b angegeben; die führende Null links vom Dezimalkomma wird von SPSS unterdrückt. Dieser Wert bedeutet, dass mit Zunahme der Variablen X um eine Einheit (= Wechsel von einem Geburtsjahr zum nächsthöheren), die Variable Y (durchschnittliche Schlafdauer) tendenziell um 0,005 Stunden zurückgeht; dieser Rückgang wird durch das Minuszeichen repräsentiert. Auf den Punkt gebracht, bedeutet das: Jüngere schlafen tendenziell kürzer als Ältere. Allerdings ist dieser Rückgang so gering – 0,005 Stunden entsprechen nur 18 Sekunden! –, dass er statistisch nicht signifikant von null verschieden ist. Dies wiederum erkennen Sie am Wert 0,332 = 33,2%, der unter dem Stichwort SIG. ausgegeben ist; das hatten wir ja auch schon in der ANOVA-Tabelle (→ dritte Ausgabentabelle) erkannt.

Über den in der obigen Tabelle 35 auch ausgegebenen standardisierten Koeffizienten BETA sprechen wir in Abschnitt 16.5. Er braucht an dieser Stelle noch nicht zu interessieren.

Wenn Sie nun die soeben bestimmte lineare Regressionsfunktion in das bereits vorliegende Streudiagramm einzeichnen möchten, müssen Sie wie folgt vorgehen:

SPSS:
1. Erzeugen Sie noch einmal das Streudiagramm, jetzt aber über DIAGRAMME / VERALTETE DIALOGFELDER / STREU-/PUNKTDIAGRAMM...
2. Klicken Sie auf EINFACHES STREUDIAGRAMM und danach auf DEFINIEREN.
3. Übertragen Sie die Variable „Durchschnittliche Schlafdauer [schlaf]" in das Feld Y-ACHSE: und die Variable „Geburtsjahr [gebjahr]" in das Feld X-ACHSE:.
4. Klicken Sie auf OK.
5. Doppelklicken Sie auf das entstandene Streudiagramm.
6. Klicken Sie auf die Schaltfläche ANPASSUNGSLINIE BEI GESAMTWERT HINZU-FÜGEN 🗠
7. Klicken Sie „ins Freie".

Abbildung 52: Streudiagramm mit Regressionsgerade

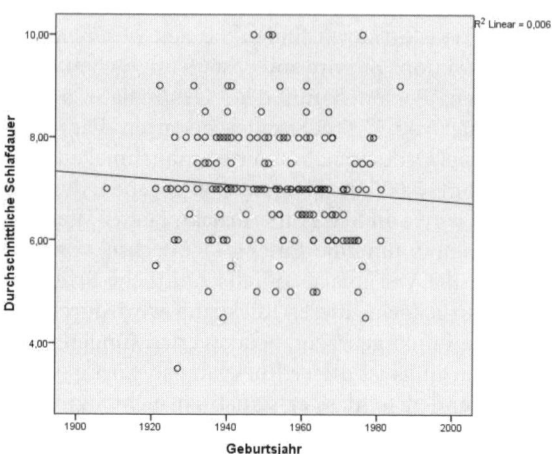

Auch hier erkennen Sie die negative Steigung der Regressionsgeraden – sie fällt leicht von links oben nach rechts unten; aber – wie wir schon mit Blick auf die Angabe unter dem Stichwort SIGNIFIKANZ (0,332) in der vierten Ausgabetabelle (Tabelle 35) festgestellt haben – diese leicht negative Steigung ist statistisch nicht signifikant von null verschieden, und die Hypothese, die Steigung in der Grundgesamtheit sei null, kann somit – da 0,332 > α – nicht verworfen werden.

Diese Regressionsgerade ist nicht nur eine zusammenfassende Beschreibung des vorliegenden bivariaten Datenbestandes, sondern sie erlaubt auch Aussagen prognostischer Art: Wir können mit ihrer Hilfe die Frage beantworten, welche durchschnittliche Schlafdauer bei einer Person zu erwarten ist, die zum Beispiel dem Geburtsjahrgang 1940 angehört. Für diese Prognose setzen wir in die Geradengleichung an den Stellen a und b die Werte ein, die in der vierten Ausgabetabelle unter der Überschrift B ausgegeben wurden, und erhalten somit:

$$Y = a + bx = 17,668 - 0,005 \cdot 1940 = 17,668 - 9,7 = 7,968$$

Dieses Ergebnis bedeutet, dass eine zufällig ausgewählte Person, deren Geburtsjahr 1940 ist, eine durchschnittliche Schlafdauer von 7,968 Stunden erwarten lässt – basierend auf der Hypothese, dass die berechnete Regressionsgerade den wahren Zusammenhang zwischen beiden Untersuchungsvariablen zutreffend beschreibt; dies steht allerdings in Frage, da das Modell ja in der dritten Ausgabetabelle als nicht signifikant erkannt wurde. Die durchgeführte Prognose, die sich ja auf die Verhältnisse in der unbekannten Grundgesamtheit bezieht, ist deshalb in diesem Fall untauglich – sie wäre aber dann zu verwerten, wenn die Zusammenhänge zwischen den beiden betrachteten Variablen als statistisch signifikant von null verschieden erkannt worden wären.

Die Qualität einer solchen Prognose hängt von mehreren Faktoren ab:

- Anzahl der Beobachtungen: Je größer unsere Stichprobe ist, desto treffsicherer werden Prognosen.

- Streuung der Punkte im Streudiagramm: Je enger die Punkte um die Regressionsgerade streuen (in unserem Beispiel streuen sie aber sehr weit und unregelmäßig, wie Abbildung 52 deutlich zeigt), desto sicherer werden Prognosen, weil die Richtung des eventuellen Zusammenhangs dann sehr deutlich zum Ausdruck kommt.

- Stärke des Zusammenhangs: Je stärker der Zusammenhang zwischen beiden Variablen, desto sicherer werden Prognosen – und desto weniger streuen die einzelnen Punkte um die Regressionsgerade. Dieser Punkt hängt also direkt mit dem zuvor genannten Punkt zusammen (→ folgendes Kapitel).

- Angemessenheit des linearen Funktionstyps: Wenn die Gestalt der Punktwolke im Streudiagramm zeigt, dass der lineare Funktionstyp eigentlich nicht geeignet ist, den interessierenden Zusammenhang zutreffend zu beschreiben – oder wenn Sie aufgrund theoretischer Überlegungen zu dieser Einsicht gelangen; beispielsweise kann steigender Düngemitteleinsatz auf Probefeldern nicht auf Dauer zu linear steigenden Ernteerträgen führen –, dann werden auch Prognosen, die auf der linearen Funktion beruhen, eher in die Irre gehen.

Das Instrument der Regressionsrechnung kann nur eingesetzt werden, sofern metrische Daten vorliegen. Bei nicht-metrischen Daten, also bei nominal- oder ordinalskalierten Daten, kann allerdings mit Kreuztabellen oder mit Hilfe von Dummy-Variablen gearbeitet werden, worüber im nächsten Kapitel gesprochen wird.

16.5 Multiple Regressionsrechnung

In dem Fragebogen, der in unserem Demonstrationsbeispiel verwendet wurde, wurden viele Fragen gestellt – ausgehend von der Vorstellung, dass die Beziehungen zwischen dem sozialen Kontext einerseits und subjektiver Zeitwahrnehmung andererseits reichlich komplexer Natur sein dürften. Deshalb sollte man sich – nach Betrachtung bivariater Zusammenhänge – der Frage zuwenden, wie komplexere Modelle als besseres Abbild der Realität konstruiert werden können.

Das soeben besprochene bivariate Regressionsmodell stellt eine außerordentlich starke Vereinfachung der Realität dar: Von der Hypothese auszugehen, dass eine interessierende Untersuchungsvariable nur von einer einzigen anderen Variablen beeinflusst wird, entspricht einer sehr abstrahierenden Betrachtung der Wirklichkeit. Darunter leidet natürlich auch die prognostische Kraft der Regressionsfunktion; wir hatten ja gesehen, dass mit der Regressionsfunktion berechnet werden kann, welcher Y-Wert bei einem gegebenen X-Wert zu erwarten ist. Aussagen dieser Art werden umso sicherer sein, je mehr Informationen in die entsprechenden Berechnungen einfließen. Dies bedeutet zum einen, dass diese Aussagesicherheit umso höher ist, je mehr Beobachtungen wir in unserer Stichprobe haben, aber zum anderen auch – und darauf kommt es hier an –, je mehr beeinflussende Variablen wir benennen können, die auf die abhängige Variable Y einwirken.

Betrachten Sie das folgende Beispiel: Wir untersuchen den statistischen Zusammenhang zwischen der Körpergröße (X) und dem Körpergewicht (Y) von Kindern. Es lässt sich leicht vorstellen und auch berechnen, dass mit zunehmender Körpergröße tendenziell das Gewicht steigt, sodass wir mit der berechenbaren Regressionsfunktion prognostische Aussagen zum Beispiel der folgenden Art gewinnen können: „Ein Kind mit der Körpergröße 128 cm lässt ein Gewicht von 33,5 kg erwarten."

Zweifellos kann aber diese Prognose verbessert werden, wenn wir – neben der Variablen X = Körpergröße – zusätzlich die Variable Z = Alter als Beeinflussende in das Regressionsmodell mit aufnehmen.

Der Einbezug dritter (und auch weiterer) Variablen ist mit einem weiteren Vorzug verbunden: Wenn sich beispielsweise herausstellt, dass eine bestimmte dritte Variable Z zu keiner Verbesserung der prognostischen Qualität der Regressionsfunktion beiträgt – erkennbar daran, dass der entsprechende Regressionskoeffizient (Steigungswinkel b) nicht signifikant von null verschieden ist –, dann haben wir den Hinweis darauf gewonnen, dass der Einbezug dieser dritten Variablen Z unser Regressionsmodell nicht besser an die Realität angepasst hat. Auf diese Weise können wir – nach schrittweiser Erprobung mehrerer dritter Variablen Z – darüber entscheiden, welche Variablen in ein brauchbares Modell aufgenommen werden sollen und welche entbehrlich sind.

Schematisch sieht der Drei-Variablen-Fall – der entsprechend auch auf vier oder mehr Variablen erweitert werden kann – so aus, wie es die folgende Skizze verdeutlicht:

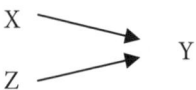

Im Drei-Variablen-Fall stellt sich jeder Merkmalsträger als Punkt in einem drei-dimensionalen Achsenkreuz dar: Y ist die senkrechte Achse, X und Z sind zwei waagerechte Achsen, die rechtwinklig angeordnet sind: Die lineare Regressions-funktion stellt sich im dreidimensionalen Achsenkreuz als *lineare Regressions-fläche* dar: Diese Regressionsfläche kann mathematisch wie folgt beschrieben werden:

$$y = b_0 + b_1 x + b_2 z$$

Dabei bedeutet:

b_0 = Ordinatenabschnitt der Funktion, das heißt Schnittpunkt mit der senkrech-ten Achse (im bivariaten Fall in der Regel mit a bezeichnet)
b_1 = Steigung in Richtung der X-Achse
b_2 = Steigung in Richtung der Z-Achse

Die Steigungskoeffizienten b_1 und b_2 werden *partielle Regressionskoeffizienten* genannt.

Für die inhaltliche Interpretation dieser partiellen Regressionskoeffizienten sind die folgenden Überlegungen maßgeblich:

b_1 gibt die Änderung der beeinflussten Variablen Y an, die mit der Ände-rung der beeinflussenden Variablen X um eine Einheit (Maßeinheit der X-Achse) einhergeht (Steigung der Regressionsfläche) – und zwar unabhängig davon, welchen Wert die Variable Z aufweist. Die Steigung b_1 in Richtung der X-Achse gilt an allen Positionen der linearen Regressionsfläche, und zwar unab-hängig davon, von welcher Position Z aus Sie das dreidimensionale Achsenkreuz betrachten. Entsprechendes gilt für b_2. Dies ist die Steigung der Regressionsfläche in Richtung der Z-Achse – unabhängig davon, welchen Wert die Variable X aufweist.

Im Fall von mehr als drei Variablen hat man ein höher dimensionales Ach-senkreuz – obgleich man sich das gedanklich nicht mehr vorstellen kann. Die lineare Regressionsfläche wird zu einer *linearen Hyperfläche* und die Zahl der partiellen Regressionskoeffizienten steigt entsprechend.

Wenn wir uns hier auf den Drei-Variablen-Fall beschränken, ist nun klar, vor welchen Fragen wir stehen:

- Welches ist die dritte Variable Z, die wir in unser Regressionsmodell auf-nehmen wollen?
- Wie berechnet man die Parameter der linearen Regressionsfläche, und was besagen diese Parameter?

Um den Drei-Variablen-Fall zu illustrieren, betrachten wir nachfolgend ein anderes Beispiel als jenes, das sich auf den Zusammenhang zwischen Alter (Geburtsjahr) und Schlafdauer bezog – jenes führte ja zu keinem signifikanten Befund.

Wir interessieren uns für die folgende Frage: Wie sieht der multiple Zusammenhang zwischen der als abhängig anzusehenden Variablen „Einkommen" einerseits und den beeinflussenden Variablen „Geschlecht" und „Wochenarbeitszeit" (man nennt sie in diesem Zusammenhang auch die unabhängigen Variablen) andererseits aus?

Wir erinnern noch einmal daran, dass das Instrument der Regressionsrechnung metrische Daten voraussetzt. Die Variable „Wochenarbeitszeit" ist metrisch, die beiden anderen Variablen sind es hingegen nicht, sodass wir hier gegen die genannte Voraussetzung verstoßen.

Nun gilt aber Folgendes: Die nominalskalierte Variable „Geschlecht" hat nur zwei Ausprägungen (1 = „männlich" und 2 = „weiblich"). Solche Variablen nennt man dichotome Variablen, und diese können behandelt werden, als seien sie metrische, wie mathematisch gezeigt – wenn auch hier nicht vorgestellt – werden kann. Die Variable „Einkommen" ist klassifiziert erfasst worden („unter € 1.000"; „€ 1.000 bis unter € 2.000" usw.) und somit ordinalskaliert. Jedoch sind diese Klassen alle gleich breit – mit Ausnahme der letzten offenen Flügelklasse („€ 4.000 und mehr"). Nimmt man hilfsweise an, dass diese letzte Klasse nur bis € 5.000 reicht – in ihr befinden sich 10,3% der Befragten –, dann kann auch diese Variable wie eine metrische behandelt werden, da die Klassenbreite dann jeweils € 1.000 beträgt. Diese Hilfsannahme ist sicherlich nicht ganz unproblematisch, aber in der Praxis durchaus üblich.

Wir betrachten zunächst den bivariaten Zusammenhang zwischen Geschlecht und monatlichem Nettoeinkommen und erhalten über ANALYSIEREN / REGRESSION / LINEAR... den folgenden Befund:

Tabelle 36: Regression zwischen Einkommen und Geschlecht
(vierte SPSS-Ausgabetabelle)

Koeffizienten[a]

Modell		Nicht standardisierte Koeffizienten		Standardisierte Koeffizienten	T	Signifikanz
		B	Standardfehler	Beta		
1	(Konstante)	3,676	,292		12,591	,000
	Geschlecht	-,806	,184	-,333	-4,373	,000

a. Abhängige Variable: Monatliches Nettoeinkommen

Wie sind diese Ergebnisse zu interpretieren? Zunächst stellen wir fest, dass der Ordinatenabschnitt a bei 3,676 und die Steigung b bei -0,806 liegt. Beide Parameter sind, wie der Blick auf die Werte unter der Überschrift SIGNIFIKANZ zeigt, statistisch signifikant von null verschieden.

Hierzu eine wichtige Anmerkung: Wäre die Variable Geschlecht mit 0 (für männlich) und 1 (für weiblich) codiert worden, dann wäre der Ordinatenabschnitt, der dann aber einen anderen Wert als in der obigen Ausgabetabelle aufweisen würde, identisch mit dem zu erwartenden Einkommen für männliche Befragte (in € 1.000).

Entscheidend ist der Steigungswinkel b = -0,806. Er besagt – schematisch gesprochen –, dass das Einkommen um 0,806 Einheiten sinkt (das Minuszeichen entspricht dem Sinken), wenn die Variable „Geschlecht" um eine Einheit steigt. Nun ist es ja so, dass die Variable „Geschlecht" um eine Einheit steigt, wenn man von der Betrachtung der männlichen Befragten (Codezahl = 1) zu der der weiblichen Befragten (Codezahl = 2) übergeht. Somit bedeutet dieser Befund, dass die weiblichen signifikant weniger verdienen als die männlichen Befragten – und zwar um 0,806 Einheiten weniger. Wenn Sie sich nun daran erinnern, dass die Einheit der Variablen „Einkommen" durch Klassen von je € 1.000 gegeben war (wiederum abgesehen von der letzten offenen Flügelklasse), so bedeutet dieser Befund, dass weibliche Befragte ein Einkommen erwarten lassen, das um € 806 unter dem liegt, das für männliche Befragte zu erwarten ist.

Bei einer dichotomen Variablen X, bei der die beiden Ausprägungen – so wie das hier und in der Praxis sehr häufig der Fall ist – um eine Einheit auseinander liegen, ist der Steigungswinkel also nichts anderes als der Unterschied in den zu erwartenden Y-Werten zwischen den beiden Kategorien der Variablen X. Als dritte Variable Z nehmen wir nun die Variable „Wochenarbeitszeit" in das Modell auf. Mit diesen drei Variablen berechnen wir mit SPSS die Parameter der linearen Regressionsfläche:

Tabelle 37: Regression zwischen Einkommen einerseits und Geschlecht und Arbeitszeit andererseits (vierte SPSS-Ausgabetabelle)

Koeffizienten[a]

Modell		Nicht standardisierte Koeffizienten		Standardisierte Koeffizienten	T	Signifikanz
		B	Standardfehler	Beta		
1	(Konstante)	2,398	,518		4,630	,000
	Geschlecht	-,526	,208	-,223	-2,530	,013
	Arbeitszeit in Stunden pro Woche	,022	,007	,273	3,104	,002

a. Abhängige Variable: Monatliches Nettoeinkommen

Der Ordinatenabschnitt b_0 (KONSTANTE) liegt bei 2,398; die Steigung b_1 in Richtung der X-Achse (Geschlecht) bei -0,526; die Steigung b_2 in Richtung der Z-Achse (Arbeitszeit) bei 0,022. Alle drei Parameter sind statistisch signifikant von null verschieden, wenn man gedanklich ein Signifikanzniveau von 5% (zweiseitig) unterstellt. Dies wird deutlich in der Spalte mit der Überschrift SIGNIFIKANZ. Was sagen die beiden *partiellen Regressionskoeffizienten* b_1 und b_2 aus (der Ordinatenabschnitt ist in der Regel kaum von Interesse)?

Der Wert b_1 = -0,526 bedeutet, dass mit Zunahme der Variablen X (Geschlecht) um eine Einheit, das heißt beim Übergang von einer zufällig ausgewählten männlichen zu einer zufällig ausgewählten weiblichen Person, das Einkommen tendenziell um 0,526 Einheiten (= € 526) pro Monat zurückgeht.

Dass dieser Koeffizient nun anders ausfällt als in der zunächst vorgestellten bivariaten Betrachtung – dort lag er bei b = -0,806 –, braucht nicht zu verwundern: In dieser nun multiplen Betrachtung wird nämlich untersucht, wie das Einkommen in Abhängigkeit vom Geschlecht sich ändert – und zwar unter der Bedingung konstanter Arbeitszeit; die Steigung b_1 = -0,526 ist die Steigung der Regressionsfläche in Richtung der X-Achse bei jedem beliebig gegebenen, dann aber als konstant angesehenen Wert der Variablen Z (Arbeitszeit) – dies ergibt sich aus der Geometrie der linearen Regressionsfläche (siehe auch weiter oben zur inhaltlichen Interpretation der partiellen Regressionskoeffizienten).

Der Koeffizient b_2 = 0,022 bedeutet entsprechend, dass bei Zunahme der Variablen Z um eine Einheit (das heißt eine Stunde mehr an Wochenarbeitszeit) das Einkommen um tendenziell 0,022 Einheiten (= € 22) pro Monat steigt – und dies unabhängig davon, welchen Wert die Variable X (Geschlecht) hat, also sowohl bei Frauen als auch bei Männern.

Interessant ist zusätzlich auch noch folgende Frage: Welche der beiden beeinflussenden Variablen (X = Geschlecht; Z = Wochenarbeitszeit) übt den stärkeren Einfluss auf Y (monatliches Nettoeinkommen) aus?

Schaut man sich die B-Koeffizienten an, so könnte man auf den ersten Blick annehmen, die Variable „Geschlecht" übe einen entscheidend höheren Einfluss auf die Variable Y (Einkommen) aus als die Variable „Wochenarbeitszeit". Dieser erste Eindruck führt aber in die Irre, weil die Maßeinheiten der beiden Variablen X und Z völlig unterschiedlich sind (bei X bedeutet 1 = männlich und 2 = weiblich; bei Z bedeutet 1 = eine Stunde und 2 = zwei Stunden etc.). Deshalb berechnet SPSS die Koeffizienten noch einmal, nun aber unter Nutzung standardisierter Ausgangswerte.

Standardisierte Werte erhält man, wenn man die Ausgangswerte um ihr jeweiliges arithmetisches Mittel bereinigt (Ausgangswert minus Mittelwert) und die so entstehenden Differenzen durch die jeweilige Standardabweichung dividiert. Auf diese Weise erhält man standardisierte Variablen, die jeweils den Mittelwert 0 und die Standardabweichung 1 haben; sie weisen somit gleiche Dimension auf – sie werden in Einheiten ihrer jeweiligen Standardabweichung gemessen, sind also direkt miteinander vergleichbar.

Berechnet man die Regressionskoeffizienten aus standardisierten Werten, so ergeben sich die Maßzahlen, die in der obigen Ausgabetabelle unter der Überschrift BETA (ß) ausgegeben werden. Für die Variable „Geschlecht" ergibt sich der Wert $ß_1$ = -0,223; für die Variable „Wochenarbeitszeit" ergibt sich $ß_2$ = 0,273. Für den Ordinatenabschnitt ergibt sich übrigens bei standardisierten Ausgangswerten immer der Wert 0, der in der Ausgabetabelle nicht mit angegeben wird.

Wir erkennen jetzt – da diese Beta-Werte nun direkt miteinander vergleichbar sind –, dass die Variable „Wochenarbeitszeit" einen etwas stärkeren Einfluss ausübt auf das „Einkommen" (die zu erklärende Variable Y) als die Variable „Geschlecht". Die Richtungen der Beeinflussungen – das erkennen Sie an den Vorzeichen – entsprechen denen, wie sie schon bei den b-Koeffizienten zum Ausdruck gekommen sind.

Eine abschließende Anmerkung: Bei der Interpretation der partiellen Regressionskoeffizienten gibt es noch ein spezielles Problem zu beachten: Der partielle Regressionskoeffizient für eine der beeinflussenden Variablen kann nur dann sauber interpretiert werden – und zwar durch die Beantwortung der Frage, wie sich Y verändert, wenn sich entweder X oder Z verändert –, wenn die Veränderung von X nicht auch mit einer Veränderung von Z einhergeht und umgekehrt. Dies aber ist nur dann der Fall, wenn X und Z nicht miteinander korrelieren. Die multiple Regressionsrechnung erfordert demnach, wenn man die b-Koeffizienten interpretieren möchte, unkorrelierte beeinflussende Variablen Dies ist in der sozialwissenschaftlichen Forschungspraxis so gut wie nie gegeben – und auch in unserem Datenbestand hängen X, das Geschlecht, und Z, die Wochenarbeitszeit, miteinander zusammen, wie im folgenden Kapitel gezeigt wird. Man spricht in diesem Zusammenhang vom Problem der *Multikollinearität*. Eine Möglichkeit, dieses Problem zu lösen, wird später vorgestellt (→ Kapitel 18, Abschnitt 18.2).

16.6 Ergänzungen

Nochmals sei daran erinnert, dass die Regressionsrechnung metrische Variablen erfordert. Sofern X-Variablen (beeinflussende Variablen) verwendet werden, die diese Voraussetzung nicht erfüllen, kann man diese dichotomisieren oder in Dummy-Variablen umcodieren. Dann kann mit den so veränderten Variablen so gearbeitet werden als wären sie metrische Variablen.

Anders ist es bei der abhängigen Variablen Y. Ist diese nicht metrisch, sondern ordinalskaliert, so kann das Instrument der ordinalen Regression eingesetzt werden. Dieses Instrument soll hier – wie die auch noch im Folgenden genannten – nicht besprochen werden. Wir verweisen auf die entsprechende weiterführende Literatur.

Ist die abhängige Variable nominalskaliert und dichotom (nur zwei Ausprägungen), kann die „normale" Regressionsrechnung eingesetzt werden; besser aber ist die binäre logistische Regression. Wir verweisen auf die entsprechende weiterführende Literatur.

Ist die abhängige Variable nominalskaliert und polytom (mehr als zwei Ausprägungen), ist die multinomiale logistische Regression einzusetzen (SPSS: ANALYSIEREN / REGRESSION / MULTINOMIAL LOGISTISCH…).

17 Die Stärke des statistischen Zusammenhangs (Korrelationsrechnung)

Es wurde schon in Kapitel 16, Abschnitt 16.4 darauf aufmerksam gemacht, dass die prognostische Qualität einer (bivariaten) linearen Regressionsfunktion unter anderem davon abhängt, wie stark der Zusammenhang zwischen den beiden betrachteten Variablen ist. Vor diesem Hintergrund stellt sich die Frage, wie die Stärke des Zusammenhangs zweier Variablen quantifiziert werden kann. Darüber sprechen wir in diesem Kapitel, wobei auch der Fall von mehr als zwei Variablen angesprochen wird (→ Abschnitt 17.6).

17.1 Zur Methodik

Wie stark ist beispielsweise der Zusammenhang zwischen den Variablen „Geburtsjahr" und „durchschnittliche Schlafdauer"?

Betrachten Sie noch einmal das Streudiagramm zum Zusammenhang zwischen den Variablen „Geburtsjahr" und „Schlafdauer" (→ Abbildung 52). Es hatte sich gezeigt, dass die einzelnen Punkte, die ja in Form von Merkmalskombinationen die befragten Personen repräsentieren, ziemlich weit um die Regressionsgerade herum streuen. Man könnte sich aber auch Punktwolken vorstellen, in denen die Punkte dicht an der Regressionsgeraden liegen. Offensichtlich ist es so, dass der Zusammenhang zwischen zwei betrachteten Variablen umso stärker ist, je näher die einzelnen Punkte an der Regressionsgeraden liegen.

Betrachten Sie die beiden Streudiagramme (→ Abbildung 53). Sie zeigen für jeweils zehn zufällig ausgewählte Erwachsene den Zusammenhang zwischen Körpergröße und Körpergewicht. In beiden Fällen gilt – das zeigen die (steigenden) Regressionsgeraden –, dass mit zunehmender Körpergröße tendenziell das Gewicht steigt. Aber im ersten Beispiel ist der Zusammenhang zwischen beiden Variablen eindeutig enger, das heißt stärker als im zweiten Beispiel; diese Grafiken wurden übrigens mit dem Programm MS Excel erstellt.

Abbildung 53: Zwei Streudiagramme

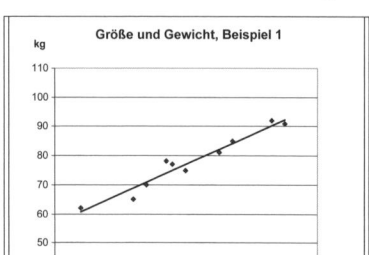 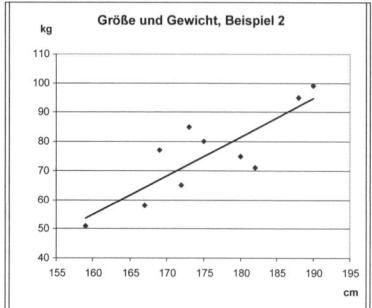

Die Statistik bietet geeignete Maßzahlen an, um die Stärke des Zusammenhangs zwischen zwei Variablen zu bemessen. Diese Aufgabenstellung wird mit dem Stichwort *Korrelationsrechnung* angesprochen.

In Abhängigkeit von der Skalenqualität der betrachteten Variablen kommen unterschiedliche Korrelationsmaße zum Einsatz, von denen wir hier die wichtigsten betrachten wollen:

- metrische Daten: Korrelationskoeffizient von Bravais/Pearson (r)
- Ordinaldaten: Rangkorrelationskoeffizient von Spearman (ρ; sprich: Rho)
- Nominaldaten: Kontingenzkoeffizient von Pearson (C) – oder in speziellen Fällen: Vier-Felder-Koeffizient (Φ; sprich: Phi)

Die Wahl des jeweiligen Korrelationsmaßes orientiert sich dabei stets an der Skalenqualität derjenigen Variablen, welche die niedrigere Skalenqualität aufweist.

Es gibt auch Zusammenhangsmaße für den methodisch komplexeren Fall, in dem mehr als eine unabhängige Variable die Abhängige beeinflusst. Darüber wird in Abschnitt 17.6 gesprochen.

17.2 Metrische Daten

Betrachten wir also das Beispiel des Zusammenhangs zwischen Geburtsjahr und durchschnittlicher Schlafdauer. Beide Variablen sind metrisch, sodass hier der für metrische Daten zuständige *Korrelationskoeffizient* von Bravais/Pearson r zum Einsatz kommen kann.

SPSS:
1. Wählen Sie ANALYSIEREN / KORRELATION / BIVARIAT... (→ Abbildung 54).
2. Die beiden Variablen, um die es geht – „Geburtsjahr [gebjahr]" und „Durch-schnittliche Schlafdauer [schlaf]" –, sind in den Bereich VARIABLEN: zu über-tragen.
3. Achten Sie darauf, dass im Bereich KORRELATIONSKOEFFIZIENTEN das Stich-wort PEARSON mit einem Häkchen versehen ist (sofern nicht, dort anklicken).
4. Klicken Sie auf OK.

Abbildung 54: Menü ANALYSIEREN / KORRELATION / BIVARIAT...

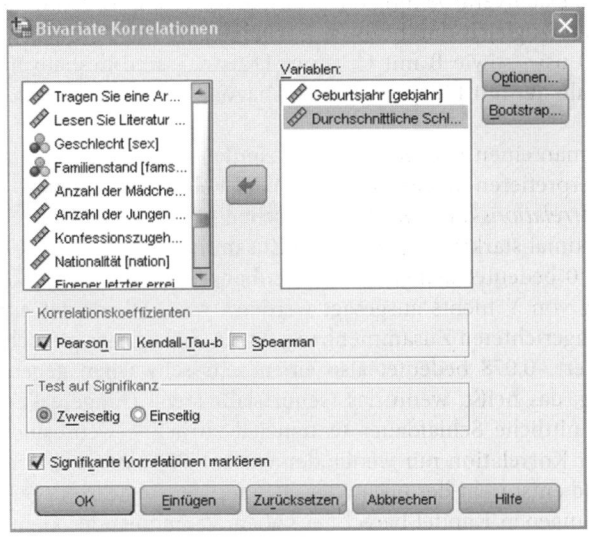

Tabelle 38: Korrelation Geburtsjahr – Schlafdauer

Korrelationen

		Geburtsjahr	Durchschnittliche Schlafdauer
Geburtsjahr	Korrelation nach Pearson	1	-,078
	Signifikanz (2-seitig)		,332
	N	158	157
Durchschnittliche Schlafdauer	Korrelation nach Pearson	-,078	1
	Signifikanz (2-seitig)	,332	
	N	157	157

Wie Sie sehen, gibt SPSS vier Korrelationskoeffizienten aus. In der Diagonalen von links oben nach rechts unten der Ausgabetabelle stehen jeweils die Werte 1. Dies rührt daher, dass die Korrelation einer Variablen mit sich selbst immer zum Wert 1 führen muss; diese Diagonalzellen brauchen deshalb nicht weiter zu interessieren. Im Feld rechts oben – Korrelation des Geburtsjahrs mit der durchschnittlichen Schlafdauer – steht der Wert -0,078. Dieser Wert entspricht dem Wert im Feld links unten, weil die Korrelation von X mit Y zum gleichen Wert führen muss wie die Korrelation von Y mit X. Interessant ist also zunächst nur der Wert rechts oben: -0,078.

Bei größeren Korrelationstabellen, die entstehen, wenn Sie aus Gründen der rascheren Datenverarbeitung die bivariate Korrelationsrechnung für mehrere Variablenpaare zugleich durchführen – Korrelation von A mit B, von A mit C, von A mit D usw. sowie B mit C, B mit D usw. – sind deshalb nur die Werte rechts oberhalb der mit Einsen besetzten Diagonalzellen der Tabelle von Interesse.

Wenn man einen Korrelationskoeffizienten, wie den mit r = -0,078 ausgegebenen, interpretieren möchte, muss man auf Folgendes achten:

Der *Korrelationskoeffizient* r ist zwischen -1 und +1 definiert. r = -1 bedeutet einen maximal starken gegenläufigen Zusammenhang (wenn X steigt, geht Y zurück); r = 0 bedeutet keinen Zusammenhang (wenn X steigt, kann über die Veränderung von Y nichts ausgesagt werden); r = +1 bedeutet einen maximal starken gleichgerichteten Zusammenhang (wenn X steigt, steigt auch Y).

Der Wert -0,078 bedeutet also einen sehr schwachen gegenläufigen Zusammenhang, das heißt, wenn das Geburtsjahr steigt (jüngere Personen), geht die durchschnittliche Schlafdauer tendenziell zurück – wenn auch wegen der Schwäche der Korrelation nur wenig; der Wert -0,078 liegt ja sehr nahe bei null. Dieser Befund entspricht der negativen Steigung der Regressionsgeraden, die wir im vorangegangenen Kapitel berechnet haben: Zunehmendes Geburtsjahr (jüngere Personen) korrespondierte mit schwach abnehmender durchschnittlicher Schlafdauer.

Weiterhin gilt es, die Frage zu beantworten, ob dieser in der Stichprobe beobachtete Korrelationskoeffizient signifikant von null verschieden ist, das heißt, ob die Hypothese widerlegt werden kann, in der Grundgesamtheit, aus der unsere Zufallsstichprobe stammt, gäbe es gar keinen Zusammenhang. Diese Frage beantwortet der Wert, der beim Stichwort SIGNIFIKANZ (2-SEITIG) ausgegeben wird. Er liegt im obigen Beispiel bei 0,332 und ist damit größer als das von uns verwendete Signifikanzniveau (5%), sodass die angesprochene Hypothese mit dem Stichprobenbefund nicht verworfen werden kann.

Der niedrige Wert des Korrelationskoeffizienten, der sich aus den Stichprobendaten ergeben hat, widerspricht also nicht der Hypothese, dass in der

Grundgesamtheit zwischen den beiden betrachteten Variablen kein Zusammenhang vorliegt.

Signifikante Korrelationen werden von SPSS bei einem Signifikanzniveau von 5% (zweiseitig) automatisch mit einem Sternchen (*) versehen, bei einem Signifikanzniveau von 1% zweiseitig mit zwei Sternchen (**).

An dieser Stelle ist noch ein weiterer Hinweis zur Interpretation von r angebracht: Wenn man den konkret berechneten r-Wert quadriert, erhält man eine weitere Maßzahl, die *Determinationskoeffizient* genannt wird. Der Determinationskoeffizient liegt in diesem Beispiel bei $r^2 = (-0,078)^2 = 0,0061$ (gerundet). Dieser Wert besagt Folgendes: 0,61% der Variation (Streuung) der abhängigen Variablen Y – das war die durchschnittliche Schlafdauer – werden statistisch erklärt (determiniert, bestimmt) über die Variation der Variablen X, dem Geburtsjahr. Man spricht in diesem Zusammenhang von der sogenannten *Varianzaufklärung*, weil wir die Streuung der Variablen „durchschnittliche Schlafdauer" über den Einfluss der Variablen „Geburtsjahr" zu erklären versuchten.

Der Wert des Determinationskoeffizienten (r^2) ist in diesem Beispiel natürlich ebenfalls – wie auch schon der statistisch nicht signifikante Korrelationskoeffizient (r) – sehr klein, denn er kommt ja aus der Quadrierung von r zustande. Das Alter (Geburtsjahr) erklärt so gut wie nichts von der Variation der durchschnittlichen Schlafdauer.

Aber natürlich kann man sich auch Beispiele vorstellen, bei denen starke Korrelationen vorliegen (vielleicht r = +0,7), sodass nennenswerte Anteile der Variation von Y über die Variation von X statistisch erklärt werden (bei r = 0,7 läge dieser Anteil bei $r^2 = 0,49 = 49\%$). Wir sollten allerdings hinzufügen, dass man bei echten sozialwissenschaftlichen Datenbeständen selten Werte des Determinationskoeffizienten findet, die deutlich höher als 20% liegen. Sozialwissenschaftliche Daten streuen in der Regel recht stark, und deshalb sind die Werte des Korrelations- und des Determinationskoeffizienten klein.

Betrachten wir noch ein zweites Beispiel:

Wie stark ist der Zusammenhang zwischen dem Alter und der Zustimmung zu Aussage 15?

Es geht also um die beeinflussende Variable „Geburtsjahr [gebjahr]" und die vom Geburtsjahr (Alter) mutmaßlich beeinflusste Zustimmung zur Aussage 15 („Mein Leben hat sich in den letzten Jahren wesentlich beschleunigt.")

Unterstellen wir hilfsweise gleiche Abstände zwischen den Antwortkategorien der Variablen a15 (Aussage 15), so kann auch hier der Korrelationskoeffizient von Bravais/Pearson r für metrische Daten verwendet werden, wie es im vorangegangenen Beispiel vorgeführt wurde. Wollen Sie diese Hilfshypothese nicht nutzen, muss in diesem Fall der Rangkorrelationskoeffizient von Spearman berechnet werden (→ Abschnitt 17.3). Berechnet man aber r, so ergibt sich Tabelle 39.

Der Korrelationskoeffizient von r = -0,179 wird von SPSS als statistisch signifikant von null verschieden angegeben. Dies ist auf dreierlei Weise erkennbar:

- an dem einen Sternchen (*) beim Wert -0,179
- an der Fußnote unter der Tabelle
- am Wert 0,026 beim Stichwort SIGNIFIKANZ (2-SEITIG)

Tabelle 39: Korrelation Geburtsjahr – Aussage 15

Korrelationen

		Geburtsjahr	Mein Leben hat sich in den letzten Jahren wesentlich beschleunigt
Geburtsjahr	Korrelation nach Pearson	1	-,179*
	Signifikanz (2-seitig)	.	,026
	N	158	156
Mein Leben hat sich in den letzten Jahren wesentlich beschleunigt	Korrelation nach Pearson	-,179*	1
	Signifikanz (2-seitig)	,026	.
	N	156	158

*. Die Korrelation ist auf dem Niveau von 0,05 (2-seitig) signifikant.

Es besteht mithin ein gegenläufiger Zusammenhang auch in der Grundgesamtheit, aus der unsere Zufallsstichprobe stammt: Wenn X steigt (X ist das Geburtsjahr), sinken tendenziell die Werte von Y (Grad der Zustimmung zur hier betrachteten Aussage; erinnern Sie sich: der Wert 1 bedeutet „ja, ganz sicher", der Wert 4 bedeutet „nein, ganz sicher nicht").

Wir erhalten also als Ergebnis, dass jüngere Befragte tendenziell eher dieser Aussage zustimmen; diesen Befund verdeutlicht die folgende Hilfsskizze. Solche Hilfsskizzen empfehlen sich, um die Interpretation der Befunde zu erleichtern.

Abbildung 55: Interpretation des negativen Korrelationskoeffizienten r = -0,179

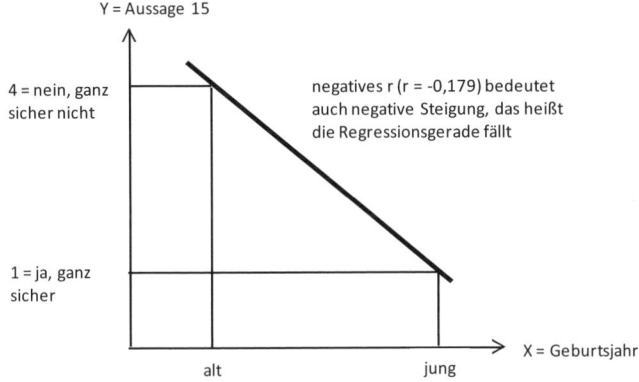

17.3 Ordinalskalierte Daten

Beim vorangegangenen Beispiel sind wir von der Hilfshypothese gleicher Abstände zwischen den Ausprägungen, das heißt den Antwortkategorien der Variablen a15 ausgegangen, um den für metrische Daten zuständigen Korrelationskoeffizienten r berechnen zu können. Genau genommen weist die Variable a15 jedoch lediglich Ordinalskalenqualität auf, denn die Abstände zwischen 1 = „ja ganz sicher", 2 = „eher ja", 3 = „eher nein" und 4 = „nein, ganz sicher nicht" sind ja nicht notwendigerweise gleich groß, wie es unsere im Abschnitt 17.2 herangezogene Hilfshypothese gleicher Abstände behauptet.

Wenn Sie gleichwohl mit dieser Hilfshypothese arbeiten, sollten Sie – zumindest in einer Fußnote Ihrer Arbeit – darauf aufmerksam machen.

Möchten Sie aber der wahren Skalenqualität der betrachteten Variablen Rechnung tragen, müssen Sie hier anstelle des Korrelationskoeffizienten von Bravais/Pearson den *Rangkorrelationskoeffizienten* von Spearman berechnen. SPSS bietet auch dieses Korrelationsmaß an. Es ist ansonsten genauso zu verfahren wie im vorangegangenen Beispiel:

SPSS:
1. Wählen Sie ANALYSIEREN / KORRELATION / BIVARIAT... und verfahren Sie wie oben.
2. Im Bereich KORRELATIONSKOEFFIZIENTEN im sich öffnenden Dialogfenster versehen Sie das Stichwort SPEARMAN durch Anklicken mit einem Häkchen.
3. Klicken Sie auf OK.

Tabelle 40: Rangkorrelation Geburtsjahr – Aussage 15

Korrelationen

			Geburtsjahr	Mein Leben hat sich in den letzten Jahren wesentlich beschleunigt
Spearman-Rho	Geburtsjahr	Korrelationskoeffizient	1,000	-,151
		Sig. (2-seitig)	.	,061
		N	158	156
	Mein Leben hat sich in den letzten Jahren wesentlich beschleunigt	Korrelationskoeffizient	-,151	1,000
		Sig. (2-seitig)	,061	.
		N	156	158

Wir erhalten den Wert -0,151. Selbstverständlich zeigt sich auch hier die Gegenläufigkeit des Zusammenhangs – nun aber ist der berechnete Korrelationskoeffizient schwächer und bei einem gedachten Signifikanzniveau von 5% nicht mehr als statistisch signifikant von null verschieden anzusehen.

Hierzu eine wichtige Anmerkung: Ordinalskalierte Daten haben einen schwächeren Informationsgehalt als metrische Daten. Bei geringerem Informationsgehalt werden zu testende Hypothesen länger gegen das Verwerfen geschützt. Aus diesem Grund wird der gerade berechnete Zusammenhang als nicht mehr signifikant erkannt.

17.4 Nominalskalierte Daten

Wie steht es um die Stärke des Zusammenhangs zwischen der Variablen „Geschlecht" und der Zustimmung zur Aussage 15?

Es wurde schon an anderer Stelle darauf aufmerksam gemacht, dass die Variable „Geschlecht", da sie eine dichotome Variable ist, wie eine metrische Variable behandelt werden kann. Genau genommen ist sie aber lediglich nominalskaliert, sodass sich diese Fragestellung auch sehr gut dazu eignet, Zusammenhangsmaße für nominalskalierte Variablen vorzustellen.

Einen ersten Eindruck erhalten wir über die sogenannte *Kreuztabelle,* die wir mit SPSS wie folgt erzeugen können:

SPSS:
1. Wählen Sie ANALYSIEREN / DESKRIPTIVE STATISTIKEN / KREUZTABELLEN...
2. Übertragen Sie die Variable „Mein Leben ... [a15]" in den Bereich ZEILE(N): des sich öffnenden Dialogfensters und die Variable „Geschlecht [sex]" in den Bereich SPALTEN:.
3. Klicken Sie auf OK.

Es empfiehlt sich, diejenige Variable, die weniger Ausprägungen als die andere hat (hier also die Variable „Geschlecht") als Spaltenvariable zu verwenden, um zu verhindern, dass allzu breite Tabellen entstehen, die möglicherweise nicht mehr auf ein Blatt passen und daher etwas umständlich zu lesen sind.

Tabelle 41: Kreuztabelle Geschlecht – Aussage 15

Mein Leben hat sich in den letzten Jahren wesentlich beschleunigt * Geschlecht Kreuztabelle

Anzahl

		Geschlecht		
		männlich	weiblich	Gesamt
Mein Leben hat sich in den letzten Jahren wesentlich beschleunigt	ja, ganz sicher	19	33	52
	eher ja	41	33	74
	eher nein	13	10	23
	nein, ganz sicher nicht	5	2	7
Gesamt		78	78	156

Sie erkennen schon auf den ersten Blick, dass die weiblichen Befragten dieser Aussage tendenziell eher zustimmen als die männlichen Befragten. Doch wie stark ist der Zusammenhang zwischen beiden Variablen? Um diese Frage zu beantworten, kann der *Kontingenzkoeffizient* von Pearson C verwenden verwendet werden, der wie folgt von SPSS berechnet wird:

SPSS:
1. Klicken Sie im Dialogfenster, das Sie mit ANALYSIEREN / DESKRIPTIVE STATISTIKEN / KREUZTABELLEN... erhalten, auf die Schaltfläche STATISTIKEN...
2. Es öffnet sich ein Dialogfenster, in dem Sie bei CHI-QUADRAT anklicken und im Bereich NOMINAL bei KONTINGENZKOEFFIZIENT.
3. Klicken Sie auf WEITER und auf OK.

Sie erhalten als erstes eine Tabelle, die mit CHI-QUADRAT-TEST überschrieben ist:

Tabelle 42: Chi-Quadrat-Test

Chi-Quadrat-Tests

	Wert	df	Asymptotische Signifikanz (2-seitig)
Chi-Quadrat nach Pearson	6,311[a]	3	,097
Likelihood-Quotient	6,403	3	,094
Zusammenhang linear-mit-linear	5,175	1	,023
Anzahl der gültigen Fälle	156		

a. 2 Zellen (25,0%) haben eine erwartete Häufigkeit kleiner 5.
Die minimale erwartete Häufigkeit ist 3,50.

In dieser ersten Ausgabetabelle interessiert nur die Angabe bei CHI-QUADRAT NACH PEARSON/ASYMPTOTISCHE SIGNIFIKANZ (2-SEITIG) – also der Wert 0,097. Wir kommen gleich darauf zu sprechen.

Tabelle 43: Kontingenzkoeffizient

Symmetrische Maße

		Wert	Näherungsweise Signifikanz
Nominal- bzgl. Nominalmaß	Kontingenzkoeffizient	,197	,097
Anzahl der gültigen Fälle		156	

a. Die Null-Hyphothese wird nicht angenommen.
b. Unter Annahme der Null-Hyphothese wird der asymptotische Standardfehler verwendet.

In der zweiten Tabelle wird der Wert des Kontingenzkoeffizienten mit C = 0,197 ausgegeben. Seine Interpretation wird erleichtert, wenn wir seinen möglichen Wertebereich kennen: C ist definiert im Wertebereich zwischen 0 und 1 (0 = kein Zusammenhang; 1 = maximal starker Zusammenhang).

Der Maximalwert C = 1 kann allerdings nur erreicht werden, wenn eine Kontingenztabelle (Kreuztabelle) mit unendlich vielen Spalten und unendlich vielen Zeilen vorliegt. Unsere Kontingenztabelle aber weist nur zwei Spalten und vier Zeilen auf. Der Maximalwert, den C erreichen kann, wird gegeben durch eine Formel, die sich in der Formelsammlung unter www.springer.com findet.

Ein Vorzeichen hat dieser Koeffizient nicht, weil bei Nominaldaten zwischen einem gleichgerichteten und einem gegenläufigen Zusammenhang nicht unterschieden werden kann. Dies erkennen Sie daran, dass Sie in der Kontingenztabelle die Spalte mit den männlichen mit der Spalte der weiblichen Befragten vertauschen dürften – ein Vorgang, der rein mathematisch einen Vorzeichenwechsel produziert, inhaltlich aber nichts an dem betrachteten Zusammenhang verändert, sodass das Vorzeichen in der Tat unbedeutsam ist.

Der ausgegebene C-Wert ist bei einem Signifikanzniveau von 5% statistisch nicht signifikant von null verschieden, da seine Überschreitungswahrscheinlichkeit beim Stichwort NÄHERUNGSWEISE SIGNIFIKANZ mit 9,7% (= 0,097) angegeben und somit größer als das von uns verwendete Signifikanzniveau von 5% ist. Stören Sie sich nicht an der bei Tabelle 43 ausgegebenen ersten Fußnote, denn diese ist nicht korrekt.

Zu diesem Zusammenhangsmaß eine Anmerkung: Der Kontingenzkoeffizient C wird auf der Basis einer Zufallsvariablen berechnet, die, wie Pearson gezeigt hat, näherungsweise (daher der Begriff „asymptotisch") der Chi-Quadrat-Verteilung folgt. Mit ihrer Hilfe wird die Überschreitungswahrscheinlichkeit berechnet, und deshalb taucht dieser Wert 0,097 auch in der ersten Ausgabetabelle (Tabelle 42) beim Stichwort CHI-QUADRAT NACH PEARSON / ASYMPTOTISCHE SIGNIFIKANZ (2-SEITIG) auf.

Ein weiteres Beispiel:

Wie stark ist der Zusammenhang zwischen der Variablen „Geschlecht" und der Antwort auf die Frage, ob eine Armbanduhr getragen wird?

Es handelt sich hier um zwei nominalskalierte Variablen, sodass die Stärke des Zusammenhangs so berechnet werden könnte wie im vorangegangenen Beispiel, nämlich mit dem Kontingenzkoeffizienten C. Allerdings sind diese beiden nominalskalierten Variablen dichotom – zur Erinnerung: Eine dichotome Variable ist dadurch gekennzeichnet, dass sie nur zwei Werte als Ausprägungen annehmen kann. Für solche nominalskalierte dichotome Variablen gibt es ein spezielles Zusammenhangsmaß, den *Vierfelder-Koeffizienten Phi* (Φ). Dieser Koeffizient wird mit SPSS wie folgt berechnet:

SPSS:
1. Wählen Sie ANALYSIEREN / DESKRIPTIVE STATISTIKEN / KREUZTABELLEN...
2. Klicken Sie auf die Schaltfläche STATISTIKEN...
3. Klicken Sie im Bereich NOMINAL beim Stichwort PHI UND CRAMER-V an.
4. Klicken Sie auf WEITER und auf OK.

Tabelle 44: Zusammenhang Geschlecht – Tragen einer Armbanduhr (Phi)

Tragen Sie eine Armbanduhr? * Geschlecht Kreuztabelle

Anzahl

| | | Geschlecht | | Gesamt |
		männlich	weiblich	
Tragen Sie eine Armbanduhr?	ja	70	68	138
	nein	8	12	20
Gesamt		78	80	158

Symmetrische Maße

		Wert	Näherungswe ise Signifikanz
Nominal- bzgl. Nominalmaß	Phi	,071	,370
	Cramer-V	,071	,370
Anzahl der gültigen Fälle		158	

a. Die Null-Hyphothese wird nicht angenommen.

b. Unter Annahme der Null-Hyphothese wird der asymptotische Standardfehler verwendet.

Sie erhalten für das Zusammenhangsmaß Phi den Wert 0,071, der allerdings statistisch nicht signifikant von null verschieden ist, denn die Überschreitungswahrscheinlichkeit wird mit 0,37 = 37% berechnet.

Wenn wir nun – was aber bei nominalskalierten Variablen genau genommen nicht zulässig ist – den Korrelationskoeffizienten von Bravais/Pearson r über ANALYSIEREN / KORRELATION / BIVARIAT... ausrechnen lassen, erhalten wir die folgende Tabelle 45.

Tabelle 45: Korrelation Geschlecht – Tragen einer Armbanduhr (r)

Korrelationen

		Geschlecht	Tragen Sie eine Armbanduhr?
Geschlecht	Korrelation nach Pearson	1	,071
	Signifikanz (2-seitig)	.	,373
	N	158	158
Tragen Sie eine Armbanduhr?	Korrelation nach Pearson	,071	1
	Signifikanz (2-seitig)	,373	.
	N	158	158

Wie Sie sehen, ergibt sich für r der gleiche Wert wie für Phi. Daraus kann geschlossen werden, dass nominalskalierte dichotome Variablen genauso behandelt werden können als seien sie metrisch (darüber wurde schon gesprochen). Diese Erkenntnis ist deshalb besonders wichtig, weil viele der anspruchsvolleren statistischen Analyseverfahren metrische Daten voraussetzen. Wenn man nun meint, diese Verfahren würden bei nominalskalierten Variablen also ausscheiden, dann trifft dies zumindest für nominalskalierte dichotome Variablen nicht zu! Und weil weiterhin gilt, dass alle polytomen Variablen im Prinzip nachträglich dichotomisiert werden können, gibt es im Grund genommen keine Grenzen für den Einsatz anspruchsvollerer statistischer Analyseverfahren.

Betrachten Sie beispielsweise die Variable „Familienstand" mit den Ausprägungen „ledig", „verheiratet", „verwitwet" und „geschieden". Sie ist nominalskaliert und nicht dichotom, sondern polytom, denn sie hat nicht nur zwei, sondern vier Ausprägungen. Daraus folgt zunächst, dass sie für den Einsatz anspruchsvollerer Verfahren ausscheidet. Diese Variable „Familienstand" kann aber nachträglich dichotomisiert werden, indem man die vier Ausprägungen (polytom) durch Umcodieren auf zwei Ausprägungen (dichotom) reduziert – beispielsweise, indem man nur noch zwischen den beiden Ausprägungen „ledig" und „nicht-ledig" unterscheidet. Nach dieser nachträglichen *Dichotomisierung* sind wieder alle Verfahren für metrische Variablen methodisch unbedenklich einsetzbar.

Diese Dichotomisierung geht allerdings mit einem Verlust an Detailinformationen einher, weil nicht mehr zwischen „verheiratet", „verwitwet" und „geschieden" unterschieden werden kann. Doch auch dieses Problem ist lösbar, wenn man anstelle der einen Variablen „Familienstand" drei künstliche Variablen – man nennt sie *Dummy-Variablen* – mit den folgenden Ausprägungen durch Umcodieren bildet:

Tabelle 46: Erzeugung von Dummy-Variablen

Variable	Name	Ausprägungen
erste Dummy-Variable	famstand1	ledig versus nicht ledig
zweite Dummy-Variable	famstand2	verheiratet versus nicht verheiratet
dritte Dummy-Variable	famstand3	verwitwet versus nicht verwitwet

Eine vierte Dummy-Variable mit den Ausprägungen „geschieden" versus „nicht geschieden" ist entbehrlich und würde sogar zu Fehlern führen, weil mit den drei in der Tabelle 46 aufgelisteten Dummy-Variablen bereits alle Detailinformationen erfasst sind: Befragte, die bei diesen drei Variablen die Ausprägung „nicht..." aufweisen, müssen logischerweise geschieden sein. Diejenige Kategorie (es muss nicht die Kategorie „geschieden" sein), für die man keine Dummy-Variable bildet, wird als *Referenzkategorie* bezeichnet.

Es darf in diesem Zusammenhang allerdings nicht verschwiegen werden, dass die Korrelationsrechnung mit solchen Dummy-Variablen einen wesentlichen Nachteil mit sich bringt: Die Ergebnisse sind nicht mehr so leicht zu interpretieren, wie das der Fall ist, wenn auf künstliche Dichotomisierungen verzichtet werden kann. Betrachten wir beispielsweise den Zusammenhang zwischen Schlafdauer und Familienstand, so kann auf der Basis der dichotomisierten Variablen lediglich etwas ausgesagt werden über den Zusammenhang zwischen Schlafdauer und Ledigsein, beziehungsweise Schlafdauer und Verheiratetsein etc.

Anders ist es bei der Regressionsrechnung (→ Kapitel 16): Dort ist es so, dass die Regressionskoeffizienten (b-Werte) angeben, wie groß der Unterschied in der abhängigen Variablen ist zwischen Personen der betrachteten Kategorie (zum Beispiel Ledige) und denen der *Referenzkategorie* (diese sind diejenigen Personen, für die keine Dummy-Variable gebildet wurde – im obigen Beispiel also die Geschiedenen).

17.5 Partielle Korrelation

Wenn man sich – sei es in der Regressionsrechnung oder in der Korrelationsrechnung – für die Art oder die Stärke des Zusammenhangs zwischen Untersuchungsvariablen interessiert, dann besteht leicht die Gefahr von Fehlinterpretationen, wie im folgenden Beispiel gezeigt wird. Dieses Beispiel bezieht sich auf den Fall von nur zwei Variablen, die nicht aus unserem Demonstrationsbeispiel stammen.

Wir untersuchen in 25 Staaten Europas, Afrikas und Asiens den Zusammenhang zwischen der Zahl der Geburten pro 1.000 Einwohner einerseits (Variable Y) und der Zahl der Störche pro Quadratkilometer andererseits (Variable X). Dabei zeigt sich ein starker Zusammenhang: Vielleicht erhalten wir r = 0,8; das heißt, ein Anteil von 64% der Variation der Geburtenziffer wird statistisch erklärt über die Variation der Storchanzahlen. Sie erinnern sich: r^2 ist der Determinationskoeffizient, der in diesem gedanklichen Beispiel bei $0,8^2 = 0,64 = 64\%$ liegt.

Es widerspricht aber unserer durch Wissenschaftlichkeit geprägten und aufgeklärten Lebenserfahrung – unserer und wir hoffen, auch Ihrer –, ernsthaft annehmen zu können, dass die Anzahl der Störche tatsächlich einen direkten

Einfluss auf die Geburtenzahl haben könnte. Hier muss (wenigstens) eine dritte Variable Z eine maßgebliche Rolle spielen; bei dieser dritten Variablen könnte es sich zum Beispiel um den Industrialisierungsgrad in den betrachteten Staaten handeln. Dieses Gedankenmodell verdeutlicht die nachfolgende Skizze:

Wenn es also so ist, dass der Industrialisierungsgrad sowohl einen starken Einfluss auf die Geburtenziffer ausübt – in der Tat kann man feststellen, dass in hoch industrialisierten Staaten die Geburtenziffern tendenziell niedriger sind als in weniger industrialisierten Staaten – als auch auf die Storchendichte – in der Tat gibt es in Industriestaaten weniger Störche als in landwirtschaftlich geprägten Staaten –, dann braucht uns der starke Zusammenhang zwischen Storchanzahlen und Geburtenziffern nicht zu überraschen; er ergibt sich aus mathematischen Gründen quasi automatisch.

Wenn wir nun den Einfluss der dritten Variablen Z, dem Industrialisierungsgrad, aus dem interessierenden Zusammenhang zwischen X und Y herausrechnen, dann bleibt der eigentliche Zusammenhang zwischen X und Y übrig. Dieses Herausrechnen nennt man *Auspartialisieren*, und diese Aufgabe übernimmt die *partielle Korrelationsrechnung*, indem ein *partieller Korrelationskoeffizient* berechnet wird.

Dazu eine Anmerkung: Nicht immer ist es so offensichtlich, dass ein starker Zusammenhang zwischen X und Y ein vorgetäuschter sein könnte, wie bei dem leicht nachvollziehbaren Beispiel der Geburtenziffern und Storchanzahlen. Betrachtet man beispielsweise über mehrere Staaten hinweg X = Inflationsrate und Y = Arbeitslosenquote – wobei es in diesem Fall zusätzlich nicht so einfach zu entscheiden ist, was X und was Y sein soll, also welches die beeinflussende und welches die beeinflusste Variable ist –, so kommt man nicht so ohne Weiteres auf die Idee, dass vielleicht Exporte und Importe oder vielleicht die Politik der Regierung oder das Staatsdefizit oder was auch immer den Zusammenhang zwischen X und Y zum Teil vortäuschen könnten.

Betrachten wir die folgenden beiden Variablen aus unserem Beispielsdatenbestand:

Aussage 1: „Ich erledige (erledigte) meine Arbeit häufig unter Zeitdruck"
Aussage 10: „Ich habe (hatte) oft das Gefühl, mehrere Aufgaben gleichzeitig erledigen zu müssen"

Korrelieren wir diese beiden Variablen (a01 und a10) miteinander – wiederum unter Nutzung der Hilfshypothese gleicher Abstände zwischen den unterschiedlichen Graden der Zustimmung, sodass die Berechnung des Korrelationskoeffizienten von Bravais/Pearson r erlaubt ist –, so ergibt sich der Wert r = 0,523**. Wir erkennen also einen statistisch signifikanten gleichgerichteten Zusammenhang zwischen der Beurteilung dieser beiden Aussagen: Wer der einen Aussage zustimmt, stimmt tendenziell auch der anderen zu.

Könnte dieser starke Zusammenhang ein vorgetäuschter sein? Und wenn ja, welche Variable könnte für die Täuschung verantwortlich sein, welche sollte auspartialisiert werden? Vielleicht könnte die Variable „Alter" (das Geburtsjahr) eine solche Störvariable sein. Wir probieren es mit der Variablen „Alter"; sie soll auspartialisiert werden.

SPSS:
1. Wählen Sie ANALYSIEREN / KORRELATION / PARTIELL…
2. Übertragen Sie im sich öffnenden Dialogfenster die Variable „Ich erledige … [a01]" und die Variable „Ich habe … [a10]" in den Bereich VARIABLEN:, die Variable „Geburtsjahr [gebjahr]" in den Bereich KONTROLLVARIABLEN:.
3. Klicken Sie auf OK.

Es ergibt sich Tabelle 47, bei der zu sehen ist, dass SPSS bei diesen partiellen Korrelationskoeffizienten keine Sternchen mehr ausgibt, selbst wenn die Koeffizienten signifikant von null verschieden sind. Wir erkennen aber beim Stichwort SIGNIFIKANZ (ZWEISEITIG), dass auch dieser partielle Korrelationskoeffizient signifikant von null verschieden ist. Sie erkennen also, der partielle Korrelationskoeffizient – er wird häufig mit $r_{xy.z}$ bezeichnet (Korrelation zwischen X und Y unter Ausschaltung des Einflusses von Z) – hat den Wert 0,502 und ist statistisch signifikant von null verschieden. Er ist gegenüber dem ursprünglichen bivariaten Korrelationskoeffizienten zwischen a01 und a10 nur geringfügig gesunken. Dieser lag bei r = 0,523, sodass wir feststellen können, dass das Auspartialisieren der Variablen „Geburtsjahr" zu keinen wesentlichen Veränderungen geführt hat.

Tabelle 47: Partielle Korrelation Aussage 1 – Aussage 10 nach Kontrolle der
Variablen „Geburtsjahr"

Korrelationen

Kontrollvariablen			Ich erledige (erledigte) meine Arbeit häufig unter Zeitdruck	Ich habe (hatte) oft das Gefühl, mehrere Aufgaben gleichzeitig erledigen zu müssen
Geburtsjahr	Ich erledige (erledigte) meine Arbeit häufig unter Zeitdruck	Korrelation	1,000	,502
		Signifikanz (zweiseitig)	.	,000
		Freiheitsgrade	0	130
	Ich habe (hatte) oft das Gefühl, mehrere Aufgaben gleichzeitig erledigen zu müssen	Korrelation	,502	1,000
		Signifikanz (zweiseitig)	,000	.
		Freiheitsgrade	130	0

Betrachten wir ein zweites Beispiel, nämlich den statistischen Zusammenhang
zwischen der Variablen „Geschlecht [sex]" und der Variablen „Monatliches Nettoeinkommen [eink]".

Es sei daran erinnert, dass das Einkommen in unserer Stichprobe in Klassen von je € 1.000 erfasst wurde, wobei die letzte Klasse nach oben hin offen blieb
(„€ 4.000 und mehr"). Diese letzte offene Flügelklasse führt dazu, dass die Variable „Einkommen" eigentlich nicht als metrische Variable betrachtet werden
kann. Wir unterstellen deshalb im Folgenden wieder hilfsweise gleiche Abstände
zwischen den Klassenmittelpunkten, das heißt, die offene Flügelklasse wird
künstlich beim Wert € 5.000 geschlossen.

Wir haben des Weiteren bereits darauf aufmerksam gemacht, dass die Variable „Geschlecht" als metrisch angesehen werden darf, da sie dichotom ist.

Die bivariate Korrelationsrechnung ergibt hier einen Korrelationskoeffizienten von r = -0,333, der von SPSS als statistisch signifikant von null verschieden ausgewiesen wird. Dieser Wert bedeutet einen signifikanten gegenläufigen
Zusammenhang, das heißt, das Einkommen (Y) sinkt tendenziell, wenn die Variable X steigt. X war das Geschlecht, und Steigen bedeutet in diesem Zusammenhang den Übergang von der Ausprägung 1 („männlich") zur Ausprägung 2
(„weiblich"). Es wird somit wieder die Hypothese bestätigt, dass Frauen tendenziell weniger verdienen als Männer.

Nun kann man sich vorstellen, dass beispielsweise die Variable „Arbeitszeit
in Stunden pro Woche [hwoche]" den oben beschriebenen Zusammenhang vor-
täuscht – zumindest zu einem gewissen Teil. Deshalb verwenden wir jetzt den

partiellen Korrelationskoeffizienten, um aus dem Zusammenhang zwischen Geschlecht und Einkommen den eventuellen Einfluss der Variablen „wöchentliche Arbeitszeit" auszupartialisieren.

Tabelle 48: Partielle Korrelation Geschlecht – Einkommen nach Kontrolle durch die Wochenarbeitszeit

Korrelationen

Kontrollvariablen			Geschlecht	Monatliches Nettoeinkommen
Arbeitszeit in Stunden pro Woche	Geschlecht	Korrelation	1,000	-,216
		Signifikanz (zweiseitig)	.	,013
		Freiheitsgrade	0	131
	Monatliches Nettoeinkommen	Korrelation	-,216	1,000
		Signifikanz (zweiseitig)	,013	.
		Freiheitsgrade	131	0

Sie erkennen, dass der partielle Korrelationskoeffizient -0,216 als Absolutzahl deutlich kleiner ist der ursprüngliche bivariate Korrelationskoeffizient r; das heißt, der ursprünglich beobachtete statistische Zusammenhang ist zu einem Teil durch die Variation der Variablen „Wochenarbeitszeit" vorgetäuscht worden. Aber auch der partielle Korrelationskoeffizient ist noch signifikant von null verschieden, wie der Blick auf den Wert 0,013 beim Stichwort SIGNIFIKANZ (ZWEISEITIG) zeigt.

17.6 Multiple Korrelation

In diesem Abschnitt geht es wieder um die Erweiterung des ursprünglichen bivariaten Modells, indem wir in Rechnung stellen, dass in der Realität nicht nur zwei Variablen, sondern drei oder mehr Variablen zusammenwirken. Wir interessieren uns also für die Frage, wie stark der Zusammenhang zwischen mehreren Variablen zugleich ist.

Zur Beantwortung dieser Frage betrachten wir den einfachsten Fall eines multiplen Zusammenhangs, nämlich den Drei-Variablen-Fall anhand des folgenden Beispiels:

Wie stark ist der Zusammenhang zwischen dem Einkommen einerseits und dem Geschlecht sowie der Arbeitszeit andererseits?

In skizzenhafter Darstellung geht es um das folgende Modell:

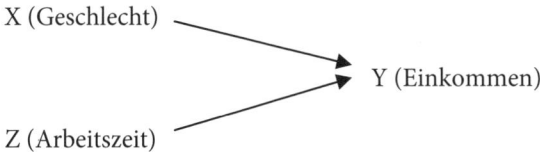

Mit dem Korrelationskoeffizienten von Bravais/Pearson r lässt sich zunächst der bivariate Zusammenhang zwischen Geschlecht und Einkommen quantifizieren.

Tabelle 49: Bivariate Korrelation Geschlecht – Einkommen

Korrelationen

		Geschlecht	Monatliches Nettoeinkommen
Geschlecht	Korrelation nach Pearson	1	-,333**
	Signifikanz (2-seitig)		,000
	N	158	155
Monatliches Nettoeinkommen	Korrelation nach Pearson	-,333**	1
	Signifikanz (2-seitig)	,000	
	N	155	155

**. Die Korrelation ist auf dem Niveau von 0,01 (2-seitig) signifikant.

Es ergibt sich ein statistisch signifikant von null verschiedener Wert, nämlich r = -0,333; das heißt, das monatliche Nettoeinkommen der Frauen ist tendenziell niedriger als das der Männer.

Der Determinationskoeffizient ergibt sich zu $r^2 = (-0,333)^2 = 0,111$; das heißt, 11,1% der Variation der abhängigen Variablen (monatliches Nettoeinkommen) werden statistisch durch die unabhängige Variable „Geschlecht" erklärt. Das ist nicht sehr viel, aber wir hatten ja schon darauf aufmerksam gemacht, dass solche Befunde bei echten sozialwissenschaftlichen Datenbeständen nicht selten sind.

Als dritte Variable Z nehmen wir nun die Variable „Wochenarbeitszeit" in das Modell mit auf, um den *multiplen Determinationskoeffizienten* zu berechnen. SPSS leistet dies im Rahmen der multiplen Regressionsrechung.

SPSS:
1. Wählen Sie ANALYSIEREN / REGRESSION / LINEAR…
2. Im sich öffnenden Dialogfenster übertragen Sie die Variable „monatliches Nettoeinkommen [eink]" in den Bereich ABHÄNGIGE VARIABLE:, die Variablen „Geschlecht [sex]" sowie „Arbeitszeit in Stunden pro Woche [hwoche]" in den Bereich UNABHÄNGIGE VARIABLE(N):.
3. Klicken Sie auf OK.

Es ergibt sich der folgende Befund: Zunächst wird bei R der *multiple Korrelationskoeffizient* ausgegeben. Er bemisst die Stärke des Zusammenhangs zwischen Y (Einkommen) einerseits und X (Geschlecht) sowie Z (Arbeitszeit pro Woche) andererseits.

Tabelle 50: Multiple Korrelation

Modellzusammenfassung

Modell	R	R-Quadrat	Korrigiertes R-Quadrat	Standardfehler des Schätzers
1	,420[a]	,177	,164	1,086

a. Einflußvariablen : (Konstante), Arbeitszeit in Stunden pro Woche, Geschlecht

Der multiple Determinationskoeffizient r^2 (er wird ausgegeben unter dem Stichwort R-QUADRAT) wird zu 0,177 angegeben, das heißt, nun werden 17,7% der Variation der Einkommen über den gemeinsamen Einfluss von Geschlecht und Arbeitszeit pro Woche statistisch erklärt. Der Einbezug der dritten Variablen Z (Arbeitszeit pro Woche) erhöht also die Erklärungskraft – und damit auch die prognostische Qualität – des nun erweiterten Regressionsmodells.

18 Dimensionsreduktion

18.1 Aufgabenstellung

In diesem Kapitel wollen wir einen Blick auf die Frage werfen, wie eine Verdichtung des Ausgangsdatenbestandes erreicht werden kann, und wie auf diese Weise zusätzliche Erkenntnisse gewonnen werden können. Solche Verdichtungen sind immer dann angemessen, wenn man viele Variablen zugleich betrachtet. Stellen Sie sich vor, Sie betrachten alle Variablen zur subjektiven Zeitwahrnehmung gemeinsam. Es handelt sich dabei um 48 zu bewertende Aussagen. Dies bedeutet, dass jede befragte Person als ein Punkt in einem 48-dimensionalen Achsenkreuz dargestellt werden kann bzw. könnte, denn dies ist weder überschaubar noch können Sie sich ein solches hochdimensionales Achsenkreuz vorstellen. Deshalb ist es angebracht, die hohe Dimensionalität zu reduzieren, um zu interpretierbaren Befunden zu gelangen. Das Gleiche gilt beispielsweise dann, wenn Sie die Befragten unter Nutzung vieler Variablen zugleich klassifizieren wollen. Auch dabei sind dimensionsreduzierende Methoden angebracht. Deshalb unterscheiden wir im Folgenden zwei Aufgabenstellungen:

- Durch die Reduzierung der eventuell hohen Dimensionalität eines Datenbestandes können Sie zu einem übersichtlicheren und aussagefähigeren Befund gelangen.
- Durch geeignete Klassifikation der Befragten, welche auch einer Dimensionsreduktion entspricht, können typische Gruppen von Befragten identifiziert werden.

Für beide Aufgabenstellungen gibt es unterschiedliche Verfahren: Für die erste betrachten wir die Faktorenanalyse, für die zweite die Clusteranalyse.

Der Vollständigkeit halber sei angemerkt, dass die Begriffe Faktorenanalyse und Clusteranalyse jeweils eine ganze Gruppe von Verfahren umfassen, von denen im Folgenden aber nur jeweils ein besonders häufig eingesetztes Verfahren angesprochen wird.

18.2 Faktorenanalyse

Die Faktorenanalyse basiert auf der Annahme beziehungsweise auf der Feststellung, dass hinter Gruppen von Variablen – sofern diese Variablen hoch miteinander korrelieren – andere, nicht erhobene Variablen stehen, die für die gerade genannten hohen Korrelationen sorgen und deshalb die hoch korrelierenden Variablen ersetzen können. Diese Variablen im Hintergrund werden *Faktoren* oder *Komponenten* genannt; sie können mit Hilfe von SPSS gefunden werden. Auf diesem Wege werden zugleich neue Untersuchungshypothesen generiert. Man bezeichnet die faktorenanalytischen Verfahren deshalb als dimensionsreduzierende und hypothesengenerierende Verfahren.

Als Anwendungsbeispiel greifen wir auf die ersten 13 Aussagen in unserem Demonstrationsbeispiel zurück. Sie bezogen sich auf die subjektive arbeitsweltliche Zeitwahrnehmung. Die Frage, die sich nun stellt, lautet: Lassen sich die Ergebnisse der Bewertungen dieser 13 Aussagen so verdichten, dass ihre wesentlichen Informationen erkennbar werden?

Betrachtet man diese 13 Aussagen zur subjektiven arbeitsweltlichen Zeitwahrnehmung gemeinsam, so stellt sich jeder Merkmalsträger, also jeder Befragte, als Punkt in einem 13-dimensionalen Achsenkreuz dar. Es interessiert daher, ob sich die hohe Dimensionalität dieses Achsenkreuzes reduzieren lässt. Gibt es Hintergrundvariablen (Faktoren), die dafür sorgen – wenn dem so sein sollte –, dass einzelne der 13 Ausgangsvariablen hoch miteinander korrelieren?

Zum Verfahren eine wichtige Anmerkung: Die faktorenanalytischen Verfahren erfordern metrische Ausgangsdaten. Wir hatten aber schon an anderer Stelle darauf aufmerksam gemacht, dass es Wege gibt, auch schwächer skalierte Daten wie metrische zu behandeln – etwa durch Dichotomisierung in zustimmende und ablehnende Befragte oder durch die Nutzung von Dummy-Variablen (→ Kapitel 17, Abschnitt 17.4). Es findet sich in der Fachliteratur ab und zu allerdings der Hinweis, dass der Verstoß gegen die Forderung nach metrischen Daten bei der Faktorenanalyse keine allzu gravierenden Auswirkungen hat.

Die Faktorenanalyse erzeugt Faktoren, also zusätzliche, quasi künstliche, nämlich nicht unmittelbar erhobene Variablen sowie (bei Bedarf) die Variablenausprägungen für die einzelnen Merkmalsträger. Sie zeigt als Ergebnis Korrelationskoeffizienten, welche die Stärke des statistischen Zusammenhangs zwischen diesen Faktoren und den in die Berechnung eingegangenen Variablen des Ausgangsdatenbestandes bemessen. Diese Korrelationskoeffizienten werden *Ladungskoeffizienten* genannt.

SPSS:
1. Wählen Sie ANALYSIEREN / DIMENSIONSREDUZIERUNG / FAKTORENANALYSE...
   (→ Abbildung 56).
2. Übertragen Sie die Variablen „Ich erledige ... [a01]" bis „Manchmal schiebe
   ... [a13]" in den Bereich VARIABLEN:.
3. Klicken Sie auf die Schaltfläche ROTATION... (zur Erklärung später), und
   wählen Sie dort im Bereich METHODE die Option VARIMAX.
4. Klicken Sie auf WEITER und auf OK.

Abbildung 56: Menü ANALYSIEREN / DIMENSIONSREDUZIERUNG /
                  FAKTORENANALYSE...

Die erste Ausgabetabelle, die für unsere Fragestellung von Interesse ist, ist diejenige mit der Überschrift ERKLÄRTE GESAMTVARIANZ:

Tabelle 51: Faktorenanalyse (erstes Ergebnis; Ausschnitt)

Erklärte Gesamtvarianz

Komponente	Anfängliche Eigenwerte			Summen von quadrierten Faktorladungen für Extraktion		
	Gesamt	% der Varianz	Kumulierte %	Gesamt	% der Varianz	Kumulierte %
1	2,774	21,337	21,337	2,774	21,337	21,337
2	2,267	17,437	38,774	2,267	17,437	38,774
3	1,312	10,093	48,868	1,312	10,093	48,868
4	1,221	9,394	58,262	1,221	9,394	58,262
5	,899	6,912	65,174			
6	,831	6,394	71,568			
7	,776	5,971	77,540			
8	,701	5,392	82,932			
9	,667	5,127	88,059			
10	,486	3,736	91,795			
11	,424	3,259	95,054			
12	,354	2,721	97,776			
13	,289	2,224	100,000			

Extraktionsmethode: Hauptkomponentenanalyse.

In dieser SPSS-Ausgabetabelle tauchen einige Stichworte auf, die der näheren Erläuterung bedürfen:

Komponente

Mit „Komponente" bezeichnet SPSS die Faktoren, also die oben angesprochenen zusätzlich erzeugten Variablen. Sie sehen, dass insgesamt 13 Faktoren erzeugt werden, die insgesamt zu einer Varianzaufklärung von 100% führen (vierte Spalte, letzter Wert unter der Überschrift KUMULIERTE %).

Dazu eine Anmerkung: Das Prinzip der *Varianzaufklärung* wurde im Zusammenhang mit dem Determinationskoeffizienten r^2 besprochen (→ Kapitel 17, Abschnitt 17.2). Zur Erinnerung: Wenn in einer bivariaten Statistik (zum Beispiel: X = Körpergröße, Y = Körpergewicht zufällig ausgewählter Personen) der Determinationskoeffizient bei 0,64 liegt (r = 0,8), dann besagt dies, dass 64% der Varianz (Streuung) der Körpergewichte durch die Variation der Körpergrößen statistisch erklärt werden; die verbleibenden, das heißt die nicht durch die Variation der Körpergrößen erklärten 36% der Varianz der Körpergewichte werden durch andere Variablen erklärt.

Mit 13 insgesamt erzeugten Faktoren wird aber dem zentralen Ziel der Faktorenanalyse – der Dimensionsreduzierung – nicht entsprochen; würden wir auf dieser hochdimensionalen Ebene der 13 Faktoren verbleiben, hätten wir keine Vereinfachung (Dimensionsreduktion) erreicht. Deshalb beschränken wir uns im Folgenden auf die ersten vier Faktoren (Komponenten) – und dies entspricht auch dem Vorschlag von SPSS, der daran erkennbar wird, dass im rechten Teil der obigen Ausgabetabelle (ab der 5. Spalte) nur noch die oberen vier Zeilen besetzt sind. Diese Beschränkung erfolgt auf der Basis der Eigenwerte.

Eigenwert

Unter dem Begriff „Eigenwert" ist der Anteil der Varianz aller Ausgangsvariablen zu verstehen, der durch jeweils einen der künstlich erzeugten Faktoren statistisch erklärt wird.

Die Faktoren werden nach der Höhe ihrer Eigenwerte sortiert ausgegeben. Der erste Faktor beispielsweise hat einen Eigenwert von 2,774 (→ zweite Spalte).

Auch dazu eine Anmerkung: Die Faktorenanalyse mit SPSS führt ihre Berechnungen auf der Basis standardisierter Ausgangswerte durch. Standardisierung bedeutet, wie schon an anderer Stelle erwähnt wurde, dass von jedem Variablenwert das arithmetische Mittel der jeweiligen Variablen abgezogen wird; die entstehende Differenz wird durch die jeweilige Standardabweichung dividiert. Standardisierte Variablen haben jeweils den Mittelwert 0 und die Streuung 1 (gemessen mit der Varianz, also dem Quadrat der Standardabweichung) sowie gleiche Dimension. Somit haben 13 standardisierte Variablen die Gesamtstreuung 13. Davon erklärt der erste Faktor den Betrag 2,774 (zweite Spalte), was – wie die dritte Spalte ausweist – 21,337% der Gesamtstreuung 13 ausmacht.

Die Varianzanteile werden in der vierten Spalte kumuliert, sodass man beispielsweise erkennen kann, dass die ersten (und wichtigsten) vier Faktoren gemeinsam einen Anteil an der Varianzaufklärung von 58,262% leisten.

Faktoren, die einen Eigenwert aufweisen, der kleiner als 1 ist, werden aus der weiteren Betrachtung ausgeschlossen, weil sie noch nicht einmal in der Lage sind, auch nur die Varianz einer einzigen (standardisierten) Ausgangsvariablen aufzuklären.

Die weiteren Ergebnisse der ersten Ausgabetabelle brauchen an dieser Stelle nicht zu interessieren.

Entscheidend ist nun die folgende Feststellung: Mit vier zusätzlichen, künstlich erzeugten Variablen – also den ersten vier Komponenten oder Faktoren – können mehr als 58% der Gesamtvarianz aufgeklärt werden; dies ist ein für reale sozialwissenschaftliche Datenbestände sehr befriedigendes Ergebnis, das heißt, diese vier Faktoren können mit hinreichender Güte die 13 Ausgangsvariablen ersetzen. Wir haben eine Dimensionsreduzierung von 13 auf 4 Dimensionen erreicht.

Welchen Anteil an Gesamtaufklärung Sie wünschen, müssen Sie in der konkreten Anwendung selbst entscheiden. Sehr häufig beschränkt man sich – wie das auch oben geschehen ist – auf diejenigen Faktoren, die Eigenwerte größer als 1 haben und betrachtet den mit diesen zu erzielenden Aufklärungsanteil als befriedigend. Bei einer sehr großen Anzahl von Ausgangsvariablen kann es aber auch sinnvoll sein, sich auf diejenigen Faktoren zu beschränken, die zum Beispiel einen Eigenwert größer als 2 aufweisen – sofern der dadurch zu erzielende Anteil an der Varianzaufklärung nicht zu klein ist. Wenn die 50%-Marke beim erklärten Varianzanteil überschritten wird, ist man in der Praxis meist schon recht zufrieden.

Aber nun stehen wir im nächsten Schritt vor dem zentralen Problem der Faktorenanalyse: Wie können diese vier extrahierten Faktoren bezeichnet werden? Wie heißen diese von SPSS künstlich erzeugten Variablen? Mit welchen Etiketten können diese Faktoren belegt werden?

Um diese Frage zu beantworten, schauen wir auf die Ausgabetabelle mit der Überschrift ROTIERTE KOMPONENTENMATRIX (→ Tabelle 52). In dieser Tabelle finden sich die sogenannten *Ladungskoeffizienten*; man bezeichnet diese Matrix deshalb manchmal auch als *Ladungsmuster*.

In dieser Matrix stehen die extrahierten Faktoren (Komponenten) in der Kopfzeile; die Ausgangsvariablen stehen in der Vorspalte. Die Ladungskoeffizienten in der Matrix sind mathematisch nichts anderes als Regressionskoeffizienten (→ Kapitel 16, Abschnitt 16.4), die den Zusammenhang zwischen je einem Faktor und je einer Variablen beschreiben – und da SPSS von standardisierten Werten bei den faktorenanalytischen Berechnungen ausgeht, sind diese Regressionskoeffizienten zugleich als Korrelationskoeffizienten, also als Maße der Stärke des Zusammenhangs zu interpretieren (dass bei standardisierten Ausgangsdaten Regressionskoeffizienten identisch mit Korrelationskoeffizienten sind, ist leicht mathematisch herleitbar).

Tabelle 52: Rotierte Komponentenmatrix

Rotierte Komponentenmatrix[a]

	Komponente			
	1	2	3	4
Ich erledige (erledigte) meine Arbeit häufig unter Zeitdruck	,806	-,058	-,006	-,010
Meine Arbeitsabläufe haben (hatten) sich im Laufe meiner Berufstätigkeit beschleunigt	,673	,083	-,230	,202
Es macht (machte) mir eigentlich Spaß, unter Zeitdruck zu arbeiten	,126	,726	-,124	,338
Ich arbeite (arbeitete) deutlich mehr als Andere in vergleichbarer Position	,484	-,221	,447	-,034
Wie meine berufliche Entwicklung verläuft, habe (hatte) ich zeitlich genau vorgeplant	,005	,254	,699	,345
Meine Karriereplanung kann (konnte) ich im Großen und Ganzen verwirklichen	,037	,568	,543	-,039
Ich trage (trug) meine Termine immer in einen Tages-/Wochen-/Jahresplaner ein	-,101	,043	,739	-,023
Ich arbeite (arbeitete) vor allem, um meinen Lebensunterhalt zu sichern	,208	-,676	-,043	,201
Ich arbeite (arbeitete) vor allem, da mir meine Arbeit großen Spaß macht (machte)	-,159	,698	,268	,068
Ich habe (hatte) oft das Gefühl, mehrere Aufgaben gleichzeitig erledigen zu müssen	,673	,010	,053	-,045
Das Verhältnis zwischen meiner Arbeitszeit und meiner Freizeit ist (war) mir angenehm	-,515	,271	,014	,198
Ich empfinde (empfand) mich als einen 'arbeitssüchtigen' Menschen	,311	,375	,132	,589
Manchmal schiebe (schob) ich anstehende Aufgaben vor mir her	,246	,139	-,063	-,841

Extraktionsmethode: Hauptkomponentenanalyse.
Rotationsmethode: Varimax mit Kaiser-Normalisierung.
a. Die Rotation ist in 7 Iterationen konvergiert.

Wir betrachten die rotierte und nicht die erste ausgegebene Komponentenmatrix aus folgendem Grund: Wenn sich in der ersten Matrix zeigt, dass mehrere Faktoren bei derselben Variablen (oder bei mehreren von ihnen) hohe absolute Korrelationskoeffizienten (Ladungskoeffizienten) aufweisen, dann wird die Interpretation dieser Faktoren besonders schwierig. Wie zum Beispiel sollte ein Faktor bezeichnet werden, der sowohl mit der Variablen „Einkommen" als auch mit der Variablen „Konfession" hoch korreliert? Diesem potentiellen Interpretationsproblem kann man ausweichen, indem man die rotierte Komponentenmatrix erzeugt, da mit der Rotation zumeist der Erfolg einhergeht, dass – über mehrere Faktoren hinweg betrachtet – nur jeweils bei einer der Ausgangsvariablen ein absolut hoher Wert, das heißt ohne Beachtung des Vorzeichens, des Korrelationskoeffizienten ausgewiesen wird.

Betrachten Sie nun für alle vier Faktoren die drei absolut höchsten Korrelationskoeffizienten:

- Faktor 1 lädt am höchsten bei den Variablen a01, a02 und a10
- Faktor 2 lädt am höchsten bei den Variablen a03, a08 und a09
- Faktor 3 lädt am höchsten bei den Variablen a05, a06 und a07
- Faktor 4 lädt am höchsten bei den Variablen a12 und a13

Die Beschränkung auf drei Korrelationskoeffizienten obliegt der Willkür des Forschers. Man könnte sich auch auf weniger beschränken – oder mehr wählen. Empfehlenswert ist in diesem Fall, darauf zu schauen, an welcher Stelle eine deutliche Lücke in der Abstufung der Koeffizienten sichtbar wird. Aus diesem Grund haben wir bei Faktor 4 auch nur zwei der Koeffizienten ausgewählt, denn nach dem zweithöchsten (a12/Koeffizient= 0,589) klafft eine deutliche Lücke zum dritthöchsten (a05/Koeffizient = 0,345).

Wie können nun diese von uns ausgewählten Faktoren interpretiert werden?

Faktor 1
Bei Faktor 1 sind alle drei Korrelationskoeffizienten positiv; das heißt, je höher der Faktorwert (Wert der künstlichen Variablen für eine Person), desto geringer ist tendenziell der Grad der Zustimmung zu der jeweiligen Aussage. Mit Blick auf diese Aussagen wird klar, dass bei höheren Faktorwerten die Befragten sich bei der Arbeit weniger unter Zeitdruck, weniger beschleunigt und weniger unter der Gleichzeitigkeit anfallender Arbeiten leidend fühl(t)en. Dieser Faktor könnte somit als „Ruhe" oder „Ausgeglichenheit" bezeichnet werden. Simplifizierend ausgedrückt: Je höher „Ruhe" oder „Ausgeglichenheit", desto weniger getrieben.

Faktor 2
Faktor 2 lädt hoch in den Aussagen 3, 8 (hier mit negativem Vorzeichen) und 9. Je höher der Wert für diesen Faktor ist, desto weniger Spaß hat(te) man tendenziell daran, unter Zeitdruck zu arbeiten, desto eher arbeitet(e) man vor allem zur Sicherung des Lebensunterhaltes und – geradezu logischerweise – desto weniger stimmt man der Aussage zu, dass die Arbeit großen Spaß macht(e). Dieser Faktor könnte somit mit dem Etikett „Arbeit als notwendiges Übel" belegt werden. Je höher der Wert dieses Faktors ist, desto eher werden die Aussagen 3 und 9 abgelehnt und desto eher wird der Aussage 8 zugestimmt.

Faktor 3

Faktor 3 lädt hoch in den Aussagen 5, 6 und 7. Je höher der Wert für diesen Faktor, desto weniger plan(t)en die Befragten tendenziell ihre berufliche Entwicklung vor, desto weniger können (konnten) sie ihre Karriereplanung verwirklichen und desto weniger sind (waren) sie geneigt, Termine schriftlich festzuhalten. Dieser Faktor könnte mit dem Etikett „Planungsabstinenz" belegt werden. Je stärker diese Planungsabstinenz ausgeprägt ist, desto eher werden die angesprochenen Aussagen abgelehnt.

Faktor 4

Faktor 4 lädt hoch in den Aussagen 12 und 13 (hier mit negativem Vorzeichen). Je höher der Wert dieses Faktors, desto eher wird Arbeitssüchtigkeit verneint und desto eher wird bejaht, dass man manchmal anstehende Aufgaben vor sich her schiebt (schob). Dieser Faktor könnte deshalb „Arbeitsvermeidung" genannt werden – auch wenn das vielleicht etwas hart klingt. Je stärker die Arbeitsvermeidungshaltung, desto eher ist man geneigt, Arbeiten zu verschieben und desto weniger empfindet man sich selbst – konsequenterweise – als arbeitssüchtig.

Zusammenfassend ist also festzustellen, dass wir mit den auf diese Weise etikettierten vier Faktoren in befriedigender Weise dreizehn Ausgangsvariablen ersetzen können. Wir haben die hohe Dimensionalität des Ausgangsdatenbestandes von 13 auf 4 reduziert, und wir haben mit der Erzeugung neuer, nicht direkt erhobener Variablen die Basis für neue und weiterführende Untersuchungshypothesen gelegt.

Die Faktorwerte der einzelnen Merkmalsträger (Befragten) können auch ausgegeben werden, wenn man im Dialogfenster zur Faktorenanalyse die Schaltfläche WERTE... anklickt und im sich dadurch öffnenden Dialogfenster durch Anklicken für ein Häkchen bei ALS VARIABLEN SPEICHERN sorgt. Diese Faktorwerte werden am rechten Rand Ihres SPSS-Datenblattes (DATENANSICHT) bzw. am unteren Rand der VARIABLENANSICHT angefügt.

Die zusätzlichen, quasi künstlichen Variablen sind ebenfalls standardisierte Variablen, haben also jeweils das arithmetische Mittel 0 und die Standardabweichung 1. Wenn man nun diese Variablen miteinander korreliert, so zeigt sich, dass sie untereinander unkorreliert sind. Die bivariaten Korrelationskoeffizienten sind alle null. Dies geht mit dem Vorzug einher, dass Sie diese neuen Variablen sehr gut als beeinflussende Variablen in einem multiplen Regressionsmodell verwenden können, in dem ja – wie an anderer Stelle ausgeführt wurde (→ Kapitel 16, Abschnitt 16.5) – unkorrelierte beeinflussende Variablen Voraussetzung für die inhaltliche Interpretation der partiellen Regressionskoeffizienten sind.

18.3 Clusteranalyse

Eine interessante Frage im Zuge der Auswertung empirischer Daten ist die, ob die Befragten sich in geeigneter Weise klassifizieren lassen: Beantworten bestimmte Gruppen von Befragten etwa die Fragen zur subjektiven arbeitsweltlichen Zeitwahrnehmung in typisch voneinander unterschiedlicher, also gruppenspezifischer Weise? Diese Frage zu beantworten, bedeutet, dass wir uns auf die Suche nach vergleichsweise homogenen Gruppen von Befragten machen, wobei es erst einmal offen ist, welche der Untersuchungsvariablen genutzt werden sollen oder können, um zu solchen Gruppierungen von Befragten zu gelangen.

Die clusteranalytischen Verfahren betrachten dazu alle Merkmalsträger, die sich als Punkte in einem mehrdimensionalen Achsenkreuz vorstellen lassen. Die Dimensionalität dieses Achsenkreuzes entspricht der Anzahl der in die Clusteranalyse aufgenommenen Variablen. Mit geeigneten *Distanzmaßen* werden dann die Abstände zwischen diesen Punkten gemessen; häufig verwendet wird die *Euklidische Distanz*, die Ihnen möglicherweise im Rahmen des Schulunterrichts im Zusammenhang mit dem Lehrsatz des Pythagoras schon einmal begegnet ist. Nach Maßgabe dieser Distanzen werden Punkte (Merkmalsträger, das heißt Befragte) aufgrund ihrer geringen Distanzen zueinander zu Klumpen (englisch *cluster* = *Klumpen*) zusammengefasst, wobei zugleich die Distanzen zwischen den einzelnen Klumpen möglichst groß sein sollen. Wenn man sich dann anschaut, welches die gemeinsamen Charakteristika der Befragten in einem Klumpen sind, gelangt man zur Typisierung dieser Personengruppen.

Auch die clusteranalytischen Verfahren erfordern metrische Daten. Haben Sie es mit schwächer skalierten Daten zu tun, können Sie diese Voraussetzung erfüllen, indem Sie diese dichotomisieren oder mit Dummy-Variablen arbeiten (→ Kapitel 17, Abschnitt 17.4). Als weitere Voraussetzung wird häufig genannt, dass die Variablen im gleichen Wertebereich normiert sein sollten, weil andernfalls Verzerrungen bei den Distanzberechnungen auftreten können. Wenn Sie die Ausgangsdaten – falls erforderlich – dichotomisieren, dann wird automatisch auch diese zweite Voraussetzung erfüllt. Wenn metrische Variablen vorliegen, können Sie diese Voraussetzung durch Standardisierung erfüllen (→ Abschnitt 16.5).

Schließlich wird gefordert, dass die Ausgangsvariablen untereinander unkorreliert sein sollten – auch dies wiederum, um Verzerrungen bei den Distanzberechnungen zu vermeiden. Auf diese Voraussetzung wird in der Forschungspraxis nur selten Rücksicht genommen. Man könnte diese dritte Voraussetzung erfüllen, wenn man als Ausgangsdaten der Clusteranalyse Faktoren verwendet, wie sie sich in einer vorgeschalteten Faktorenanalyse ergeben haben, denn diese Faktoren korrelieren nicht miteinander, wie oben ausgeführt wurde.

Allerdings – darauf wurde schon aufmerksam gemacht – ist der Umgang mit Faktoren, wegen der Schwierigkeiten bei ihrer Interpretation manchmal nicht ganz einfach. Die clusteranalytischen Verfahren werden in zwei Gruppen eingeteilt, nämlich

- die Clusterzentrenanalyse und
- die hierarchische Clusteranalyse.

Wir beschränken uns in diesem Buch auf die *Clusterzentrenanalyse,* da sie in der Regel leichter zu interpretierende Befunde liefert als die hierarchische Clusteranalyse.

Beispiel 1: Subjektive arbeitsweltliche Zeitwahrnehmung

Lassen sich die Befragten anhand ihrer Bewertungen der Aussagen zur subjektiven arbeitsweltlichen Zeitwahrnehmung klassifizieren?

Die hier durchzuführende Clusterzentrenanalyse bezieht sich auf die 13 Aussagen zur subjektiven arbeitsweltlichen Zeitwahrnehmung (a01 bis a13). Da jeweils die Werte 1 bis 4 als Antwortmöglichkeiten vorgegeben waren (1 = „ja, ganz sicher" bis 4 = „nein, ganz sicher nicht"), ist der Voraussetzung der gleichen Normierung der Variablen Rechnung getragen. Allerdings sind diese Aussagevariablen nur unter Nutzung der schon mehrfach verwendeten Hilfshypothese gleicher Abstände zwischen den Variablenausprägungen als metrische Variablen anzusehen – und untereinander paarweise unkorreliert sind sie auch nicht. Doch selbst unter Vernachlässigung dieser Aspekte gewinnt man interpretationsfähige Befunde, wie die folgende Tabelle 53 zeigt. Dies entspricht dem in der Fachliteratur mitunter zu findenden Hinweis, dass die Clusteranalyse relativ unempfindlich auf Verstöße gegen die Voraussetzungen ihres Einsatzes reagiert.

SPSS:
1. Wählen Sie ANALYSIEREN / KLASSIFIZIEREN / CLUSTERZENTRENANALYSE...
2. Übertragen Sie die Variablen a01 bis a13 in den Bereich VARIABLEN:.
3. Klicken Sie auf OK.

Tabelle 53: Clusterzentrenanalyse mit zwei Dezimalstellen

Clusterzentren der endgültigen Lösung

	Cluster	
	1	2
Ich erledige (erledigte) meine Arbeit häufig unter Zeitdruck	1,76	2,19
Meine Arbeitsabläufe haben (hatten) sich im Laufe meiner Berufstätigkeit beschleunigt	1,76	1,81
Es macht (machte) mir eigentlich Spaß, unter Zeitdruck zu arbeiten	3,12	2,21
Ich arbeite (arbeitete) deutlich mehr als Andere in vergleichbarer Position	2,19	2,29
Wie meine berufliche Entwicklung verläuft, habe (hatte) ich zeitlich genau vorgeplant	3,38	2,54
Meine Karriereplanung kann (konnte) ich im Großen und Ganzen verwirklichen	2,90	1,81
Ich trage (trug) meine Termine immer in einen Tages-/Wochen-/Jahresplaner ein	2,36	1,48
Ich arbeite (arbeitete) vor allem, um meinen Lebensunterhalt zu sichern	1,50	2,23
Ich arbeite (arbeitete) vor allem, da mir meine Arbeit großen Spaß macht (machte)	2,62	1,69
Ich habe (hatte) oft das Gefühl, mehrere Aufgaben gleichzeitig erledigen zu müssen	1,62	1,81
Das Verhältnis zwischen meiner Arbeitszeit und meiner Freizeit ist (war) mir angenehm	2,83	2,21
Ich empfinde (empfand) mich als einen 'arbeitssüchtigen' Menschen	3,02	2,54
Manchmal schiebe (schob) ich anstehende Aufgaben vor mir her	2,29	2,54

Da die Codezahlen für die vier Antwortkategorien der Aussagevariablen als Ziffern ohne Dezimalstellen eingegeben wurden, werden auch die Ergebnisse ohne Dezimalstellen ausgegeben. Deshalb sind Unterschiede in den Clusterzentren nur erkennbar, wenn man die Anzahl der Dezimalstellen entweder vorher in der VARIABLENANSICHT oder im Nachhinein in der Ausgabetabelle erhöht. Letzteres haben wir in der obigen Tabelle getan, indem wir im Editiermodus (Doppelklick auf die Tabelle) nach Markieren der Tabellenzellen über FORMAT / ZELLENEIGEN-SCHAFTEN... im Register WERT im Bereich DEZIMALSTELLEN den Wert 2 eingegeben haben.

    Im ersten Cluster befinden sich Befragte, die die Aussage 1 tendenziell eher bejahen, während die in Cluster 2 ein wenig ablehnender urteilen – auch wenn sie ebenfalls noch eher auf der Seite der Ja-Sager sind. Der Wert 2,5 ist der Trennwert zwischen Ja- und Nein-Sagern; zur Erinnerung: Es gab vier Antwortmöglichkeiten, nämlich 1 = „ja, ganz sicher", 2 = „eher ja", 3 = „eher nein", 4 = „nein, ganz sicher nicht". In entsprechender Weise können die anderen Clusterzentrenwerte interpretiert werden. Augenfälligere Unterschiede gibt es bei den Aussagen 3, 6, 9 und 11. Befragte, die Cluster 1 zugeordnet sind, verneinen diese Aussagen eher; in Cluster 2 befinden sich im Hinblick auf diese Aussagen eher Ja-Sager. Dies bedeutet, dass Cluster 1 die Personen beinhaltet, die tendenziell

- keinen Spaß daran haben (hatten), unter Zeitdruck zu arbeiten,
- ihre Karriereplanung nicht verwirklichen können (konnten),
- nicht arbeiten (arbeiteten), weil ihnen die Arbeit Spaß macht(e),
- denen das Verhältnis zwischen Arbeits- und Freizeit nicht angenehm ist (war).

Sie sehen, man gelangt auf diese Weise zu ganz interessanten und aussagekräftigen zusammenfassenden Befunden.

Diese Befunde kann man zusätzlich interpretieren, wenn man sich anschaut, wie die Personen in den beiden Clustern charakterisiert werden können. Die Clusterzentrenanalyse bietet die Möglichkeit, die Clusterzugehörigkeit als zusätzliche Variable dem Datenbestand anzufügen. Wählt man dann alle Fälle, die dem Cluster 1 angehören (DATEN / FÄLLE AUSWÄHLEN...) und lässt sich für diese charakteristische Maße (zum Beispiel der demografischen Variablen) ausgeben, und wiederholt man dies für Personen, die dem Cluster 2 angehören, so kann der Vergleich zu aussagekräftigen Befunden führen.

Beispiel 2: Sozio-demografische Struktur der Befragten

Wie lassen sich die Befragten unter sozio-demografischen Gesichtspunkten klassifizieren?

Es sollen nun die im Rahmen der schriftlichen Befragung erhobenen sozio-demografischen Variablen für eine Klassifikation der Befragten genutzt werden. Vielleicht gibt es ja mit Blick auf die Aspekte der subjektiven Zeitwahrnehmung eine homogene Gruppe junger Männer und eine andere mit eher älteren Frauen sowie weitere typisch voneinander abweichende Gruppen, wobei sich diese Gruppen bei der Bewertung der zeitbezogenen Aussagen typisch voneinander unterscheiden, in sich aber relativ gleichartige Bewertungen abgeben.

Wir gehen von den folgenden sieben erhobenen Untersuchungsvariablen aus; bei dem Versuch, weitere der erhobenen sozio-demografischen Variablen mit einzubeziehen, wurden keine gefunden, die zur Gruppenbildung der Befrag-

ten beitragen konnten – und auch bei diesen sieben Variablen gibt es noch eine
Ausnahme, wie Sie gleich erkennen werden:

- „Arbeitszeit in Stunden pro Woche [hwoche]"
- „durchschnittliche Schlafdauer [schlaf]"
- „Tragen einer Armbanduhr [uhr]"
- „Geschlecht [sex]"
- „Geburtsjahr [gebjahr]"
- „eigener letzter erreichter Bildungsabschluss [abselbst]"
- „monatliches Nettoeinkommen [eink]"

Diese Variablen weisen unterschiedliche Skalenqualität auf, und sie decken unterschiedliche Wertebereiche ab. Deshalb sollen sie zunächst dichotomisiert
werden, um den ersten beiden Voraussetzungen der clusteranalytischen Verfahren zu genügen; die Voraussetzung der Unkorreliertheit wird hingegen, wie
schon beim ersten Beispiel, ignoriert. Diese Dichotomisierungen orientieren sich
an der Mitte der jeweiligen Häufigkeitsverteilungen (Median; → Kapitel 12); die
Dichotomisierungen werden über Umcodierungen erreicht (→ Kapitel 13, Abschnitt 13.1). Tabelle 54 zeigt die Vorgehensweise.
    Mit den neu gebildeten Variablen kann nun eine Clusterzentrenanalyse
durchgeführt werden.

SPSS:
1. Wählen Sie ANALYSIEREN / KLASSIFIZIEREN / CLUSTERZENTRENANALYSE…
2. Übertragen Sie die oben genannten Variablen in den Bereich VARIABLEN:.
3. Klicken Sie auf OK.

SPSS erzeugt standardmäßig zwei Cluster, die gleich näher beschrieben werden.
Zunächst aber eine Anmerkung: Bei größeren Datenbeständen (größere Anzahl
von Befragten oder größere Zahl der in die Clusteranalyse eingehenden Variab-
len) empfiehlt es sich, drei oder mehr Cluster erzeugen zu lassen; die Anzahl der
Cluster ist im ersten Dialogfenster links wählbar. Natürlich kann aber auch die
Clusteranzahl anhand theoretischer Vorüberlegungen bestimmt werden.

Tabelle 54: Dichotomisierung der Ausgangsvariablen

neue Variable	Inhalt	Code
C1	Arbeitszeit in Stunden pro Woche	1 = bis 40 Stunden 2 = 41 Stunden und mehr
C2	durchschnittliche Schlafdauer	1 = bis 7 Stunden 2 = mehr als 7 Stunden
	Tragen einer Armbanduhr	bereits dichotom
	Geschlecht	bereits dichotom
C3	Geburtsjahr	1 = bis 1954 2 = 1955 oder jünger
C4	Bildungsabschluss	1 = bis mittlere Reife 2 = höherer Abschluss
C5	monatliches Nettoeinkommen	1 = bis € 2.000 2 = über € 2.000

Tabelle 55: Clusterzentrenanalyse mit dichotomen Variablen

Clusterzentren der endgültigen Lösung

	Cluster	
	1	2
Geschlecht	2	1
Tragen Sie eine Armbanduhr?	1	1
Arbeitszeit dichotom	1,34	1,72
Schlafdauer dichotom	1,29	1,27
Geburtsjahr dichotom	1,62	1,48
Bildung dichotom	1,26	1,77
Einkommen dichotom	1,05	1,82

In der SPSS-Ausgabetabelle finden sich die Zentren der Cluster. Diese Zentren sind Mittelwerte – und zwar Mittelwerte, die aus den Codeziffern 1 und 2 berechnet wurden. Betrachten wir beispielsweise die Ergebnisse bei „Arbeitszeit dichotom". Der Wert bei Cluster 1 (1,34) bedeutet deshalb, dass die Befragten des ersten Clusters eher der Klasse „bis 40 Stunden" und die des zweiten Clusters mit dem Clusterzentrenwert 1,72 eher der Klasse „41 Stunden und mehr" zugeordnet wurden. Bezüglich der Variablen „Bildung dichotom" gilt entsprechend: Befragte im Cluster 1 (1,26) weisen tendenziell einen niedrigeren Abschluss und Befragte im Cluster 2 (1,77) tendenziell einen höheren Abschluss auf. In entsprechender Weise sind auch die anderen Ergebnisse zu interpretieren.

Zusammenfassend ergibt sich also, dass sich im ersten Cluster Befragte befinden, die im Gegensatz zu Befragten, die dem zweiten Cluster zugeordnet sind,

- tendenziell weniger pro Woche arbeiten,
- tendenziell einen niedrigeren Bildungsabschluss aufweisen,
- eher ein niedrigeres Einkommen haben,
- tendenziell jünger sind,
- tendenziell länger schlafen,
- eher weiblichen Geschlechts sind.

Die Variable „Tragen einer Armbanduhr" liefert hingegen keinen Beitrag zur Differenzierung der Cluster.

19 Zwei Spezialprobleme

In diesem abschließenden Kapitel möchten wir noch auf zwei Spezialprobleme aufmerksam machen, deren Auftreten in konkreten empirischen Forschungsprojekten bei der Datenauswertung nicht selten ist. Zum einen geht es um die Analyse von Daten, für die bereits fertige Häufigkeitsverteilungen vorliegen, also um die Auswertung von Sekundärstatistiken; zum anderen um die Auswertung sogenannter Mehrfachantworten.

19.1 Sekundärstatistiken

Stellen Sie sich vor, Sie hätten nicht eigenständig Daten – zum Beispiel die Kinderzahl von Familien – mittels eines Fragebogens erhoben, sondern auf die entsprechende Häufigkeitsverteilung aus einer sekundärstatistischen Quelle zurückgreifen können.

Tabelle 56: Kinderzahl zufällig ausgewählter Familien (entnommen aus einer Sekundärstatistik)

Kinderzahl	Familienzahl
0	123
1	166
2	78
3	29
4	11
5	3
Summe	410

Wenn Sie die Daten der obigen 56 in die beiden ersten Spalten einer SPSS-Tabelle (DATENANSICHT) eingeben und in der VARIABLENANSICHT die Namen „Kinderzahl" und „Familienzahl" für die Variablen vergeben, um nach Auswahl der Variablen „Kinderzahl" ein Balkendiagramm zu erzeugen, dann wird jede Kategorie (0 bis 5 Kinder) mit der Häufigkeit 1 (= 16,7%) besetzt – es entsteht also ein völlig unzutreffendes Bild.

In einem solchen Fall – wenn Sie also auf eine fertige Häufigkeitsverteilung zurückgreifen – müssen Sie, um zutreffende Ergebnisse zu erzielen, zunächst die Variable „Kinderzahl" mit der Häufigkeit des Auftretens der einzelnen Variablenausprägungen gewichten. Die *Gewichtungsvariable* ist offenkundig die Variable „Familienzahl". Diese Gewichtung erreichen Sie wie folgt:

SPSS:
1. Wählen Sie DATEN / FÄLLE GEWICHTEN...
2. Klicken Sie an bei: FÄLLE GEWICHTEN MIT.
3. Übertragen Sie die Variable „Familienzahl" in das Feld HÄUFIGKEITSVARIABLE (→ Abbildung 57).
4. Klicken Sie auf OK.

Abbildung 57: Menü DATEN / FÄLLE GEWICHTEN...; Option FÄLLE GEWICHTEN MIT

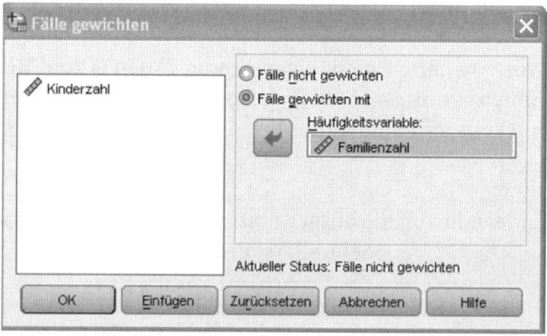

Erzeugen Sie nun ein Balkendiagramm, ergibt sich Abbildung 58:

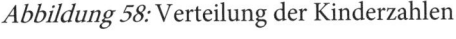

Abbildung 58: Verteilung der Kinderzahlen

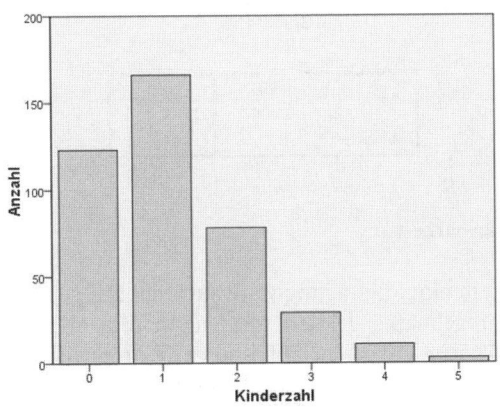

Die *Gewichtung,* die Sie vorgenommen haben, gilt für alle weiteren SPSS-Aktivitäten – und zwar so lange, bis Sie die Gewichtung wieder aufheben (DATEN / FÄLLE GEWICHTEN..., Schaltfläche FÄLLE NICHT GEWICHTEN, OK). ACHTUNG: Nach einem Neustart von SPSS ist die vorherige Gewichtung immer noch in Kraft, wenn Sie sie nicht – wie gerade beschrieben – aufgehoben haben.

Diese Gewichtung müssen Sie beispielsweise auch dann vornehmen, wenn Sie die durchschnittliche Kinderzahl pro Familie durch SPSS ausrechnen lassen oder wenn Sie irgendwelche anderen Berechnungen durchführen wollen.

SPSS:
1. Wählen Sie ANALYSIEREN / DESKRIPTIVE STATISTIKEN / HÄUFIGKEITEN...
2. Übertragen Sie die Variable „Kinderzahl" ins Feld VARIABLE(N).
3. Klicken Sie auf STATISTIKEN..., auf MITTELWERT und auf WEITER.
4. Klicken Sie das Häkchen bei HÄUFIGKEITSTABELLE ANZEIGEN weg.
5. Klicken Sie auf OK.

Wenn Sie vor dieser Prozedur nicht gewichtet haben, ergibt sich der unsinnige Wert 2,5. Wenn Sie hingegen korrekt gewichtet haben, ergibt sich der Mittelwert 1,14 Kinder (pro Familie):

Tabelle 57: Durchschnittliche Kinderzahl

Statistiken

Kinderzahl

N	Gültig	410
	Fehlend	0
Mittelwert		1,14

19.2 Mehrfachantworten

Stellen Sie sich vor, in einer Befragung wäre auch danach gefragt worden, welche Wochenmagazine regelmäßig gelesen werden. In diesem Fragebogen tauchen also verschiedene Wochenmagazine auf, und der Befragte ist gebeten, anzukreuzen. Natürlich kann er auch mehrere Wochenmagazine ankreuzen.

Der Spiegel	☐
Focus	☐
Stern	☐
Bunte	☐
Die Zeit	☐
usw.	

Solche Angaben werden so codiert, dass für jedes Wochenmagazin eine eigene Variable definiert wird, die jeweils nur den Wert 0 (kein Kreuz) oder 1 (Kreuz) aufweist. Der Datenbestand sieht dann beispielsweise so aus, wie es die folgende Tabelle 58 zeigt.

Tabelle 58: Ausgangsdaten bei Mehrfachantworten

spiegel	focus	stern	bunte	zeit
0	1	1	1	0
1	0	0	0	1
1	0	0	0	0
0	0	1	1	0
0	1	0	1	0
0	0	0	0	1
1	0	0	0	0
0	1	0	1	0
1	1	1	1	0
1	0	0	0	0

Wie kann nun festgestellt werden, wie oft die einzelnen Wochenmagazine gelesen werden?

SPSS:
1. Wählen Sie ANALYSIEREN / MEHRFACHANTWORT / SETS DEFINIEREN...
2. Im sich öffnenden Dialogfenster übertragen Sie alle Variablen in den Bereich VARIABLEN IM SET:.
3. Im Bereich VARIABLEN KODIERT ALS klicken Sie auf den Optionsschalter bei DICHOTOMIEN, sofern dies noch erforderlich ist.
4. Bei GEZÄHLTER WERT geben Sie die 1 ein.
5. Im Bereich NAME: geben Sie zum Beispiel „Anzahl" ein (→ Abbildung 59).
6. Klicken Sie auf HINZUFÜGEN und anschließend auf SCHLIEßEN.
7. Wählen Sie dann die Menüposition ANALYSIEREN / MEHRFACHANTWORT und dort HÄUFIGKEITEN...
8. Übertragen Sie die Variable „$Anzahl" (SPSS setzt dem Namen automatisch das $-Zeichen voran) in den Bereich TABELLE(N) FÜR: (→ Abbildung 60).
9. Klicken Sie auf OK.

Abbildung 59: Menü ANALYSIEREN / MEHRFACHANTWORTEN /
SETS DEFINIEREN...

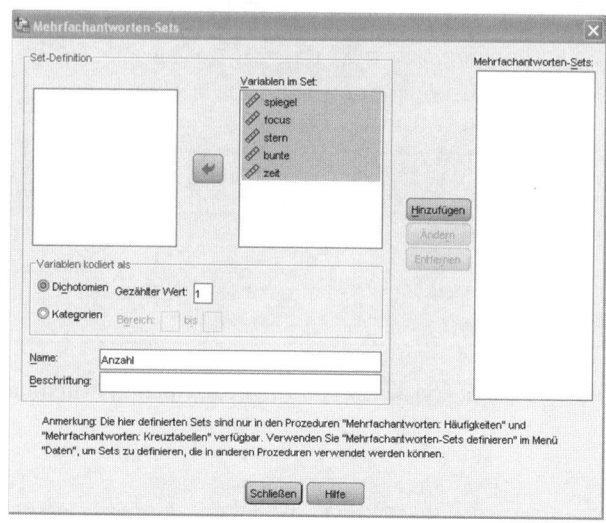

Abbildung 60: Menü ANALYSIEREN / MEHRFACHANTWORTEN / HÄUFIGKEITEN...

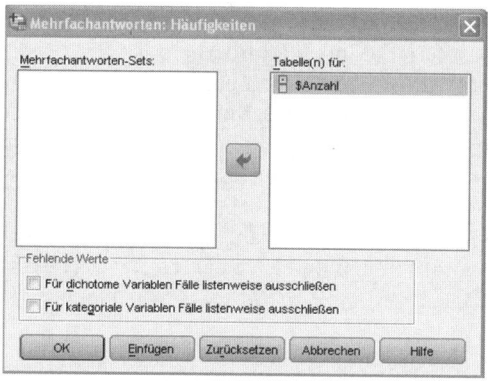

Es ergibt sich die Ausgabe der Tabelle 59: Unter N (Zählergebnis) wird die Anzahl der Nennungen ausgewiesen. Unter PROZENT (Prozentanteil der Antworten) wird gezeigt, welcher Prozentsatz aller ausgewerteten Antworten auf das einzelne Wochenmagazin entfällt; es ergibt sich die Summe 100. Unter PROZENT DER FÄLLE finden Sie schließlich Angaben darüber, wie groß der Anteil der befragten

Personen ist, die jeweils die einzelnen Wochenmagazine angekreuzt haben; wegen der Möglichkeit der Mehrfachantwort ist die Summe dieser Anteile größer
als 100%. Der Wert 190% bedeutet, dass die befragten Personen im Schnitt etwas
weniger als zwei Wochenmagazine lesen.

Tabelle 59: Auswertung von Mehrfachantworten

Häufigkeiten von $Anzahl

| | | Antworten | | Prozent der |
		N	Prozent	Fälle
$Anzahl[a]	spiegel	5	26,3%	50,0%
	focus	4	21,1%	40,0%
	stern	3	15,8%	30,0%
	bunte	5	26,3%	50,0%
	zeit	2	10,5%	20,0%
Gesamt		19	100,0%	190,0%

a. Dichotomie-Gruppe tabellarisch dargestellt bei Wert
1.

Nachwort

In diesem Buch haben wir beschrieben, wie Ihr erstes eigenes empirisches Forschungsprojekt ablaufen könnte und welche Arbeitsschritte dafür notwendig sind. Einige Themen sind dabei notwendigerweise zu kurz gekommen. Dies betrifft zum einen die Frage, welche Veränderungen in der Vorgehensweise sich dann ergeben, wenn man andere Forschungsvorhaben in Angriff nimmt – zum Beispiel nicht-empirische Studien oder qualitative Untersuchungen. Zum anderen betrifft diese Einschränkung die angesprochenen Auswertungsmethoden. Wir haben uns hier auf das eher traditionelle Instrumentarium der statistischen Auswertungen und Analysen quantitativer Daten beschränkt und dabei nur einen kleinen Teil der statistischen Verfahren ansprechen können. Zu kurz gekommen sind beispielsweise die Verfahren der Schätzstatistik (Hochrechnungen von Befunden aus Zufallsstichproben auf die Grundgesamtheit), spezielle Testverfahren (etwa die Tests für kleine Stichproben, Tests für spezielle Zufallsstichprobenparameter oder Tests für den Zwei- oder Mehrstichprobenfall). Auch im Bereich der multivariaten Statistik existieren eine ganze Reihe interessanter Analyseverfahren, für deren Besprechung hier der Platz fehlte. Dem entspricht es, dass auch das Programm SPSS viel mehr bietet, als hier erörtert werden konnte.

Wir hoffen gleichwohl, Ihnen einen Ratgeber an die Hand gegeben zu haben, der es Ihnen ermöglicht, sich besser zurecht zu finden, und der es Ihnen erleichtert, auch die Tür zu Bereichen zu öffnen, die hier nicht vorgestellt werden konnten.

Zum Schluss möchten wir Ihnen ein Angebot unterbreiten: Wenn Sie spezielle Fragen haben, die in diesem Buch nicht beantwortet wurden, oder wenn Sie bei der Planung, Durchführung oder Auswertung empirischer Untersuchungen Unterstützung benötigen, scheuen Sie sich nicht, uns anzusprechen. Nutzen Sie bitte die folgenden Kontaktmöglichkeiten:

http://www.statistik-voss.de/
werner.voss@ruhr-uni-bochum.de

Register